歷史與文化論叢

錢穆作品精華

錢穆

東大圖書公司

錢穆作品精萃序

錢穆先生身處中國近代的動盪時局，於西風東漸之際，毅然承擔起宣揚中華文化的重任，冀望喚醒民族之靈魂。他以史為軸，廣涉群經子學，開闢以史入經的嶄新思路，其學術成就直接反映了中國近代學術史之變遷，展現出中華傳統文化的輝煌與不朽，並撐起了中華學術與思想文化的一方天地，成就斐然。

三民書局與先生以書結緣，不遺餘力地保存先生珍貴的學術思想，希冀能為傳揚先生著作，以及承續傳統文化略盡綿薄。

自一九六九年十一月迄於一九九一年十二月，二十多年間，三民書局總共出版了錢穆先生長達六十餘年（一九二三～一九八九）之經典著作——三十九種四十冊。茲序列書目及本局初版日期如下：

中國文化叢談……（一九六九年十一月）
中國史學名著……（一九七三年二月）

文化與教育……（一九七六年二月）
中國學術思想史論叢(一)……（一九七六年六月）
國史新論……（一九七六年八月）
中國歷代政治得失……（一九七六年八月）
中國歷史精神……（一九七六年十二月）
中國學術思想史論叢(二)……（一九七七年二月）
世界局勢與中國文化……（一九七七年五月）
中國學術思想史論叢(三)……（一九七七年七月）
中國學術思想史論叢(四)……（一九七八年一月）
黃帝……（一九七八年四月）
兩漢經學今古文平議……（一九七八年七月）
中國學術思想史論叢(五)……（一九七八年七月）
中國學術思想史論叢(六)……（一九七八年十一月）
中國學術思想史論叢(七)……（一九七九年七月）
歷史與文化論叢……（一九七九年八月）

中國學術思想史論叢(八……（一九八〇年三月）
湖上閒思錄……（一九八〇年九月）
人生十論……（一九八二年七月）
古史地理論叢……（一九八二年七月）
八十憶雙親・師友雜憶（合刊）……（一九八三年一月）
宋代理學三書隨劄……（一九八三年十月）
中國文學論叢……（一九八三年十月）
現代中國學術論衡……（一九八四年十二月）
秦漢史……（一九八五年一月）
中華文化十二講……（一九八五年十一月）
莊子纂箋……（一九八五年十一月）
朱子學提綱……（一九八六年一月）
先秦諸子繫年……（一九八六年二月）
孔子傳……（一九八七年七月）
晚學盲言（上）（下）……（一九八七年八月）

中國歷史研究法……（一九八八年一月）
論語新解……（一九八八年四月）
中國史學發微……（一九八九年三月）
新亞遺鐸……（一九八九年九月）
民族與文化……（一九八九年十二月）
中國思想通俗講話……（一九九〇年一月）
莊老通辨……（一九九一年十二月）

二〇二二年，三民書局將先生上述作品全數改版完成，搭配極具整體感，質樸素雅、簡潔大方的書封設計，期能以全新面貌，帶領讀者認識國學大家的學術風範、思想精髓。

謹以此篇略記出版錢穆先生作品緣由與梗概，是為序。

三民書局
東大圖書 謹識

序

余在對日抗戰時期，於民國二十八年，在雲南宜良岩泉下寺上寺寫成《國史大綱》一書，又於民國三十年在四川成都賴家園續寫《中國文化史導論》一書，自民國三十八年逃避共禍，來香港，轉臺北，迄已踰三十年矣，凡有撰寫，亦率以歷史與文化兩題目為主。前年應兩團體之約，纂集舊稿，編為《世界局勢與中國文化》及此集，分別由兩團體付印。因皆不向外推銷，余復於兩書篇目上各有增刪，重加複印，以廣流傳。

竊謂民族之形成，胥賴其有歷史與文化之兩項。無歷史、無世界新潮流，乃吾民族處境之變。貴能不忘本我，乃可善為因應。因應在我，豈能去其我以求因應？我之不存，又誰為其因應者？亦何貴有一切之因應？自念畢生努力，亦惟期國人之迷途知返，認識自我，乃始有力可用，有途可循，則惟歷史與文化兩者，不當棄置而不問。而此兩者盡在過去，宜可述，不可作。孔子曰：

「述而不作，信而好古。」亦此志此義也。讀者其勿以古老陳言、斷爛朝報視之，則誠余之私幸矣。

中華民國六十八年六月錢穆識於士林外雙溪之素書樓，時年八十有五

錢穆作品精萃序
序
第一編
人類文化之前瞻 2
文化三階層 7
人類文化之展望 20
世界文化之新生 25
人類新文化之展望 43
人類文化與東方西方 53

從人類歷史文化討論中國之前途……63
中國文化與中國人……70
漫談中國文化復興……88
中國文化之唯心主義……116

第二編

中國史學之特點……126
中國的哲學道德與政治思想……138
中國歷史與中國民族性……147
中國史上最近幾個病源……157
現世界的三種社會……165
革命與政黨……177
近代西方在宗教科學哲學上之三大啟示……183
新三不朽論……192
學與人……209

人生三講 ·216
人生四階層 ·230

第三編

中國文化之潛力與新生 ·240
孔教之偉大 ·245
儒學與師道 ·249
東方人的責任 ·255
五十年來中國之時代病 ·259
五十年代中之中國思想界 ·266
近五十年中國人心中所流行的一套歷史哲學 ·271
存在決定意識 ·277
毛澤東的悲劇 ·281
中國共產黨和中國史 ·285
極權政治與自由教育 ·290

如何研究中國史 300
歷史與時代 309
無限與具足 316
歷史會重演嗎 320
物與心與歷史 324
自然人生與歷史人生 328
歷史問題與社會問題 335
中國歷史教學 341
從西方之大學教育來看西方文化 348
一所理想的中文大學 359
文化復興中之家庭問題 365
母親節說母愛母教 372

第四編

知識之兩方面 378

目　次

物與心　382
讀書與做人　391
中國文化與人文修養　401
當仁不讓　409
回念五四　414
青年節敬告流亡海外的中國青年們　421
在現時代怎樣做一個大學生　427
關於提倡民族精神教育的一些感想　434
青年的責任——與青年書之一　441
愛我中華——與青年書之二　450
自覺自強——與青年書之三　459
人生出路——與青年書之四　468
從認識自己到回歸自己——與青年書之五　477

第一編

人類文化之前瞻

本人獲來貴會講演，深感榮幸。今晚講題，人類文化之前瞻，此乃當前祇要肯用思想的人所共同必會遇到的一問題。本人乃站在染有東方文化傳統觀點的立場上而來講此題，或許見解有偏，然此一問題，正貴有各別的觀點，纔易得共通的見解。

任何一種文化體系，若在其內部不斷發生問題，而又無法解決時，即徵其文化有病。今天的世界，正值不斷發生問題而又無法解決的時代。此世界三四百年來，可說全由西方歐洲文化在推動與領導，而最近五十年內，西方問題迭出，引起了兩次大戰爭，不僅不能解決原有諸問題，反而激起更多其他問題。我們在今天，可說祇能抱有些小希望，即此種種問題或能於一天解決了，而並不曾抱有一番理想，即此種種問題究該如何般去求解決。我們祇是隨著當前不可知之風波疊起來謀應付，我們似乎並沒有一整套的理想和方法來領導此世界向某一方面而前進。

我們就於此一形勢，祇能說正在領導與主持此世界的近代西方歐洲文化有了病。我們必先承認此一點，纔可從基本上來謀解救。我們不能把近五十年來種種事變，祇歸罪於某一國家或某一民族，甚至某一個人或某一事變。我們當知，一黨專政與極權政治，共產思想與赤色帝國主義，這些，全起在歐洲本身之內部。我們祇能說，凡此種種，祇是近代歐洲文化體系中之一種反動力量。正因文化自身有了病，纔始引生出此種種的反動。我們不可能希望，仍把此有了病的文化舊傳統，來把即由此傳統而激起的種種反動平息了。

所謂近代歐洲的文化病，究竟在那裡，這一問題，值得我們深細研尋。在本演講中，無法對此問題作詳密之討論，本人祇想借此機會提出兩個意見來，請在坐諸位之指教。

一、指導全部人生前進的力量不可太偏傾於某一重點上。目前的世界，似乎指導一切人生的力量太偏重在經濟這一方面了。馬克斯的歷史觀，正已看出了此病，但他不知其是病，而反把此病象認為是人類歷史之正趨，於是不免使病上加病，而我們也不免要誤認為祇有共產主義纔是當前世界之惟一大病了。

人類社會是一個整體的，單從經濟一方面，解決不了人類社會全部問題之所在。同樣理由，單從政治、外交、軍事等等任何一方面，也都解決不了有關人類整體的問題。因此，任何一項專門知識，最多衹能解決人類整體中之某一方面的問題。而所可惜的，為要解決某一方面的問題，而無意又激起了其他方面的問題。於是新問題不斷激起，而終於無法得解決。

而且，縱使集合了各方面的專家知識，將依然解決不了人類當前的問題。何以故？因問題是屬於整個的，而各方面的專家，則把此整個問題割裂破壞了，不見真問題所在，所以終將無法求解決。

其次，本人想提出第二個意見來。本人認為，今天世界所缺乏的，正是這一個指導全人生前進的大原則與大綱領。一應專家知識，都得依隨於此大原則與大綱領之下而始有其意義，始可相互間有配合。否則各自分道揚鑣，各求獨立發展，其間儘會有矛盾，起衝突。

不僅學說如此，人事亦然。如云個人自由，如云民族自決，如云國際平等，一切理論，均不能指導全世界，全人生，走向一和平安樂之境。

正如建造一所大樓，應先有一整體計劃與整體圖樣。若把門窗柱壁，各各分開，各自營造，結果斷斷建立不起一所大樓來。

此一大原則與大綱領當於何處覓之，此乃當前關心人類文化前途者一必當考慮討論的大問題。

此一大原則與大綱領，在本講演中無法詳論，但有可簡單述說者。此一大原則與大綱領，將決非僅屬於經濟的、或政治的，也將決非僅屬於個人的、或民族的，仍亦不能僅屬於科學的、或宗教的。此一大原則與大綱領，應從人類生活之全體中尋求而覓得之。此人類生活之全體，論其內涵，我們今天所運用的文化二字正可與之約略相當。我們必先瞭解文化，纔始能來領導文化，纔始有所謂文化之前瞻。

因此，文化學之研究，將為此後學術界一大事。我們必先將人類文化傳統，在歷史上所曾發現，在現世界所猶存在者，一律平等視之，各求對之有瞭解，再進而加以相互間之比較與滙通，此後纔始有合理想的人類新文化出現。此項新文化理想之出現，纔始是解決現世界種種問題之一種新精神與新力量。人類將於此而獲得其新希望與新前途。否則將永遠是頭痛醫頭，腳痛醫腳，得不到一個合理的真解決。

本人今天，是站在染有東方文化傳統，尤其是中國文化傳統的立場而來作此講演者。本人認為，中國文化傳統中一向所甚為重視的一道字，其內涵意義，正約略相當於近代人所運用的文化二字。而中國人所愛用的此一道字，其內涵意義，則當指此文化體系之合理想而具有甚高之意義與價值者。

中國文化傳統，何以能注意到此一方面，正因中國民族自始即是一大群集團，而又歷史緜延甚久不輟，因此纔能於此上注意。

在中國文化傳統下之一輩知識界，教人如何求道，明道，與行道，其間都有無數曲折，無數步驟，在此講演中，無法細述。但本人認為在將來人類新文化之創進中，中國人此一傳統必可有貢獻。

美國正代表著近代歐洲文化傳統最新的一階層，中國則代表著全世界人類文化中最古老最悠久的一傳統。我們若求在人類歷史之已有經驗中獲得新知識與新進展，則中美兩大民族，就其各自具有之文化傳統而求互相瞭解，進而相比較，相會通，求一更高的結合與創新，正是當前為人類文化謀新出路者一大課題。本人願以此次講演，對於貴會工作作一誠懇之期望。

文化三階層

文化是人類生活的一個整全體，我們要研究此一整全體，必先將此複多的連緜的整全體試先加以分剖。分剖的方法，也可有兩大步驟。一是把此多方面的人生試先加以分類。二是把此長時期的人生試先加以分段。前者是對人類文化加以一種橫剖面的研究，亦可說是平面的研究。後者是對人類文化一種縱割性的研究，亦可說是直線的研究。但人類文化同時又是時空交融的一個整全體，因此我們的分類分段，橫剖縱割，又盼能兩者配合。劃分段落與分別部門這兩工作，我們又盼它能有一較自然之聯繫。

我們本此意嚮，暫把人生分為三大類。第一是物質的人生，亦可說是自然的人生，或經濟的人生。一切衣食住行，凡屬物質方面者均歸此類。人生本身即是一自然，人生不能脫離自然，人生不能不依賴物質之支持，此是人類生活最先必經的一個階段，我們稱之為文化第一階層。沒有此最先第一階層，便將不可能有此下各階層。

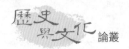

然而人生是多方面互相融攝的一個整全體，所謂物質人生中，早已涵有很多精神的成分。若人類沒有慾望、沒有智慧、沒有趣味愛好、沒有內心精神方面種種活動參加，也將不會有衣食住行一切物質創造。因此衣食住行祇可說是較多依賴於物質部分而並非純物質的，祇可說是較接近於自然生活而非純自然的。祇要我們稱之為人生的，便已歸屬到人文界與精神界，決不能再是純自然純物質的。此層須特別說明。即就環繞我們的自然界而言，如此山川田野、草木禽獸、風景氣象，試問洪荒時代的自然界何嘗便如此？這裡面已經有幾十萬年代的人類精神之不斷貫注，不斷經營，不斷改造，不斷要求，而始形成此刻之所謂自然。這早已是人文化的自然，而非未經人文洗鍊以前之真自然。一切物世界裡面，早有人類心世界之融入。此所謂物質人生，則祇就其全部人生中之較更偏近於物質方面者而言。

其次是社會的人生，或稱政治的人生、集團的人生，這是第二階段的人生，我們稱之為文化第二階層。在第一階層裡，人祇面對著物世界，全都是從人對物的關係而發生。在第二階層裡，人面對著人，這些都是人與人之間的關係。人類生活不先經第一階層，將無法有第二階層。但人類生活經歷了某一段時期之相當演進，必然會從第一階層躍進第二階層。第一階層祇是人在物世界裡過生活，待其躍進第二階層，纔開始在人世界裡過生活。此如家庭生活、國家法律、民族風習全屬此一階層。

最後纔到達人生之第三階層，我們可稱之為精神的人生或說是心理的人生。此一階層的人生，全屬於觀念的、理性的、趣味的。如宗教人生、道德人生、文學人生、藝術人生皆是。此是一種歷史性的超時代性的人生，此是一種可以長期保留，長期存在的人生。孔子、耶穌時代一切物質生活，一切政治社會法律習慣風俗，到今全歸消失，不存在了。在他們當時第一第二階層的人生，到今已全變質，但孔子、耶穌對人生的理想與信仰，觀念與教訓，凡屬其內心精神方面者，卻依然留存不滅，而且千古常新。這是一種心的世界，是一種看不見，摸不到，祇可用你的心靈來直接接觸的世界。

人生必須面對三個世界，第一階層裡的人生面對著物世界，第二階層裡的人生面對著人世界，須到第三階層裡的人生，纔始面對心世界。面對物世界的，我們稱之為物質人生。面對人世界的，我們稱之為社會人生。面對心世界的，我們稱之為精神人生。我們把人類全部生活劃分為三大類，而又恰恰配合上人文演進的三段落三時期，因此我們說文化有上述之三階層。

此三階層，把個人生活的經驗來看，也甚符合。嬰孩出生便哭，那時他祇見光受驚，驟覺寒冷而不安，餓了倦了，想喫想睡，都會哭。那時他所面對的，完全是物世界。稍後慢慢懂得誰是他的父母兄姊，又懂得誰是他的熟人親近，這纔逐步踏進了人世界。更後漸受教育，懂種種心理，自己的，別人的，大至國家民族的觀念，遠至幾千年前的歷史，以及宗教文學藝術種種智識，這纔闖進了心世界。人生三階段，循序前進，個人如此，整個人生也如此，並無大分別。

上述文化三階層，每一階層，都各有其獨特自有之意義與價值。每一階層，都各有其本身所求完成之任務與目的。而且必由第一階層纔始孕育出第二階層，亦必由第二階層纔始孕育出第三階層。第二階層必建立於第一階層之上，雖已超越了第一階層，但同時仍必包涵第一階層。第三階層之於第二階層亦然。現在先簡率言之，第一階層之特有目的在求生存，即求生命之存在。第二階層之特有目的，在求安樂，即求存在之安樂。存在不一定安樂，而求安樂，必先求存在。於存在中孕育出安樂，安樂已超越存在，而同時又包涵著存在。第三階層在求崇高，在求安樂之崇高。安樂不一定崇高，崇高已超越安樂，但必由安樂中孕育而有，亦必包涵有安樂，乃始見其崇高之真意義與真價值。

物質人生，在求生命之存在。食求飽，衣求暖，飽暖在求生存。生存即是其最高目的，飽暖祇是達到此目的之手段。飽了暖了，失卻生存，飽暖即無意義。若使不飽不暖亦可生存，飽暖亦無價值。物質人生全如此。但一進到社會人生，意義又別。孟子說：「食色性也，飲食男女，人之大欲存焉」，此俱指第一階層之人生而言。飲食祇求自己生命之存在，男女則求自己生命之緜延，不獨人類如此，禽獸亦如此，此俱屬自然生活。在自然生活中，雌雄相遇，其視對方，祇如一物，求能滿足我自然的生存而止。但人文進化，不肯老停留在一男一女的階段上，於是由一男一女轉進為一夫一婦，此一轉進便踏上了文化第二階層。試問若僅求生命緜延，雌雄男女交媾配合，早夠了，何必又在一男一女之上再來一個一夫一婦的婚姻制度呢？可見夫婦婚姻，其目的已並不專在求生命之緜延，而必在生命緜延之外之上另增了新要求，另添了新意義。貓與狗祇求生命延續，不需要夫婦與家庭。人類偏要夫婦家庭，可見其意義已不盡在生命延續，而另有所求。人必感到祇此一男一女，心終不安不樂，必待此一男一女成為一夫一婦，此心始安始樂。一男一女的相互對方，祇是滿足我自己性慾之一工具一物。一夫一婦的關係則不同了，把對方當作自己一樣看待，我是一個人，對方同樣是個人。我是一個我，對方同樣是一個我。滿足了自己，還同樣希望滿足對方。非如此則吾心不安不樂，因此人生進入了第二階層。所面對的已不是物世界而是人世界。不僅要求自我生命之存在，抑且還求其生命之安樂。而自己之安樂，則有待與對方與我相類的別人之生命的共鳴。

魯濱遜飄流荒島的故事，人人知道。人常說：「魯濱遜隻身在孤島上，生活何等不方便，不舒服，因此人類生活應該不脫離社會大群。」這一說法，似乎把第二階層的人生，轉化成第一階層人生之手段。試問若使科學昌明，把魯濱遜依舊安置在孤島上，想喫便有喫，想穿便有穿，一切生活絕不成問題，魯濱遜心裡是否即感滿足，是否感得已安已樂，可不要再回入社會人群呢？可見第二階層的人生，並非即是第一階層人生中之一種手段，而實另有其較第一階層更高的目標與理想。人類不僅要求生命之存在與繼續，而且要求在此存在與繼續中得有一種安樂的心情。安樂是人世界中事。若根本無存在，自無安樂可言。故安樂必建築在存在之上，又必包涵有存在在內，但其自身意義實已超越於存在之外之上。今之所求，乃既存在，又安樂。祇有第二階層可以包涵第一階層，生命安樂當然必存在。而第一階層則包涵不到第二階層，因生命存在不一定就安樂。因此第二階層可以決定第一階層，而第一階層則斷不能決定第二階層。一夫一婦包涵了一男一女，但一男一女不包涵一夫一婦，因一男一女不一定便是一夫一婦。貓與狗祇有雌雄，並無夫婦。夫婦建築在男女基礎上，但已超越了男女基礎，而仍包涵有男女基礎，此乃人類文化階層演進之大體軌範。

一男一女是自然人生，那是原人時代的人生。一夫一婦，始是社會人生，但社會人生，亦祇是人與人的生活，而非心與心的生活。現在在此一男一女一夫一婦之間，更加進一層更純潔更高貴的愛情，而形成一對更理想的配合，那才是文學的、藝術的、道德的男女結合與夫婦婚姻，這才又踏進了人生第三階層，即精神的人生。上文已屢說過，人生本是融凝一體，不可分割的。即在一男一女異性相追逐的時候，早已有情愛之流露，但此種情愛是粗淺的，短暫的，性的要求滿足，此種粗淺短暫的相愛之情亦即消失歸於無有。夫婦結合，此種愛情即進了一級，但夫婦祇是夫婦，不一定具有圓滿的愛情，不一定相當於文學的、藝術的、道德的理想所標指。人類文化必然要演進到第三階層，纔始有文學，纔始有藝術，纔始有道德，纔始有更崇高的理想。我們所希望者，乃在要有文學的、藝術的、道德的夫婦，比較我們僅要求法律的社會的夫婦更進一層。沒有第一第二階層，不可能有第三階層，但第三階層雖孕育於第一第二階層，卻已超越了第一第二階層，但仍包涵有第一第二階層。

第一階層之人生，在求存在，第二階層在求安樂，第三階層則在求崇高，崇高已超越了安樂，但仍包涵有安樂。第三階層之人生，在求既安樂又崇高之存在。它所面對者，已不僅是當面覿體的物世界與人世界，而更高深更廣大，上下古今，深入到人類內心所共有的一些祈望與要求上。文學藝術宗教道德都從此種要求上植根發芽，開花結實。孔子之栖栖皇皇，知其不可而為之的一番傳道救世精神，耶穌釘死十字架上的一番犧牲博愛精神，他們所面對者，已不盡於當前的一個社會與人群，而已面對著從有人類，上下古今的一種人心內在之共同要求。他們亦感得我非如此則心終不安不樂，然而他們所求，實已更高出於普通所謂安樂之上。但亦決不是不安不樂。此心不安不樂，不算得是崇高，而求崇高之不盡於求安樂，亦正如求安樂之不盡於求存在。安樂中涵有存在，崇高中涵有安樂，文化階層一步步提高，人生意義與價值一步步向上。下一階層之目的，祇成為上一階層之手段。祇有目的決定手段，不能由手段決定目的。因此存在不一定安樂，安樂不一定崇高，祇有崇高的必然安樂，必然存在。

固然沒有存在，那有安樂崇高可言，然而此等祇是一種反面消極的決定，並非正面積極性的決定。沒有第一階層，不可能有第二階層，此是第一階層之消極性作用，亦即其消極性的意義與價值之所在。但有了第一階層，不一定必然有第二第三階層，但有了第二階層，則必然融攝有第一階層。有了第三階層，必然融攝有第二階層。這一個人類文化三階層遞進遞高，遞次廣大融攝的通律，可以用作衡量批判人類一切文化意義與價值之基本標準。

說到這裡，讓我節外生枝，附加上一些聲辨。德國哲學家黑格爾，他提出正反合逐步前進的辯證法，來作人類歷史演進的通律。他認為由正生反，再由反成合。例如甲是正，非甲是反，乙是合。這所謂對立的統一之發展過程，其實祇是一種語言文字上的玩把戲。如我上文所舉，一男一女並不是正，一夫一婦並不是反，男女與夫婦也並不是對立。我們承認人類文化確然從一男一女發展到一夫一婦的婚姻制度來，試問黑格爾正反合對立統一的辯證法將如何安放？

你或說，男女是對立的，夫婦是統一的。但男女對立，祇是一種相異的對立，最多也祇可說是一種相反的對立，總不該說是一種矛盾的對立。矛無不破，盾無不拒，有了無不破之矛，便不能再有無不拒之盾。有了無不拒之盾，便不能再有無不破之矛。此始謂之矛盾。現在不是有了男才始有女，有了女才始有男，在生物尚未進化到雌雄兩性相異存在的階段，沒有雄，便也沒有雌，雌雄男女，同時並立，正反相成，而決非矛盾不兩存。而且有了夫婦，並不能否定其男女之對立。夫婦統一，即建立在男女對立上，而包涵有男女對立。但也已超越了男女對立而有其更高更廣的統一的新意義發現。

同樣理由，社會人生並不與自然人生相對立。即謂是對立，也決非一種矛盾性的對立。人類由自然人生演進到社會人生，而在社會人生內依然涵有自然人生，不能否定了自然人生而另來一個社會人生。同樣理由，精神人生也不與物質人生相對立。由物質人生中孕育出精神人生，精神人生雖超越了物質人生，但仍建立在物質人生之基礎上，涵蘊有物質人生，而並不可能加以否定。

黑格爾的歷史哲學，是極富於戰鬥精神的，然而人類文化的演進，融和攝合，比戰鬥更重要。在文化第一階層，人類面對物世界，便融攝物世界來完成我之生命存在。在文化第二階層，人類面對人世界，便再融攝人世界來完成我之生命安樂。在文化第三階層，人類面對心世界，便再融攝心世界來完成我之生命崇高。在此融攝努力中，不免帶有戰鬥性之成分，但戰鬥性決非主要的，更不是惟一的。戰鬥最高精神，在消滅對方之存在。黑格爾歷史哲學之理想終極發展，在於精神戰勝了物質，而物質存在到底不可戰勝。人類文化精神即建立於物質存在之基礎上，可以超越物質存在而仍必涵有物質存在，則黑格爾所理想的人類歷史之終極發展到底落空。馬克斯即窺破此弱點，把黑格爾歷史辯證法一反正轉，變成為他的唯物辯證法。他不曉得他所看重的經濟人生祇在文化第一階層，此下第二第三階層固必建立在第一階層上，固必包涵有第一階層之存在，但確已超越了第一階層，已不能為第一階層所決定。我們祇能說由第一階層來孕育出第二第三階層，但並不能決定第二第三階層之可能進展。由男女可以發展成夫婦，但男女關係並不能決定夫婦關係。由存在可以孕育出安樂與崇高，但存在並不能決定安樂與崇高之趨詣與內容。而且馬克斯依然遵循著黑格爾的否定再否定的老路，他不曉得人類文化演進，主要不在矛盾中，也不在否定中。即以一人之生命為例，由幼而壯而老，在其青年期，並不與嬰孩期相矛盾而必然要對嬰孩期的人生加以否定。待到老年期，也並不與青年期相矛盾而必然得加以再否定。馬克斯的唯物辯證法，把人類歷史看成鬥爭再鬥爭，否定再否定，而始終沒有超越出文化第一階層之消極意義，與生存目的。於是人類文化演進全成手段，永遠釘住在物質人生之最低階層上。

我在上面說過由自然世界孕育出人文世界，但人文世界確已超越了自然世界，然並不能否定自然世界之存在。由動物生命孕育出人類生命，人類生命確已超越了動物生命，但亦不能否定動物生命之存在。由男女異性孕育出夫婦關係，夫婦關係確已超越了男女異性，但亦並不能否定男女異性之存在。人文演進中，被孕育者，轉成為能超越者，而被超越者轉成為被包涵者。融攝已有之舊，來創生未有之新。被融攝的不能決定能創生的。而能創生的也不能否定被融攝的。我上文所述說，與黑格爾、馬克斯兩人之不同點在此。但諸位或許要懷疑，黑格爾是西方大哲人，馬克斯唯物辯證法，在近代也正掩脅一切，何以連像我上面所說那些平易淺顯的理論而不知，我為此請援引黑格爾一句名言來作解答。你要明白某一哲學家的哲學思想，你該從哲學史上來求解釋，這即是我以上所說人在文化中生活的同一意義。當知哲學思想亦循著哲學史道路而前進，黑格爾的最高精神，祇是沿著西方中古時期上帝的舊觀念而稍稍加以變形，馬克斯則再把黑格爾的唯心的最高精神一反正轉，變成唯物的生產工具與生產方法。當知黑格爾與馬克斯亦祇遵著他們那邊一條思想史的舊有道路而摸索向前。並不是西方人所說，即成天經地義。無論是黑格爾，馬克斯，他們都在想擺脫他們原有的上帝創世，最後末日的一番思想老格套。但他們既看輕了決定一切的上帝，便在無意中不免要看重物質與自然。不僅馬克斯的唯物史觀，太看重了物質與自然，即就黑格爾論，他竭力要講人類精神，逐步戰勝物質而前進，正足證明在其內心無形中卻早已太看重了這物質界。

人類文化三階層，不僅其各自之目的不同，其所以完成此目的之方法特性亦不同。當其在第一階層面對物世界的時候，免不得要提高鬥爭性。待到第二階層，轉眼對向人圈子本身內部的時候，則鬥爭性必然要沖淡，組織性代之而起。待到第三階層，人類文化面對心世界，那時則融和性又將代替組織性。若文化止於第一階層，將祇見有鬥爭，不見有組織。若文化止於第二階層，將衹見有組織，不見有融和。第一階層之文化特性為外傾的，第二階層則是內傾的，衹有人類文化到達第三階層，那時纔始是內外一體，物我交融，古今的隔閡融和了，自然與人文的壁障也融和了。那時則不見有鬥爭，也不見有組織，組織是政治性社會性的，而此刻則是宗教性道德性文學性藝術性。心心相印，一片融通。那一個文化境界，目前衹有些端倪朕兆，距離滿圓到達之期尚遠。但黑格爾、馬克斯則偏陷在第一階層對物境界中，因此都不免以鬥爭精神為歷史演進之主要特徵。馬克斯的階級鬥爭，仍還以組織為手段，鬥爭為目的，這一種強調對物鬥爭的文化論，違逆遏塞了人類文化向上遞升之正道。這亦是我上面所說西方文化目前正出了毛病之一個真憑實據。但西方思想界的毛病，並不即就是中國思想界的毛病。我此刻縱使能批駁倒黑格爾與馬克斯，但並未曾針對著中國人自己的毛病。何況把別人家的病痛，硬認為是自己的良藥與救星，那纔不免要病上加病，更無辦法。

以上一段是題外雜插，現在再歸入正題。總括前述，人文有遞進的三階層，第一階層是小我人生，衹求把外面物質來保全自己生命之延續。第二階層是大群人生，這一階段的目的，已在各得保全自我生命之上要求相互間之安樂。第三階層是歷史人生，此一階層之目的，在求把你心我心，千年前的心，千年後的心，心心相印融成一片。這是一種更崇高的安樂。各階層各有獨自之目的與嚮往，低階層目的之完成，轉化為高級目的之手段。而高階級目的之嚮往，並不毀損低階級目的之存在。自然無目的，人文則有目的。文化演進，正在目的提高。必待到達第三階層之目的完成，纔始是文化之完成。但人類文化，有時則越過了第二級而直達第三級，此為文化之過早成熟，有時則為著崇高而犧牲安樂，為著安樂而犧牲存在，為著高級的目的而犧牲低級，此乃文化演進中所遭遇的不得已的變態，此乃文化之苦難。但文化亦常從苦難中躍進，若僅為低級而遏塞了高級的，則是文化之逆流與倒退。違逆人心勢不可久。文化三階層之正常演進，應該是一個超越一個，同時又是一個包涵一個。試作圖表示如下：

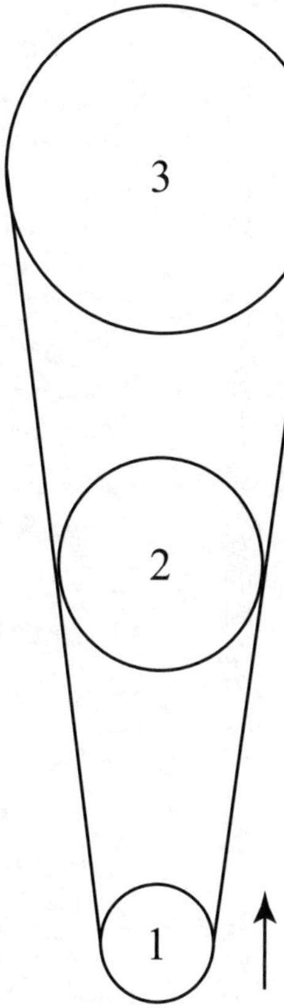

人類文化之展望

目前的世界，仍然是個動盪不安的局面，政治、經濟、社會……種種問題，先後經過第一第二次世界大戰，依然不能解決。假如有第三次世界大戰發生的話，怕還是不能澈底解決人類的問題！為什麼呢？我認為這正是人類文化的缺點和病態。因此，我們對目前的人類文化，應該作一番總檢討，揭發人類文化病源所在，重新認識，而提出改進文化的新方案來。

文化是什麼？文化就是人生，而且是多方面的人生。現在我把人類文化分開三方面，也就是分為三個階層來講：

一、屬於物質經濟方面的，是人對物的問題。

二、屬於政治社會方面的，是人對人的問題。

三、屬於精神心靈方面的，是心對心的問題。

先說第一階層，譬如人生吃飯、穿衣、住房子，都脫離不了物質經濟的關係。可是，物質經濟衹可限制人生活動，而不能決定人生活動；因為衣、食、住等物質生活，並沒有一定的標準，所以物質經濟，衹是人生活動中消極的必需。如果人類文化僅僅止於對物這一方面，那麼，這種文化，衹可說是一種原始文化。

其次，說到第二階層，由於人對人的關係，漸漸就形成了社會群體，社會群體必然會產生政治。於是這裡建立一個國家，那裡建立一個國家；這裡形成一個集團，那裡也形成一個集團；為了國家和集團的利益，政治必然要求人民服從，所以政治帶有一種權力性，帶有一種拘束性和壓迫性。一個國家為鞏固內部，或向外發展，或抵抗侵略，還帶有一種鬥爭性。然而在第一次世界大戰的時候，英國人祈禱上帝，賜予戰爭勝利，打敗德國，那麼世界就會實現和平。同時德國人也同樣地祈禱上帝，賜予戰爭勝利，打敗英國，那麼，世界就會實現和平。你們說，到底誰的祈禱對呢？事實上，政治又使人群隔離，造成國家與國家的對立，集團與集團的對立，因而更引起嚴重的鬥爭。不是嗎？

我以為人類的理想政治，應該遵循下列兩大法則：（一）要盡量減輕其權力性，使不致引起對內對外的一切鬥爭；(二)要在小量的服從和拘束中，獲得大量的自由和平等。因為人類文化，演進至有國家的階段，是為文化進步過程中的一大關鍵；要是人類文化僅僅止於這一階層而不再前進的話，那祇可算是一種半熟的文化。

現在說到第三階層，屬於心靈精神方面的，才是人生的本質部分，也是人生的終極部分。心對心，心靈的活動雖然是個別的，所謂「人心之不同如其面」；但是，心靈的活動卻有共通性，所謂「人同此心，心同此理」。我們心裡的思想，總希望發表傳給別人，如果我們的思想不能表達出來，那麼，有思想不是等於沒有思想嗎？同時，我們心對心的發表思想，正是一種贈予，贈予而自己仍沒有損失；相反的，可能把自己的思想加強，而發生普徧的傳播作用。所以說，祇有心對心，才能把全人類融成為一整體。

人類文化最堅實的東西是心靈，它能啟發、感通和積累。我們從物質和政治的觀點出發，你有了錢，仍希望有更多的錢；有了權力，仍希望有更大的權力；這是一種分割性的佔有慾，必然引起鬥爭。要是從心靈的觀點出發，喜、怒、哀、樂……都是人類共同享受的公物，是一種共通性的感發和享受；心靈祇求感通，求感通是贈與而非佔有。換句話說，心靈感通乃是精神共產。人類文化，便是這種精神共產的結晶和成果。因為物質人生是有限的，心靈人生是無限的，而且它更不受空間和時間的限制。人類文化必須進展到這一階層，才是人類文化的終極歸趨和最高嚮往。

人類文化要是停頓在物質階層或政治階層再不前進的話，都不能說是文化的完成，衹有越過上述兩關，而向心靈精神方面邁進，才是人類理想文化的成熟。但是也有在這三方面雖各俱備而輕重倒置的，這就產生了文化病。就歷史而論，在這文化三方面，安排比較妥貼的，西方國家衹有希臘，東方國家衹有中國。希臘文化雖高，到底是小型性的政治，未能形成大國。中國由格物、致知、誠意、修身、齊家、治國、平天下這一套大同思想，和王道政治，已經演進成一大國了。

中國政治思想，比較不重權力，不重鬥爭，而多留社會以自由。因為中國文化，向重安與足，而不重富與強；「安」就是政治，「足」就是經濟，「安」而不「強」，「足」而不「富」，自然也是缺點。但是今天的世局，許多是「強」而不「安」，「富」而不「足」的，可以說是彼此各有得失了。不過，中國文化在前兩階層，僅以安足為目標，這正為要使人易於邁進最高的第三階層去。

人類文化的當前問題，在於如何減輕政治和經濟的重要性，而求增進人類心性相互感通的重要性這一問題上。人類不要為了經濟問題來歪曲政治，更不要為了政治問題來歪曲心靈，甚而抹殺了心靈。

我們應該為人類心靈儘先安排一良好的環境，先獲得物質（經濟）方面給養，再獲得政治方面的安定，而後大大地求其心靈的感通。換句話說，一切政治經濟等問題，都該依隨著心靈方面的大目標，這才是人類文化的新希望。

世界文化之新生

當前世界種種急迫困難的問題，決非純粹由經濟問題所引起，亦決非能憑著國際間的外交及軍事而解決。這實是近代人類整個文化問題之癥結所在。所謂人類文化，乃指全部人生之物質方面，及其背後引生及支撐推動此種物質生活的許多重要觀念信仰理論以及欲望等的精神積業而形成。除非近代文化能有顯明急速的轉變，恐怕人類浩劫，所謂第三次世界大戰，終不獲避免。然而縱使再經一次大戰，也仍祇有希望人類能因浩劫，而回頭對現代人類之舊文化激起其反省，由是而加速加強其文化之轉向，與新生。若近代人類文化不獲新生，則大戰所帶與人類者，仍將如前兩次大戰後所獲結果之空虛，而祇更加其破壞與毀滅之慘烈。

所謂近代文化，乃完全受西歐文化之指導與支配。而此所謂西歐文化，則專指從十四世紀的文藝復興以後，經歷過宗教革命、商業、工業革命以來的五六百年而言。這五六百年的西歐文化，也並不與西方古代希臘、羅馬以及中古時代的文化相同。在開始，也是人類的一段新文化，也曾帶給人類以種種幸福與光明。到後來，途窮路盡，這一文化，已逐漸發展到頂點，而開始下降，走入歧途。於是，遂不復帶給人類以幸福，而代之以災禍，不復帶給人類以光明，而代之以黑暗。這是明白的告訴人類，這一段文化，已到了瓜熟蒂落功成身退的時代。遠從第一次世界大戰起，便已是這一段文化將次沒落的信號了。

人人都知道，美蘇兩型的對立，引起了現世界種種急迫而困難的問題。一方面是民主政治和資本主義的社會，一方面是極權政治和共產主義的社會。實在這一對立，祇是現代西歐文化一條不可彌縫的裂痕，祇是一個文化自身內部的破綻，這是現代西歐文化病態褟著之一體的兩面。共產主義與極權政治，祇當看作資本主義社會與民主政治發展到病態褟著時的一種反動。決不是我們所期待人類下一新文化的嫩芽。然而我們也並不能因此便認為民主政治與資本主義社會是近代西歐文化的正統真傳，它仍將有欣欣向榮的前途；祇待極權政治與共產主義社會的反動勢力，一旦毀滅，則這一個文化傳統還將繼續發展逐步向前。當知苟非民主政治與資本主義社會自身犯了病痛，也不會有反動勢力之產生。既是反動勢力產生了，而且德義之後繼以蘇俄，反動勢力已是一再的產生，這正揭示我們以民主政治與資本主義社會內在病痛之最堅強與最真實的證據。因此發展到今天的民主政治與資本主義社會，我們衹能認為是近代文化病之這一面，而極權政治與共產主義的社會，則是由這一面而引生的近代文化病之那一面。二者之間，衹有正反的不同，而同是一病。譬如發冷發熱。未病前，不發冷，也不發熱，病退後，不發冷，同樣也不發熱。近代西歐文化裡的民主政治與資本主義社會，你縱說它是近代文化之正統，然而發展到現階段，確已顯出病象。熱度過高，因而激起相反的寒冷與戰抖，這即是今日蘇俄領導下的極權政治與共產主義。在一個文化系統下，分裂出這樣對立的兩型，不是病象是什麼呢？我們若抱此觀念，自知人類前途，苟非改絃易轍，另尋一文化新生，而單靠戰爭，祈求這一方打勝那一方，將不是問題的解決。若使單靠戰爭可以解決問題，則第一次世界大戰之後，也不會有第二次，自然更不該有第三次。

現在讓我們再問，何以這五六百年來的西歐文化，會走上這一條自相分裂，自相衝突，而不可彌縫，不可和解的絕路的呢？這該遠從近代西歐文化正統的內在精神方面去探究。在中古時期的西方文化，是一個基督教文化。基督教文化的獨特精神，是把一個世界嚴格地劃分成兩個：一個是地面的，現實的人世界；一個是天上的，理想的神世界。現實的人世界，是有限的，物質的；而理想的神世界，則是無限的，精神的。經過文藝復興，把中古偏向神世界的無限精神轉向到實際人生方面來，這所謂由靈返肉。從此現代人生遂始看重了現實的肉體人生，這是近代西歐文化較之中古時期的一個大轉變。然而中古時代那種向無限界追求覓取的精神，則並未放棄，並未脫捨。換言之，近代西方祇把中古時期向天國靈界的無限追求，轉一方向，而對著肉體的現實人生來尋索，來爭取。這是領導與支配近代世界文化一個最獨特的面貌，一種最主要的精神，我們將把握此點來說明近代文化之長處及其缺點。

第一是近代西方的科學精神。近代西方人，並不認為自然科學祇是一種純真理的探究。當知近代科學之產生，實由近代西方之入世思潮，即上文所謂由靈返肉一運動而鼓起。培根的理論，人所皆知。笛卡爾的方法論，亦謂吾人當改變思辨哲學為實用哲學，使大自然以及吾人四周之物體，皆為吾用，指揮自如，儼然宇宙之主宰。這在告訴我們中古時期宇宙主宰是上帝，近代文化觀念中之宇宙主宰，則屬人類之自身。近代科學，若照笛卡爾說話，儘不妨說它即是人類的一種實用哲學。近代科學精神脫離不了實用，因此也脫離不了權力。此即尼采所謂爭強之意志。人類尋求知識，祇在藉以實施對外統制的權力。因此尼采又說，一切科學家皆挾有相當的超世精神。此所謂超世精神，並不與中古時期基督教之超世精神相類。中古時期之超世精神，是人類憑藉上帝而超出其自身之現實界。近代的超世精神，則人類憑藉自己的科學知識而超出一切外面現實界之束縛與統制。自然科學用來實現人類權力之無限伸張。近代西方科學精神，依然脫不了古希臘人的格言，所謂知識即權力，而要求這一種權力之無限伸張，則是近代文化一特徵。科學則是一種極精妙的實用哲學，用來實現這一種權力意志之無限伸張。

其次要說到個人自由。近代文化，由靈歸肉，從此便轉入到個人主義。肉體的個人生命是現實而有限的，而近代文化則認之為無限。這正因近代文化並不能完全脫離中古時期之傳統，它祇把中古時期對無限神界的追求轉向，而這一種無限追求的精神，則依然存在。這一種無限追求的精神，轉落在實際人生上，便成為上文所說的權力意志。但現實人生既屬有限，而對此追求的權力意志卻仍是無限。在有限的人世界作無限的追求，將永遠感到苦痛，感到束縛，於是將永遠的要求自由。自由的本質，無限無極，本應在天國神界裡的理想，現在要在有限的地面人界中求實現。這又是近代文化一特徵。

再次要說到民主政治。要求個人自由是近代民主政治的精神淵泉。穆勒的自由論，主張個人自由以不侵犯別人的自由為限界。這是一句不切實際的空想話。每一人的自由，必然不能不牽連侵涉到另一人。若真要不侵犯別人的自由，則根本將無個人自由可言。因此近代西方民主政治，又必然以法治為歸趨。用法律來規定人類相互自由之際限；然而法律永遠追不上實際人生不斷的變化。民主政治的毛病，便出在這上。人人都在無限伸展他自由的權力意志，祇把人與人間公定公認的一些法律來規範它自由的際限，這是龜兔賽跑，法律永遠趕不上自由。因此法律決不能算是民主政治的根本基礎。民主政治的最高法律，應為少數服從多數。一手一票，便是代表那個權力意志，而一切個人的權力意志，則全該自由，全屬平等，於是取捨從違，祇有就多少數的分量比較來判決。這一法律，就內容論，是最變動的，就形式論，又是最固定的。這是民主政治的基本大法，亦可說是民主政治的基本精神。何以多數必然是？則仍必回到尊重個人自由意志的理論上。因此近代西方民主政治，其最後精神，衹是一個尊重個人權力意志的自由伸舒的精神。若把握到這一點，則亦無怪乎極權政治之接踵繼起。因極權政治的精神基礎，同樣建築在尊重個人權力意志之自由伸舒上。若就純精神的表現而論，民主政治的個人權力意志之自由是不澈底的，極權政治的個人權力意志之自由伸舒，卻在某一人身上，集中地象徵化，而滿足地表現了。我們若說民主政治的個人自由之獲得與表出，是理知的，科學的，則極權政治的個人自由之獲得與表出，是情感的，宗教的。人人各獻出其自由意志，而集中在一個人身上，象徵地十分滿足的表達出來，這正是一種宗教情緒。在近代西方哲學界，早已有一大批學者，像黑格爾尼采之流，為這一境界預先安排下一番打先鋒的理論了。

其次再說到資本主義。近代西歐文化中資本主義之形成與發展，也還是一種要求個人權力意志自由地無限伸舒之精神的表現。近代西方文化，由靈返肉，把中古時期朝向天國神界的熱忱，轉移到現實人生界，於是一切興趣與注意力，不向上帝與天國，而向草木禽獸山川土石，一切自然界，由此而有近代科學探索之無限向前。一方面對向更切實的人生業務而前進，而又有近代科學之實際效用從旁為之服務。于是這一種無限向前的純精神之活動，遂成為近代之企業精神，而由此遂形成了現代資本主義社會的怪狀。

然而資本主義社會之形成，勢必侵犯到別人的權力意志之無限伸舒的自由，勢必要與真真的尊重個人自由背道而馳。何以近代西方文化，一面尊重個人自由，一面又容許此資本主義的怪物繼續壯大呢？這正如上文分析過的極權政治一樣。當知集中地在一個人身上象徵地無限伸舒其個人的權力意志之自由，也可同樣滿足大家對於此種精神嚮往之情緒。同時又有社會的既成法律為之作辯護。正因為這種既成法律醞釀出資本主義，而資本主義回頭來又擁護這一種法律，互為因果，也恰如上文所分析，現社會的一切法律，本不足以代表人類不能搖動之真理，而祇隨各個人的權力意志而轉動，於是共產主義者便看準此弱點，提出階級鬥爭的理論，提出團結即是力量的口號，來為在資本主義社會下某一部分未獲到個人權力意志自由的無限伸展而感到不滿足的人們指示一出路，指示一用力鬥爭的對象。這一部分人則寧願交出他們目前可能有的很少量的自由，來希圖獲取將來可能有的更大量的自由。于是在民主政治下之有資本主義的社會，正如在共產主義社會下之有極權政治。尋根究底，同樣在追求個人權力意志自由的無限伸舒而形成。祇因處境不同，於是採用方式亦不同。祇要資本主義社會一日存在，在近代文化精神之指導與支配下，決然會產生共產主義。產生共產主義，又必然會產生極權政治。這樣一顛一倒，實則是同一精神在作背後的操縱。因此若說資本主義社會真個會推翻，共產主義也決然將同歸消失。但到那時，個人權力意志自由的無限伸舒之要求，仍將在此有限的現實人生界作祟。如此循環反復，除非這五六百年來的近代文化有一澈底的轉嚮與改變，糾紛的人生問題，將永難得一合理的解決。

讓我們改從近代西歐的學術思想方面來稍說幾句，作為上列觀點之旁證。馬克斯的共產主義與唯物史觀，在西歐較近正統的學者們看來，是常認為它是左道旁門的。然而與馬克斯的唯物史觀的理論同時出世的，不是又有達爾文生物進化論嗎？就科學證據言，人類斷非上帝所創造，實由人猿一類的動物演化而來，這是無可懷疑的。然而跟隨著達爾文的發現，卻不免疏忽了另一絕大的漏洞。當知五十萬年以前的原人，固然確由類人猿演化而來，但今天的人類，則已與五十萬年以前的原人不同，其間已有絕大差別；這一個差別，乃由人類自身所創造的文化所引致。不幸而近代西方科學家太偏重自然，並沒有注意到人文科學的建立，因此遂把人類二字籠統包括了五十萬年的長時期。祇注重自然，而抹殺了人文，這是近代西歐文化一大缺陷。這一缺陷表現在心理學的研究上。一輩心理學家，喜歡把動物心理來推究人類心理，來推斷經歷了五十萬年長時期的文化演進以後的人類心理。巴夫羅夫的工作，及其創立的制約反應說，即是一個最好的例證。在自然科學立場來講，決不能說他的實驗有什麼不是。然而從人文科學立場來講，他的實驗，並不能說有甚大貢獻。然而西歐學術思想界，實在有此上述的一種趨勢。在這一趨勢下，無怪馬克斯的唯物史觀終于要見稱為科學的歷史觀，而居然博得大批信徒了。

今若論究人類之所以異於其他動物者，即就生物學講，不僅在它有了兩隻手，而且也因它有了一張嘴。手能製造工具，嘴則能說話。由有能製造器具的兩隻手，而一切外面的自然物可轉為我用；因有能講話的一張嘴，而人類彼我間的一切情感、一切思想、一切記憶，可以暢快交換，互相傳達。又因有口與手之合作而產生文字，由文字而產生新觀念，保留舊記憶，在人類內心方面，從此起著絕大的變化。這是人類文化演進所由與其他動物不同的一個最大憑藉。由此而人類遂由現實的有限的肉體人生，而走進了理想的無限的精神人生。但也因為人類有了文字，有了精神文化，而始產生出宗教與上帝觀念。若使人類沒有一張能說話的嘴，縱使有兩隻手，縱使能創出無限無盡的生產工具，但卻決然產生不出上帝觀念來。無論這一個上帝觀念，在自然科學中能否有它客觀真實的存在，但在人文科學中，即歷史學中，則有人類歷史本身為證，它是絕對存在，斷無疑義的。但人類何以忽然能產生此一上帝觀念，則決非專一注意人類的兩隻手及一切生產工具的唯物史觀者所能解釋。同時也決非達爾文一派的生物進化論乃至追隨自然科學道路與生物學立場的一輩心理學家，如巴夫羅夫輩，所能回答的。上面所述，祇求指出近代西歐文化，不免有偏傾自然，忽略人文的毛病。這是近代西歐文化在本質上易犯的毛病，卻不能專怪馬克斯。

但中古時期的上帝觀念，也有引領人類走上要求脫捨現實人生，而向另一個不可捉摸的世界而無限追尋的差失。不幸而近代西歐文化，雖經文藝復興與宗教革命種種絕大波瀾，卻仍脫不了引導人生脫離現實，而走向一條無限追尋的渺茫的路。所謂科學征服自然，以及個人自由無限伸舒，在它的開端，確曾對人類社會帶來許多幸福與光明，然在基督教文化開始，也何嘗不曾帶給人類以許多幸福與光明呢？祇要這條偏差的路走得遠了，總要病害百出。上述的民主與極權，資本與共產的兩型對立，一樣是一個無限向前的精神觀念在作弄，在驅遣。若照這一個歷史看法，則人類目前所要祈嚮的新文化，其主要觀念，當然將不仍是個人自由與資本主義，同時更不是階級鬥爭與唯物史觀。但也不再是請出上帝來回向中古。

說到這裡，有我們特須注意的一點。現代世界文化，固然由此五六百年來的西歐文化作領導，但人類文化並不祇是此一支。除卻西歐文化之外，大體說來，還有回教文化、印度文化與中國文化之三型。這三種文化，雖然輪不到有領導與支配近代世界文化之光榮，但近代世界文化之病態襮著，在這三支文化線上卻沒有形成。上文所謂民主與極權之對立，資本主義與共產主義之對立，也祇在西歐文化傳統的幾個國家裡產生，祇在西歐文化傳統走上絕路時，始有此種難和解的對立。若照現代文化觀點論，印、回、中國三大文化系統，全是落後的，它們並不能像近代西歐文化般帶給人們以近代西歐的那種幸福與光明，卻也並不曾帶給人們以近代西歐的那種災禍與黑暗。在此三支文化系統裡，不幸而沒有追上像西歐般的近代文化，卻也幸而沒有追上像西歐般的近代文化。更深一層言之，祇要在他們的內心，沒有學到那種對於個人權力意志無限向前的自由之要求，則他們將永學不到像近代西歐文化系統裡的民主政治，同時也永學不到像他們的極權政治。他們將永學不到像近代西歐文化系統裡的資本主義，也將永學不到像他們的共產主義。再換言之，這三支落後文化將來的新出路，自然也不是「究竟將走向民主自由與資本主義呢？抑將走向極權政治與共產主義呢？」這一個陳舊的空套子。有些人卻說，我們將走向民主自由政治的共產社會主義，這也是不懂得人類文化演進的真精神的一種空想。若果你沒有近代西歐那種對於個人權力意志無限向前的自由要求，民主政治是假的，共產主義也將是假的。字面上的拼湊，譬如說一個圓形的三角，那裡是產生人類新文化一條真實的路徑呢？

我們若放寬眼光來衡量全局，則目前世界問題，不僅有上述美蘇兩型之對立，而較更深刻廣大的，還有東西新舊文化之對立。扼要言之，更顯明更主要的，則為中國文化與西歐文化之對立。我們批判此兩種文化之異同及其所含價值之高低，應該特別注重在其最根本的發動點上的幾個核心觀念而隨帶及其所能引生之種種發展與推演。

近代西方文化，如上論列，一種是源自中古的宗教精神之向無限界追求，一種是文藝復興運動以後之個人自由主義，一種是智識權力之征服四圍與主宰一切之科學精神。而這三種核心觀念，恰恰為中國傳統文化之所缺。中國一向沒有熱烈深厚的宗教情緒，一向不瞭解超越現實人生而向另一精神界作無限前進之追求。然亦正因中國沒有強烈的宗教情緒，相隨的，也沒有像近代西歐的所謂由靈返肉的文藝復興運動。中國人一向看不起個人肉體的有限現實人生。中國傳統文化之特殊精神，決非宗教性的，而係歷史性的。中國人心中之現實人生，乃是經歷長時期的歷史人生，而非個人自由與當前的肉體生活。第三、中國傳統文化，既缺乏了無限向前的精神，又不重視個人現實生活之自由伸舒，因此也沒有堅強的權力意志，也遂不想獲得征服四圍與主宰一切的確切智識，因此在中國文化傳統裡，也遂不能發展出像近代西方之科學精神。

讓我們再來粗略地指出近代西歐文化，從它們幾個核心觀念所引生的幾派思想與理論之分別的系列：第一，像康德哲學中之純粹理性批判發揮人類道德之無上命令與先天義務。像黑格爾歷史哲學指示出客觀精神發展向前之必然性的辯證法。像叔本華生活意志與悲觀哲學，以及尼采之權力意志與超人哲學。此一系列，乃屬近代西方哲學思想中屬於形而上學一方面者。探究其淵源所自，實從中古時期對天國神界之無限嚮往而移步換形，降落到人類自身現實生活中來的理論之第一系列。其次，像盧騷的天賦人權說，強調自始以來的個人自由之民約論，而推演出近代民主政治中的平等精神。像達爾文的生物進化論，把人類地位拉近其他生物行列，而同類齊觀。像馬克斯專主生產工具與階級鬥爭的唯物史觀，把人類文化演進，全部側重在自然界生物競爭一觀念之下的單調的文化觀。像克魯泡特金的互助論，雖是針對達爾文生存競爭而立說，但他的互助衹是鬥爭之變相，同樣是一種生存競爭的手段，同樣把人類文化演進與生物進化在一條線上推演。

這是近代西歐思想從宗教觀念轉移到人文觀念上來的第二系列，這是文藝復興由靈返肉的精神之走向歷史追溯而求得一種理論上的根據之一系列。可惜這一系列，全偏在自然與原始方面，沒有真實地在人類歷史文化本身上致力研尋。第三，則是援用近代自然科學之精神與方法，而故意要創造出一種無靈魂的心理學，於是產生出生物的生理的原始人的本能的心理學，而忽略了歷史的文化的人類心理學。這是由靈返肉，把人類從上帝天國拖歸自然生物界的又一系列。其四則為尋求知識的入世精神，與功利觀念，而產生出近代文化中的科學精神，如培根，如笛卡爾。由此以下的提倡有裨人生的追求征服四圍與主宰一切的，以科學知識的最後價值為不在獲得純粹真理，而在獲得權力，以真理為權力之票面價格的，這又是近代文化由靈返肉，把向上帝天國的那種無限追求，轉落到個人肉體的現實生活上，而形成了一種個人權力意志的無限向前的自由要求，於是迫得要在有限的自然和現實人生界用科學智識來打開一條通路的思想之又一系列。其五，則是由自然科學之發展，到達十九世紀而形成一種盛極一時的唯物哲學。這恰與第一系列，遙遙相對。唯心唯物，同樣逃避在超現實的形而上學的圈子裡，不過唯心論想把上帝來精神化，而唯物論則老實不客氣的竟把自然物質來代替了上帝。

上述思想五系列，大體可以包括近代西歐文化幾條主要理論，和幾點主要信仰，而歸納緊湊在三個核心勢力上：一是由宗教情緒轉變來的一種內心精神之無限追求，一是以肉體生活為主的個人自由，二者併成為近代文化作中心柱石的權力意志，而以科學知識為其運用之主要工具。我們不妨稱之為宗教的人生的科學的三位一體，而近代西歐文化之最大缺陷，則在其第二核心勢力之所謂人生，卻偏重在個人的肉體的現世人生，而忽略了歷史的文化的長期積累的精神人生。但此處所謂精神，並與西歐思想裡超越人生的屬於形而上學的哲學思辨所證成的精神不同，近代西歐文化正因在這一點上的缺陷，遂使宗教與科學，也不得一個恰好的安排，而上述五大系列的思想之不免偏差處，也全從這一缺陷而引起。對於這一點，即看重歷史文化長期人生之一點，則恰恰正是東方中國文化所專有之特長。

本來，文藝復興未嘗不可走上對歷史文化再認識的那條路。然而論到近代西歐文化之主要創造者，則必首推北方日耳曼民族。由日耳曼民族來看希臘羅馬史，顯然不是內生的而是外在的。上帝，歷史，和自然，同樣是外在。希臘羅馬以來的歷史文化演進，並不是日耳曼民族自身內在親歷之經驗，而祇成為對他們是一種超越自身的客觀的自然存在，由此，歷史文化祇成為一種外來智識，而可資他們一時利用的某一種工具。於是人類的歷史文化也變成一種自然的唯物的功利的。上帝觀念已與自然科學不相容，人類自身的歷史文化，卻又降落而變質成為一種外在的自然。於是近代西歐文化，若非走入唯物論，把人類本身也浸沒入自然物質中去，則祇有個人肉體現實生活之原始強烈要求。這正為日耳曼新興民族所內心真實經驗得到者，遂成為近代西歐文化一切主要的源泉。

我們若根據這一觀點，來看西方最近興起的斯拉夫民族，無怪在他們眼光中，來看近代五六百年來的西歐歷史文化，也一樣對他們是外在的，一樣成為一種非我的自然存在，則他們之採用馬克斯唯物史觀，來試求推翻西歐近五六百年來的歷史文化傳統，實毫不足異。而在他們今日之處境，則祇有採用集體的階級鬥爭，較之採用陳舊的個人自由，更為有效，更為有力，亦復顯而易見。他們卻不曉得，在他們內心深處，依然有他們在近代西歐文化中所浸染已深已久的那種權力意志的無限向前無限伸展的要求，在操縱，在指使。因此共產主義終必表現出一種權力的向外鬥爭的特性，也就一樣的容易明白了。

我們再回頭來看東方中國文化。它既不是宗教的，又不是自然科學的，亦不是個人主義之肉體現實生活的。成為現代領導世界文化之三柱石，在中國舊文化裡一樣也沒有。然而這並不是中國人沒有文化。中國文化則正是側重在歷史的文化的，人類生活本身之內在經驗的。西歐現代文化，要求把個人無限追求打進有限的自然界和現實人生，這必然要成為悲劇的歸趨。中國文化則把歷史文化認作無限，祇求在有限的個人生活中來表現那無限。穆勒說，個人自由應以不侵犯別人的自由為限界，若用中國觀念來糾正，應該說：個人祇有在投入歷史文化長期人生之動進的大道中，而始獲得其自由。離卻長期人生大道的動進，別無個人自由可言。因此智識祇在獲得真理，而不在獲得權力。祇有真理始是權力，而此真理，不在上帝身邊，也不在自然物質界，祇在此長期人生之動進大道中。但這一個長期人生之動進大道中的人生自身還是一個自然，因此祇有在不違背整個自然界真理中求獲得人類自身之真理，祇有在不違背整個自然界動進大道中來獲得人類自身動進之大道，如此則歷史文化觀念可與物質自然觀念相融通，相協調。這一種融通協調，是整個宇宙與長期人生之協調，再從此與整個宇宙相協調之長期人生來領導個人現實生活之趨嚮，而指示其規律。這是東方文化精神，這是東方人的宗教信仰，這是東方人的人生觀，這是東方人的人文科學精神。這是在另幾種核心觀念，另幾個思想系列中，經過長期演進而形成的東方中國之特有文化。

西方人不瞭解東方，也不瞭解自己，以為祇要全世界各地都能接受他們那一套個人自由或階級鬥爭，便可世界大同天下一家，而實際則仍是西方人自己更深的一套權力意志之無限伸展的內心要求在後面操縱，這就造成了現代世界不少的悲劇。今天的東方人不瞭解西方，同時也不瞭解自己，以為祇要在外皮形式上便可學得西方那一套個人自由或是階級鬥爭，而追上了西方，而不知其後果則祇在自己內部徒增紛擾，這又造成了現代世界不少的悲劇。但近代西歐文化裡那套崇尚權力向外鬥爭的粗淺意識，則終於為東方人所接受，所追隨，而東方人自己傳統文化的本質與近代西歐文化之相互衝突之點，卻不斷地在東方人不自覺的意識中，暗暗反抗，因此增強了東方對西方之敵意。在外面披上了個人自由與階級鬥爭的權力的向外鬥爭的偽裝，作為東方學步西方之必然路程，這更為現代世界造成了不少更深更重的悲劇。

因此擺在現代世界人類面前最重要的大問題，是在如何各自作文化反省工夫，如何相互作文化瞭解工夫，如何合力作文化協調與文化新生工夫。我們不要認為近代領導世界的西歐五六百年來的傳統文化，還在欣欣向榮，繼長增高。我們不要認為祇有個人自由或階級鬥爭，纔始是人類文化當前惟一的出路。我們不要認為用在戰爭上的原子彈以及用在生產上的原子能，便可解決一切人類問題，不要認為祇有自然科學是指導人類全部文化的惟一南針。我們不要認為人類文化將能回復到西方中古時期的基督教精神，而期望其成為起死回生之神藥。我們也不要認為東方文化早已落後，它內含的一切觀念，它蘊蓄的幾點核心思想，將永遠為將來人類所遺棄，而不復再生。古希臘人的幾個觀點，豈不已在十四世紀以後的近代歐洲復活嗎？

但是下一期的世界文化之新生，將是怎樣的一個間架，怎樣的一番面目呢？這是在今天的我們，無法來加以具體描摹的。今天我們所能言者，最近的將來，世界人類必然將有一個文化新生，必然將重來一次新的文藝復興。讓我們姑作一個假說，根據中國人立場與目光而姑為之假說，以前是由靈返肉，以後說不定可能是由力返理。以前是宗教的，精神上的無限追求，個人的權力意志的無限伸展，自然科學的向外無限征服，以後說不定可能是歷史的，文化的，人文科學的，天人合一的長期人生與整個宇宙的協調動進。祇要人類內心能轉換著他們最核心的幾個觀念，幾條信仰，幾種理論與欲望，人類文化不期然而然的能走上一條全新的道路。到那時，個人自由與階級鬥爭的對立，自然將無形消散，宗教與自然科學的對立，也自然將各就部位，各對人類新創的人文本位的新文化而繼續發展它們應有而能盡的功效。到那時，東西文化各將超越它自己傳統，而協調成一種世界新文化。然而茲事體大，目前世界人類的文化病已到急切爆發，不可救藥的危急當口。而我們在此時期，提出此一觀點，此一理論，雖若緩不濟急，雖若迂遠不切事情，然對人類文化前途，總該有它應有的貢獻。尤其在中國人立場，它正當東西對立美蘇對立的文化動盪大時代的十字路口的衝要之點，實該有它更艱巨更偉大的任務，則在它徬徨無主莫所適從的苦悶心情中，像這樣一個想像的遠景之提供，似乎應該是更值得的。

人類新文化之展望

這幾十年來，世界人類經歷兩次大戰，又接連著第三次大戰之似乎不可避免之威脅，若我們認為這是當前人類文化本身內部所犯偏差與病痛之襮露，與其應有的必然之後果，則最近將來，我們應該希望有一種人類新文化之出現。

這兩百年來的世界文化，我們此刻不妨稱之為舊文化。此種舊文化，較之人類以前之更舊文化言，在當時，亦即是一種新文化。此種新文化，即我們當前文化，在不遠將來便將被目為舊文化者，其與以前人類更舊文化之分別，正為其有一切科學之發明。然今天的人類文化，並不純粹由新科學所領導。真正領導此兩百年來人類文化之最大主幹，還是舊傳統下的宗教與哲學，而科學則祇是其工具與奴僕。將來人類新文化，應該是純科學的文化，而宗教與哲學，將退處於不重要的地位，而逐漸走向消滅。

但此後人類新文化領域中之科學內容，亦將與此兩百年來之科學內容，在其重點上有所變動，而牽連及於其方法之擴大與改進。我試將我所預測，約略指陳，以待此後之證驗。

此後的新科學，第一著重者將為天文學，此刻的科學最要基點安立在數學與物理學上。將來的新科學，數理祇成次要，人類僅運用數理來發展天文學智識，俾能更瞭解新宇宙之真相，而宗教神學與哲學中形上學之一部分，均將為此新天文學所替代。

其次，新科學所著重者，將為生物學。此項生物學，直從化學開始，而達於人類學。人還是生物之一，不明瞭一切生物，不明瞭生命科學之究竟真相，便將無從明瞭人類之自身。不明瞭人類自身，而空將舊傳統裡的宗教與哲學形上學作領導，又增添科學新利器，則如盲人騎瞎馬，危險不堪言。

第三，新科學所著重者將為心理學。此處所指之心理學，與目前一般所謂心理學有不同。目前一般的心理學，應該歸入生物學範圍之內，此種心理現象，僅為生物進展中之一種工具，大半還是物理學與生理學的現象。而我所想像之人類將來新科學中之新心理學，則為一種超級心理學，或可說是純心理學，確然自成為一種心靈科學，將從道德心理與藝術心理開始，直闖進通靈學鬼神學的神秘之門。

此上所述新科學中三種領導性的科學，實際早在前此兩百年內之舊科學中已經培植有相當地位，發現有相當成績。人人皆知哥白尼地動說，對人類智識發生了大影響，達爾文生物進化論，又對人類智識發生了大刺戟。最近在心理學上之所謂潛意識與精神分析，又是人類心理秘密一大發現。但此三種學問，其實祇在發軔時代。還未達到真正指導人生之權威地位。

哥白尼地動說，打破了地球中心的迷夢觀念，因而搖動了上帝創世的舊信仰。但地球在天文學中的地位降低了，人類在地球上的地位，換言之，人類在宇宙間的地位，卻反而提高了，這真是扶得醉人東來西又倒，譬如二五之與一十。近代新天文學智識之突飛猛進，仍未澈底洗刷盡人類為宇宙中心，為宇宙驕子，甚至為宇宙主宰之狂妄觀念。由宗教神學脫胎而來的唯心論形而上學反而把人類地位直捷來代替了上帝。以後的新科學，必將對宇宙真相更益披露。宇宙之偉大，必可反映出人類之渺小，培植出人類的謙卑心情，來抽換今天人類之驕矜與狂放。這是此後人類新文化必然有的人類內心轉變之第一標指。

達爾文生物進化論，卻與哥白尼天文學發現，獲得了相反的結果。人類並非上帝特意創造，卻是從其他低級動物逐步變成。於是人類歸入了動物系列中，成為一高級的動物。僅從生物學來看人類，卻忽略了從人類之本身來看人類。祇看重人類之起源，而忽略了人類在其文化演進中之所到達與所將到達。以獸性來解釋人性，把人性屈抑在獸性中，物競天擇，優勝劣敗，強者為刀俎，弱者為魚肉。物理化學機械工業之種種發明，種種利用，助長了這一潮流。此二百年來之科學智識，求真之底裡，實際在求用，科學衹增進了生命的工具，並未給與生命以意義。此二百年來之人類新文化，抬高獸性，抹殺人性，科學智識猶如為虎添翼。人類所居住生息之地球，其在宇宙間之地位儘管渺小，但人類在此蝸牛角尖端所演出的蠻觸之爭，卻反而更起勁。資本侵略，帝國殖民，共產極權，階級鬥爭，波濤起疊，無非是人類獸性之盡情發洩。

天文學告訴我們人類在整個宇宙中是如何般渺小，生物學告訴我們人類在其整段的誕生以及長大的歷史過程中是如何般卑劣，這都是鐵一般的事實。然而人類畢竟有人類目前自身應有之地位，人類文化畢竟有此種文化內在應有之意義與價值，此一問題，並非宗教信仰以及一切形而上學之玄想所能解答。然而今天人類所碩果僅存之些微自尊心，及其對文化前途之些微期望心，則依然不得不仍寄託在宗教信仰與形上學之玄想上。新科學之實證的發現，早非舊有的宗教信仰與形上學玄想所能控勒，所能駕馭，人類生命失卻了指導中心，於是最近幾十年來的唯生主義與唯物主義，乘機崛起，瀰漫一世，科學價值最多衹是化物成力的價值。人類文化，最多亦衹是憑仗物力來互爭互奪的文化。而其所爭所奪，亦最多仍在物與力之閫域。人類不能即此安頓自己之內心，於是仍不免逃進宗教信仰與形上學之玄想中來求自慰自欺。而宗教與形上學又終於不能再支配人生，再作人生之領導。這是此兩百年來人類文化之真病痛，而當前之人類浩劫，亦由此而來。

若要為人類文化尋覓一新出路，應該著眼在我上文所指新心理學之探討。此兩百年來，物質科學生命科學，確有其不可磨滅之成績，但心靈科學卻顯見落後。天文學告訴我們人類之真實環境，生物學告訴我們人類之真實淵源，需待心靈學來告訴我們人類之本質之真實意義與其真實價值。而不幸此兩百年來之科學界，祇有心理學特別落伍，實在不夠我們之想望。今天的心理學，最多祇是生物學之一旁支，心的地位，祇是身的奴役，心靈祇是生命之工具，而生命則為人獸之所共。一樣的主人，不過有了兩樣的僕役。人生遂亦永遠跳不出獸生。我們當知無論宗教哲學科學，一切都是人類心靈之表現，若不能在心靈科學上有一深湛之探究，則宗教信仰，哲學玄想以及科學發明，仍將如上指述，永遠鬥接不起，人類則將永遠在迷惘中盲目前進。我所想像的新心理學，將以示別於以往兩百年來之舊心理學者，茲姑稱之為超心理學。須求其超越動物心理，與原人心理，而著眼在人文演進以後之歷史心理與文化心理上。要將心靈探索亦成為一實證的科學，應該使心靈客觀化，普遍化，具體化，應該從人類行為上來研討人類心理，更重於從人類心理上來研討人類行為。而此所謂人類行為，並不像此刻西方行為派心理學者之所注意，偏重在個人行為上，而該放遠放大，注重全體人類之歷史行為，此即所謂文化者是。祇有從全體人類之文化演進中纔能客觀具體指出人類心靈之普遍本質及其內在意義。

此所指述之人類歷史行為，其注重點，並不僅在歷史上政治法律經濟等等之措施，而更該側重在人類道德與藝術之演進。政治法律經濟一切人事措施，最多仍是人生之手段與技巧，夠不上說是人生之實質與本身。真實人生之最高表現，就其在目前之所到達，則不得不推道德與藝術。道德屬善，藝術屬美。此兩百年來新科學之探求與獲得者，則僅偏於真，而忽略了善與美。在我則認為祇有善與美纔始是人生之真。退一步說，亦不能不承認善與美乃始是理想中之真人生。若忽略摒棄了善與美，則此兩百年來所謂新科學之探求所得，實際乃似真而並不真。最多亦祇是人生以外之真，而不屬於人生本身之真。於是人生墮落與一切生物為伍，人類學祇成生物學之一支，心理學祇成生理學之一支，而歷史文化學亦宜乎要變成唯物史觀與階級鬥爭。經濟資產變成人類文化史中之惟一中心，全部人類文化史變成群狗爭骨。一應歷史上政治法律經濟之種種措施，乃及此兩百年來新科學之種種發明，亦不過群狗爭骨之方式不同技巧不同之花樣繁變。試問此種所謂真者，果真乎不真？

馬克斯唯物史觀所竭力排斥者，正為宗教信仰與哲學中形而上學之玄想，其所憑藉依據，則為此兩百年來之物理學生物學所謂新科學智識之種種發現。群狗爭骨，已得之者則為資本主義，未得而欲得者則為共產主義。階級鬥爭之對象固為財產，為一切物質生活條件，自由主義所擁護者，則除卻財產與一切物質生活條件之外，另加上所謂思想自由。而思想自由之最高代表則仍不出是宗教信仰與哲學玄想。道德與藝術，善與美，僅成為宗教與哲學中所附帶之一項目。遊離了人類本心之內在要求，而求一超越人生的善與美之根據，則惟有宗教信仰與哲學玄想可以作為此最後之淵泉。在我想像中之人類新文化之下一幕的大體面貌，則應該抬高道德之善與藝術之美，來作為人類文化之最高領導，一切政治法律經濟種種措施，應該為求到達人生之善與美而盡其為工具與技巧之本職，至於善與美之真實根據，則在人類心靈之真的內在要求，而不在宗教與哲學所信仰所指證之外在超越之無何有之鄉。

此種人類心靈之真的內在要求之逐漸進化而到達期向於善與美之領域，仍可建基於此兩百年來之新科學之已有方法與已有成績之繼續推進而獲得其證明。上文所舉近代心理學中關於潛意識之理論，實可為人類之道德心理與藝術心理指示一研求闡釋之方向與途轍。近代心理學所指出之潛意識，實不僅起源於任一人之有生之後，而當更遠推溯及於每一人之未生之前，遠至自有人類，乃至自有生物以來之感知作用之逐步演變逐步進化，而始有此種超級心理，即如上述之道德藝術心理所謂文化心理即人類心靈之透露。

如上所述，此後之新科學，應分為三級遞升之形態。一、物質科學，包括天文學、地質學、物理學、數學之類。二、生命科學，包括生物學、心理學之類。三、心靈科學，包括道德學、藝術學、歷史文化學之類。第一第二級科學即物質科學與生命科學，其能事僅在求真，抑且僅在求人生外在之真，惟第三級科學，即心靈科學，此為理想的新科學中之最高級，其能事乃始為求人生本身之真之善之美之學，而為此二百年來科學智識之未所遑及者，乃不得不以宗教信仰與哲學形上學之玄想來替任其乏。

於是我將繼續說到中國傳統的學術思想。中國無疑地在此最近兩百年來，在所謂西方新科學界的成就是瞠乎落後的。但中國也無疑地有它四五千年來的傳統文化，又無疑地如上文所述，像西方般的宗教信仰以及哲學中形而上學之玄想方面，中國依然沒有什麼成就可言。然而中國文化實不能說其一無成就。中國文化之成就正在其道德與藝術，道德與藝術實為中國歷史文化之中心指導。若使沒有中國之道德與藝術，也將沒有中國的政治和法律和經濟的一切措施，也將無歷史，無文化，則試問又何從來此緜歷四五千年之偉大民族與強韌不輟的偉大歷史進程？

中國文化中道德與藝術之實際造詣及其理論根據，則並不在宗教信仰，亦不在哲學玄想，而建基於中國思想中之所謂人性一觀點之上。中國思想中之所謂人性，卻正合於我上文所指，人類心靈經歷長時期文化陶冶以後所積累在其心坎深處的一種潛意識之自然流露。由此論之，中國人在科學上實非無所成就，其所成就者，卻早超過了第一第二級而直透進第三級，如我上文所謂文化心理學即心靈科學之閫域。惟其有此成就，故如西方人之宗教信仰以及哲學玄想，皆不為中國人所喜。至於近代西方兩百年來的科學，則祇限於第一級第二級，所謂物質科學生命科學之範圍。因其對象之不同，牽連及於方法之不同，而不瞭解科學之真精神與真意義者，遂亦不能相信中國傳統學術之確有其科學上之地位，即在一種理想的超心理學心靈科學上之地位。在此地位中，同為有甚深造詣者則為印度之佛學。惟佛學對於人生實際，則太偏悲觀消極，而其傳入中國以後，經過中國人一番調整，一番洗煉，而產出了中國化之新佛學，其登峰造極者為隋唐以來之禪宗。此雖於中國傳統文化中道德精神方面，無大裨補，而在藝術精神方面，則影響至深且鉅。又經宋明儒之再度調整，再度洗煉，而印度佛學乃及隋唐禪宗對人類心靈方面之一切創悟，一切慧解，又重新融化入中國自己傳統的道德精神中而發揮出許多甚深妙義及極精微的修養方法，為中國先秦兩漢諸儒所未逮。

最近將來之人類新文化，我一向認為當由東西雙方之文化交流中產出。將來人類新文化之最高企向，決然為道德的，藝術的，而非宗教與哲學的。道德與藝術本身即是人生，而宗教與哲學，則到底不免與真實人生隔了一層或厚或薄之膜。道德與藝術之根本淵源，則應直從人心之內在要求中覓取，不應在超越人生之虛無境界，如宗教與形上學之所提示。而此種覓取，則有待於一種實事求是之科學精神與科學方法。此種科學，屬於人文界，尤屬於心靈界，不屬於自然界物質界，乃至自有人類文化歷史以前之生物界。因此其探究方法，亦顯然將與前兩種科學有別。而中國人在此方面則早已有大貢獻。至於人類心靈以及文化歷史之演出之真實根源，則遠從生物界之長期遞變而來。此義亦惟在中國傳統思想中最易接受。此中義趣甚深，殊非此篇短文所能發揮。姑懸舉大旨，凡關心世界人類文化前途者，苟不願僅止于此兩百年來物質科學與生命科學之領域，苟不願為此數十年來唯物論與唯生論之偏見所拘限，而又不願一躍而仍然躲進兩百年前唯神論之門牆，又不願僅以惟思辨的形上學玄想所謂唯心論哲學為滿足，而於人類文化實際人生中之道德與藝術兩項，有所蘄嚮，以求消解此唯物唯生之狂瀾而挽回人類之浩劫者，必不河漢吾言。苟使對此東方文化古國傳統思想中之人性觀及其對於道德與藝術之實際修養與實際造詣有所瞭悟，則三十年五十年之後，必有知吾言之斷非無端而妄發也。

人類文化與東方西方

人類有其大同，亦有其小異。人總是一人，此是其大同處。人必各自成一我，此亦是其大同處。但此我與彼我，則各別相異。不僅父母子女各別不同，即孿生兄弟姊妹，亦各不同。故我之在人類中，乃是祇有一我，更無他我能與我相似，我亦斷不能與他我相似。我之為我，乃是祇一無二，此是我之可貴處。若我與人皆相似，則上下古今，億兆京垓人，何貴多一我，亦何憾少一我。但人類中，究竟終不能無我，而我之最可貴者，則我終還是一人。我與人相異，仍亦與人相同。若我與人祇有相異，更無相同，則我將不算是一人。我之在人中，復亦何貴之有。

故人之在大群中，必貴能自成一我。我與我相異，亦必有一限度，此即為人類之大同。人與人必相異，此亦人類之大同。每一民族必各相異，亦是人類之大同。東方人與西方人，同屬人類，但東西雙方互各不同。大率言之，東方人重同更過於重異，西方人則重異更過於重同。此是東西雙方一相異處。

西方人看人，好從其各別相異處看。人有學業，職業，事業不同，西方人好從此著眼看人。如此人是一哲學思想家，或文學家戲曲家，或音樂藝術家，或科學工程家，或企業家，或宗教家，或政治家，外交家，或軍事家，探險家，運動家等，種種不一。但東方人對此種種分別，似乎不太過分注意。卻說此人是一聖人、賢人、君子、小人、好人、壞人等。東方人看人，似乎重在人之整體合一處，更過其相異各別處。所以東方人特有其一套人品觀。最下等不夠品的，甚至說他不是人。西方人沒有這一套觀念，認為人總是人，但他們最所重視的人，卻又認為是神非人。而東方人則認為聖人與我同類，聖人亦祇是人。因此東方人對人生重修養，西方人則重表現。此可說，東方人重視人之同然處，即每一人之人格，西方人重在人之各別處，即每一人之事業。

與此相引而起的，東方人重視人之內在部分，西方人則重視人之外在部分。人生有內在外在兩部分，此亦是人生之大同。但或重內、或重外，此又成了人生之各異。重內故重心，重外故重物。人生必有心靈與物質兩部分，此又是人生大同處，但或重心靈人生，或重物質人生，又成了人生之各別。重心靈人生，故重情感，重人與人內在生活之相通同然處。重物質人生，故重理智，重人與人外在生活之相殊各別處。

就空間講，人生有內外。就時間講，人生有過去與未來。人生不能有過去無未來，亦不能有未來無過去，此又是人生大同處。但或重過去，或重未來，又成了人生之各別。祇為重視過去，紀念過去，對未來有所不暇計較，此是人生之情感，亦成了人生之道義。為了重視未來，想望未來，對過去有所不值留戀，此是人生之理智，亦成了人生之功利。東方人重道義，西方人重功利，即由此分別。

重過去，則重保守。重未來，乃重進取。重過去，成為現實主義。重未來，成為理想主義。有了過去，始有現在，如此看，則現實人生乃是過去人生之一項果實。故人道中有報恩主義。但同時亦是一種成果之享受。有了現在，乃有未來，如此看，則現實人生乃成未來人生之一項手段。但同時亦是一種當前之犧牲。其中分別，祇看他重視過去與重視未來之分別。

人生有其舊的一面，同時亦有其新的一面。舊的忽然演變出新的，新的又轉瞬回歸到舊的。誰也不能無舊，誰也不能無新，此又是人生之大同。但或喜新，或念舊，這裡又生出了千差萬別。也可說，生命屬於舊，生活屬於新。人不能僅有生命，沒有生活。也不能僅有生活，沒有生命。生活日新月異，必然時時刻刻變，此一剎那之生活，與前一剎那後一剎那之生活各不同，但不能說生活背後之生命有不同。人自呱呱墮地，迄於老死瞑目，祇是同一生命。生活時刻翻新，日日變，息息變，所以完成此生命。因有了此生命，所以演化出瞬息不同日新月異之生活。但有人比較看重生命，有人卻比較看重生活。

大較言之，生命內在，生活則轉成為一種外在。生命是在此外在生活萬異中之一同，生活則是在此內在生命一同中之萬異。亦可說：生命過去已存在，生活則須未來不斷之繼續。所以重視內在，重視過去，重視其同一的，即是重視生命。重視外在，重視未來，重視其相異的，即是重視生活。

由於上述諸分別，而又引生出其他種種分別，遂成人生之千差萬異，其實則仍是人生一大同。概括言之，可以說人生祇是一體，而此一體又必然有兩分。人生是一體兩分的，宇宙大自然，也還是一體兩分的。東方人對此一體兩分，把陰陽二字說之，陰陽兩分亦屬外在，可指可說。陰陽兩分背後之一體，是內在的，不可指，不可說。東方人又把天與人兩字來說此一體。天指宇宙自然界，人則指歷史人文界。天不易知，人也不易知。我在宇宙自然界中做一人，其實我也不易知。但我便是我，由我來知我，那有不易知之理。於是乃由我來知人，來知天，也不見是不易知。天外在，人亦外在，祇我是內在。由天由人始有我，由我來知人知天，並由我來完成此天與人。我是天與人之一中心，亦是天與人之一基點。試問若沒有了我，天又何在，人又何在。固可說，我不存在，天仍在，人仍在。我之在天與人之中，尚不能比海洋中一涓滴，大地上一微塵。但此祇指萬異中之小我言。人類同是一我，此即成為大我。因人盡是我，故我之在天地人類中，還是一中心，還是一基點。即使人類滅絕，宇宙大自然中仍還有萬物，不論有生無生，也還各有一我。所以同中必有異，而異與異之中，亦必仍有同。

人祇能在異中求同，不能從同中滅異。孔子論道，重一仁字。仁即是一同。人與人之間，有其一同之處，此即是仁。為仁由己，己與己各異，但祇能由己來求仁，不能由仁來滅己。由人之仁再擴大，亦可說天地萬物與我並生，天地萬物與我一體，此亦是一仁。但亦祇能由人來合天，不能由天來滅人。若把孔子與耶穌相比，似乎耶穌太過重了天，所以說人類由罪惡生，塵世終有末日，歸極則在天堂。孔子則由修己而治人，由修身而齊家治國平天下。人道如是，並不違背了天道。孔子似乎祇希望即把此塵世轉變為天堂，不求在塵世外另覓天堂，亦不計較此塵世有沒有末日。

孔子並不是不看重天道，但孔子乃從天道中來看重人道。孔子不是不看重人，但從人中來看重己。要由己來為仁，即是由各自的小己之我來行人道，所以孔子重視為己之學。為己之學，即是把自我建立起來，又要把自我通達開去。把立己來立人，把達己來達人，此即是孔子的為己之學，亦即是孔子的為仁之道，即為人之道。孔子此一番思想，似乎先偏重在人的各自的一己內在的情感上。孔子似乎先偏重了此一番情感，再在此一番情感上來引生出種種理智。祇由各人之私情感立腳，再由種種理智來達成。

所以孔子教仁最先步驟，祗是教孝教弟，教忠教信。此皆個人小己自我情感方面的事。由於各個人之孝弟忠信未達成人生大道。孔子卻不追問為何在此宇宙大自然中生出此人類。又不追問人類之未來，到底將作何歸宿。若先要從此等問題上去尋求，便須得擺開情感，先重理智。

耶穌有原始罪惡論，達爾文有生物進化論，一則形成了西方原先之宗教，一則發展出西方近代之科學。不論宗教與科學，均須撇開小我一己當前之私情感，全憑理智來追尋。但宗教究竟不免夾雜了好多情感，所以祗教人信仰。但信仰終必會訴之於理智，於是在宗教中又必展演出神學。但看重理智太過於情感，則科學終必轉踞於宗教之上。情感是偏於現實的，把人的情感沖淡了，甚至撇開了，於是遂使人生不安於現實，必要衝破現實，打開一新局面，另創一新天地。為要衝破現實，打開一新局面，另創一新天地，於是纔要犧牲現在，向未來邁步求進取。但科學在此方面又嫌不澈底。宗教還講出了人生的一個終極歸宿，而科學卻沒有。專從科學理智去尋求，未來之後又有未來，進步之上又得進步。未來永成一不可知。儘向此一永不可知之境邁步求進，將使人生老像是面對黑暗，撲向虛空。科學儘理智，卻不知人類明日又將成為何等樣的一局面，於是會使人生永陷於不安。科學祇求進步向前，但卻把當面現實犧牲了，更不使人感到有其情感上之真享受，此在人生情感上必會起反動。結果是現代科學已為現實人生作奴，而究不能滿足人生之情感。

從最淺近處言之，人生情感必帶有私，但科學上的種種發明與創造，一如電燈、汽車、自來水，如是種種，都是外在的，都祇與人以公的便利。要人在公的便利之下來各自尋求其私的滿足。在人生的私的一面，即其內在的一面，科學是無法過問的。於是物質人生過度發展，而心靈人生陷於乾枯，空洞。人欲橫流，究不是人道光昌。科學求使人的欲望滿足，但究不能使人的情感亦滿足。

在教堂內禮拜歌誦，禱告懺悔，還不失給予了人生一部分各自內在的情感上的滿足，但此項滿足經不起理智考驗，遂激起西方文藝復興以下之反動。但走出了教堂，走進了物質人生科學方法的一條新路上去，外面公的方面，固是不斷有進步，內在的私的方面，卻反而日見空虛，又將會再起反動。近代的西方人生則正在一種新反動之開始，此已顯露出了端倪。

陰轉為陽，陽又轉為陰。物極必反，天運循環。此兩百年來東方人卻顯然在轉向西方的道路。物質人生、科學方法，兩百年來的西方人顯然遠走在東方人前面。但物質人生，科學方法，究竟是外在的，公共一致，易曉易學的。兩百年來東方人從此學西方，有些處仍然落後，有些處已學得彼此無別，有些處則已此勝於彼。若祇求在物質人生與科學方法的道路上便可走上世界大同，則百年之內，應可達到。問題是在內在的心靈人生一部分，以至各自之私的小己方面。東方人自受東方人過去歷史文化積累的陶冶與影響，東方人究不能沒有一個東方之我之存在。即是東方人不能沒有一個東方人之所以為人與其所以為己之中心基點之所在。若使此一中心基點亦能連根拔去，則東方將不成為東方，東方人亦將不成其為人。不成為人，自亦沒有了作用。故使東方人破除了自己的東方傳統來求西方化，其事終為不可能。

西方耶教來東方，不能使東方盡歸耶教化。西方哲學文學藝術來東方，亦不能使東方固有的哲學文學藝術全歸西方化。亦幸而如此，人生不如黃茆白葦，同中仍有異，然亦異中仍有同。東方西方，同是人類，不會無相通合一處，但仍還有其相異各別處。子女由父母所生，但子女之出生時間與出生環境與父母不同。子女出生後所有之身體，又與父母不同。故子女必有其獨立之存在。天地生人，人類在天地中，亦有其獨立之存在。人類中有一我，我之在人類中，亦有其獨立之存在。但不能由小己自我之獨立存在，來否認其外在的其他人之存在乃及天之存在。《中庸》上說：「譬如天地之無不持載，無不覆幬。譬如四時之錯行，如日月之代明。萬物並育而不相害，道並行而不相悖。小德川流，大德敦化。此天地之所以為大。」《易經》以六爻成一卦，共得八卦。八八六十四卦，共成三百八十四爻。每一爻，時不同，位不同，斯其每一爻之德與性，亦各不同。其實，每爻又衹分陰與陽。各個小己自我之在人類天地中，竟是萬異而各不同。但此衹是小異。《易經》上把此萬異而各不同之小異，歸納為三百八十四種異，又歸納為陰陽兩異，此始是大異。而其背後則是天地萬物一體之大同。由小異則衹見小同，由大異乃始見大同。孔子教人立己達己，立是立己之異，達是達到與人之同。其所立所達，亦有大小。所立小，斯所達亦小。所立大，斯所達亦大。立小異以達小同，此是川流之小德，亦是人生之小道。立大異以達大同，此是敦化之大德，亦是人生之大道。孔子乃東方惟一大聖人，因其所立大，乃可使人人皆學孔子，故其所達亦大。若使孔子僅是一哲學家，斯惟愛好哲學的人乃可學孔子。若使孔子是一政治家，亦惟從事政治的人乃可學孔子。在人中劃出一業，自成一家，此皆是小異，由小異僅可得小同。孔子博學而無所成名，不在人中立小異，而成為人中之大聖，此則立了大異，乃可達於大同。使人人皆得為聖人，此則世界人類亦達於大同，即是使此世界達於聖世。此乃孔子理想，亦即是東方人理想。

主要在人之德，不在人之業。業必由德起。德表現在道義上，業表現在功利上。由德而來之功利，此始是大功利。由業而來之功利，則祇是小功利。一切小功利，可融為一大功利，此為大德之敦化。一切小功利，各自爭勝，各自霸佔，此仆彼起，所達不大，此為小德之川流。卻沒有無德而能立能達的，此又是一項人類之大同。

西方人今天勝過東方，似乎是在其立業上。由東方人眼光看，則其立業亦必有德。所異祇在德之大小。即如近代西方之資本主義，帝國主義，其獲成立發展，在其背後，亦必有一種德。但其所達則不能大，不能久，因其仍祇是小德。東方人理想，則要治國平天下，求其業之能大能久，則仍當還就德上求，不當衹從業上求。

今天的西方人，似乎舊路已走到盡頭，又要來開闢新路。如何始是一條新路，似乎今天的西方人也不自知，正在闖，正在試。專就東方人言東方，東方人此兩百年來，一意學西方，也未嘗無成就。要立業，要創新，東西雙方不妨有其同。但東方人自有其所以成為東方人之處，東方人自有一條舊路，即其歷史文化幾千年之積累，即東方人與西方人之相異處。東方人似乎仍應該從異求同。我們似乎不該，也不能，來破己之異以求與人同。孔子之道，似乎東方人仍該著意尋求，努力奉行纔是。

從人類歷史文化討論中國之前途

（一）

歷史記載以往之人事，但人事無前定，因此歷史亦不能預知，但可推斷。

歷史事件，莫不有理可資解釋，成敗得失，皆有其所以然之理。故歷史上並無無理可說之事。

事屬變而理屬常，變不可知，而常則可知。

從各項事理中可以籀繹出共同之理，由此共同之理來推斷一切事變，雖不中，亦不遠。

事中有理，復有勢。

理是一主宰，勢是一傾向，亦可說是一端兆。

事變之來，以漸不以驟。有些是事未定而勢已顯。勢即是一種力，常稱勢力。勢又是一種形，又稱形勢。必待舊勢力消沉，舊形勢渙散，斯新勢力新形勢纔獲萌生。

勢之來，不可逆。勢之去，不可挽。所謂其勢難當，或稱大勢已去。理與勢合，則理顯。理與勢背，則理隱。但理常在勢後，支配此勢。

凡事又有情有態。態指事之外貌言，情指事之內情言，此所謂事情與事態。事之主持在於人，人之從事決於心。事情之主要，在於主其事之人之心，誠偽公私明暗，是其大分辨。

事情與事態，有時不能相合一，但判事當衡其情，不能依其貌。勢從外面看，情從內部看，又合稱情勢。

情與勢合，又與理合，事必成。情與勢背，又與理背，事必敗。惟此三者間之離合向背之分數則極難定。

（二）

從歷史之長時期演進中見文化。

歷史文化之演進，其背後常有一抉擇取捨之指針，此指針即人心。

人心之長期指向，即是文化精神。

中國文化精神偏尚理，西方文化精神偏尚勢。

尚理常偏向靜定面，尚勢常偏向變動面。

須歷史綿延久，展擴廣，始知理之可尚。苟其綿延暫展擴狹，常易忽視理而重勢。

重勢乃是歷史之短視與淺見。

西方歷史乃始終在小地面上斷續發展，希臘之後有羅馬，羅馬之後有中古時期，乃至現代國家之興起。

外面形勢壓迫人，使人常注視在事的態勢上，不注意到事的情理上。人人祇站在小地面上短時期內來看歷史。

歷史祇成一個勢，尚勢則必爭。爭取有利形勢，爭取時機。時乎時乎不再來，兔起鶻落，所爭祇在眼前。時異勢易，歷史不重演，他們祇強調這一點。

中國歷史渾然成一體，前後連貫成一線。

三皇五帝夏商周，還是一脈相承。而且日益擴大。

周公與孔子，即在此長時期日益擴大之歷史演進中產生，他們的思想與信仰，乃認為天心人事，雖百世可知。

知有此理，信有此理，守定此理，懸諸天地而無背，質諸鬼神而無疑，百世以俟聖人而不惑。天不變，道亦不變，遂成為中國人的歷史觀。認定歷史有一主宰，有一重心，可以萬變而不離其宗。

外面形勢不利，時代進入衰亂，但中國人認為貞下即起元，否極而泰來。中國四五千年來長時期的歷史演進，亦證明了此觀念。儒家標出了此理，道家闡明了此勢。橫逆之來，中國人祇說是時也運也，但中國人永遠有信心，永遠有希望。近代西方，似乎祇抱著一種文化的悲觀論。因此心無定準，隨勢推遷。

（三）

史學在西方，興起較晚，而歷史哲學則更晚。西方人乃從哲學來論歷史，不從歷史來創哲學。黑格爾的歷史哲學，祇站在狹義的民族本位上。馬克斯推擴到世界觀，但此世界則祇是唯物的。祇是鬥爭的。全部世界人類歷史，祇是一部唯物的鬥爭史。在鬥爭中祇分階級，沒有民族。鬥爭的對象，祇是物質，沒有文化。馬克斯的唯物史觀，祇是一套哲學虛構，無當於人類歷史真情。

斯賓格勒論西方的沒落，亦如人身有生老病死，乃是一種歷史的定命論。

湯恩比論刺激與反應，人類全部歷史，又成為一種適應論。

若由西方宗教家來談歷史，則必然是惟神的。亦如由科學家來談歷史，則必然亦是唯物的。此皆站在人類以外來談人類的歷史。

祇由中國人來談歷史，乃是人文本位的。

歷史是惟理的，亦是唯心的。理是人文之理，心是人文之心。由此上，心與理合一。

中國人並說天即理也，宇宙大自然，亦祇是一理。但理一分殊，中國人則把人文之理來會通宇宙大自然間一切理，由此上，心與天合，心與物一。

中國人之道德觀，與其政教理想，及其對於天，對於宇宙萬物之共通有一理之終極信仰，則皆配合於中國人之人文本位之歷史觀而產生。

天下一家，中國一人，則為中國人此種歷史觀之終極想望之所在。

人類存在，即歷史存在，文化存在。中國人對歷史，乃絕無悲觀的想法。

（四）

當前世界，由於第一第二次世界大戰接踵繼起，而形勢大變。下面來的，是世界歷史的一種新趨勢。

首先是帝國主義與殖民政策沒落了，代之而興的，將是民族解放與民族自決。但世界舊歷史的幾許反動力量依然猖獗。

資本主義之反動有共產思想，民主政治之反動有極權政治，個人主義之反動有社會主義。今天的西方社會及其一般思想，同樣在大轉變之中。

新形勢逼人而來，但西方人尚瞠目不知如何作應付。如聯合國應是一時代產物，但此嬰兒生下即多病，尚未知如何來護養。

西方人祇知迎合此世界新形勢來求適應，但並未能瞭解乃至接受此新形勢背後之真理。他們的反共，並非真反共。依然謀求發展資本主義，則共產思想亦將依然漫衍，無法消滅。

隨於資本主義而逐漸醞釀形成的世界主義，有其貌，無其神。一切向外接觸，祇在利害上打算，不在道義上堅持。使兩次世界大戰以下之新世界，依然與兩次大戰以前之舊世界，僅如五十步之與百步。

但此下世界必變，則端倪已露，誰也不能否認。中國處在此一百年來世界潮流之大翻大滾之下，自己歷史，自難免也要邁進新路程，但可惜的是走錯了方向。

昧失了自己傳統的歷史觀，不再看重人心天理，與夫人文本位之一切道義，而祇在別人家的勢利上著眼。於是有全盤西化論，為共產主義布置溫牀。

但西方人究於歷史演變缺少深入的認識。他們一面要排斥蘇俄共產在西方歷史演變系統之外，一面又謂中國共產，乃是中國自己歷史文化傳統中所產生。

歷史本常在半醒半睡之狀態中演進。須得有此理，同時有此勢，有此情，乃始有此歷史。若常為外面形勢迷惑了歷史內在之真理，亦終將不能扭轉歷史使走向正軌。

此下則有待我們自己的自覺與自力。

且歷舉我個人看法如下：

㈠共產主義決然失敗。

㈡中國民族決然有前途。

㈢中國文化決然在將來世界人類新文化創進中占有重要地位。

㈣一切待吾人之信心與智慧與努力來促成其實現。

中國文化與中國人

(一)

今天我的講題定為「中國文化與中國人」。我祇能從某一方面對此題講些話。本來是由中國人創造了中國文化，但也可說中國文化創造了中國人。總之，中國文化就在中國人身上。因此我們要研究中國文化，應該從歷史上來看中國的人，亦就是說看中國史上歷來的人生與人物，即中國人怎樣地生活？中國人怎樣地做人？

人生應可分兩方面看：一外在的，即人生之表現在外者；一內在的，即人生之蘊藏在內者。表現在外的人生又可分兩大項目：一是人所創造的物，一是人所經營的事。《易經》上謂之「開物成務」。無此物、創此物，是為「開物」；幹此事、成此事，是為「成務」。易經把「開物」「成務」兩項都歸屬於聖人之功績，可見中國古人對此兩項之看重。但此兩項則都是人生之表現在外的。

現在人講文化，主要都從這方面講，如：舊石器時代、新石器時代、銅器時代、鐵器時代等分法，是從「開物」觀念上來講的。又如：漁獵社會、畜牧社會、耕稼社會、工商社會等分法，是從「成務」觀念上來講的。

但這些多是人類怎樣生存在社會乃至在天地間的一些手段，實不能認為即是人生之理想與目的。人生該有理想，有目的。既已生存在此天地間，究應怎樣生、怎樣做一人？這始屬於理想目的方面，此之謂文化人生。自然人生祇求生存，文化人生則在生存之上有嚮往、有標準，這就講到了人生的內在面。這一面，中國人向稱之為「道」。中國人用這「道」字，就如現在人講文化。不過現在人講文化，多從外面「開物成務」方面講；而中國人的傳統觀念，則定要在文化本身內部討論其意義與價值。亦可謂文化中之有意義價值者始稱「道」，而此項意義與價值，則往往不表現在外面，而祇蘊藏在人生之內部。

如我們講古代文化，一定會提到埃及的金字塔。埃及人創造金字塔，亦是所謂「開物」。金字塔之偉大，誠然無可否認。由於此項建築，我們可以連帶想到古代埃及人的智慧聰明，和當時運用物質的能力。若非這些都有一甚高水準，試問怎會創出那些金字塔？但我們也該進一步問：那些金字塔對於埃及的社會人生，究竟價值何在？意義又何在？

古的不提，且論現代。如我們提及太空人，提及把人類送上月球，不是當前一項驚天動地的壯舉嗎？這也十足可以說明近代人之智慧聰明及其運用物質的能力，到達了那樣高的水準。但我們不免又要問：這樣一項偉大工作，究竟對於現世界、現人生，實際貢獻在那裡？其價值何在？意義又何在？

像古代埃及的金字塔，乃及近代西方的太空人，都屬於開物成務方面，都衹表現在人生的外部。中國古人講「正德」、「利用」、「厚生」。開物、成務，是有關利用、厚生的。但在此兩項之上，還有「正德」一目標。而且「利用」、「厚生」也不是為著爭奇鬥勝。不論你我在太空軌迹中能繞多少圈，誰能先送一人上月球；但人生理想，究不為要送人上月球。送人上了月球，依然解決不了當前世界有關人生的種種問題。換言之，此仍非人生理想以及人生的意義價值所在。照中國人講法，智力及財力表現並不即是「道」。中國人講「道」，重在修身、齊家、治國、平天下。修齊治平始是人生理想、人生大道，決不在乎送人上月球，當然也更不是要造幾座更大的金字塔。從這一層，可以來闡說中國的傳統文化觀。

（二）

我此刻，暫把人類文化分作兩類型來講：一是向外的，我稱之為外傾性的文化；一是向內的，我稱之為內傾性的文化。中國文化較之西方似是偏重在內傾方面。如講文學，西方人常說，在某一文學作品中創造了某一個性，或說創造了某一人物。但此等人物與個性，祇存在於他的小說或戲劇中，並不是在此世界真有那一人與此一個性之存在，而且也並不是他作者之自己。如莎士比亞劇本裡創造了多少特殊個性，乃及特殊人物；然而此等皆屬子虛烏有。至於莎士比亞究是那樣一個人，到現在仍不為人所知。我們可以說，祇因有了莎士比亞的戲劇，他才成為一個莎士比亞。也是說，他乃以他的文學作品而完成為一文學家。因此說，莎士比亞文學作品之意義價值都即表現在其文學裡，亦可說即是表現在外。這猶如有了金字塔，才表現出埃及的古文化來；也猶如有了太空人，才表現出近代人的新文化來。

但我們中國則不然。中國文學裡，如《水滸傳》有宋江、武松、李逵等人物，《紅樓夢》有林黛玉、賈寶玉、王鳳姐等人物。這些人物，全都由作家創造出來，並非世間真有此人。但這些作品實不為中國人所重視，至少不認為是文學中最上乘的作品。在中國所謂文學最上乘的作品，不在作品中創造了人物和個性，乃是由作者本人之人物和個性而創造出他的文學作品來。如：〈離騷〉由屈原所創造，表現在〈離騷〉中的人物和個性，主要的便是屈原他自己。陶淵明創造了陶詩，陶詩中所表現的，也是陶淵明自己。杜工部創造了杜詩，杜詩中所表現的，也是杜甫他自己。由此說來，並不是為屈原創造了一部文學，遂成其為屈原；正因為他是屈原，所以才創造出這一部文學來。陶淵明、杜甫也如此。在中國是先有了此作者，而後有此作品的。作品的價值，即緊繫在作者之本人。中國詩人很多，而屈原、陶淵明、杜甫最受後人崇拜。這不僅是崇拜其作品，尤所崇拜的，則在作家自身的人格和個性。若如莎士比亞生在中國，則猶如施耐庵、曹雪芹，除其所表現在外的文學以外，其自身更無成就，應亦不為中國人重視，不能和屈原陶淵明杜甫相比。這正因中國文學精神是內傾的。要成一文學家，其精神先向內，不向外。中國人常說「文以載道」，這句話的意義也應從此去闡發。中國文學之最高理想，須此作者本身就是一個「道」。文以載道，即是文以傳人，即是作品與作者之合一。這始是中國第一等理想的文學與文學家。

再講到藝術，中國藝術也同樣富於內傾性。如繪畫，西方人主要在求這幅畫能和他所欲畫的對象近似而逼真，其精神仍是向外，外傾的。中國人繪畫則不然。畫山不一定要像這座山，畫樹不一定要像這棵樹；乃是要在他畫中這座山、這棵樹能表現出他畫家自己的意境和胸襟。或者作畫送人，卻要這幅畫能像他所欲送的人之意境和胸襟。所以在作畫之前，儘管對一山今天這樣看，明天那樣看，但總感這山不能完全像我自己的意境。待慢慢看熟了，把我自己對此山所發生的各種意象拼合起來，才是我心裡所希望所欲畫出的這座山。在山裡又添上一棵樹，這樹也並不是真由山中寫生得來，仍是他意境中一棵樹，而把來加在這山中，使此畫更近我意境。所以中國畫所要求的，重在近似於畫家之本人，更過於近似於所畫的對象。學西洋畫，精神必然一路向外；但要做一中國畫家，卻要把精神先向內。

把文學與藝術結合，就是中國的戲劇。西方人演劇，必有時間、空間的特殊規定，因而有一番特殊的佈景，劇中人亦必有他一套特殊的個性。總言之，表現在這一幕劇中的，則祇有在這一時間、這一空間、這一種特殊的條件下，又因有這樣一個或兩個特殊的人，而始有這樣一件特殊的事。此事在此世界則可一而不可二；祇碰到這一次，不能碰到第二次。他們編劇的意象結構慘澹經營的都著重在外面。中國戲劇裡，便沒有時間、空間限制，也沒有特殊佈景，所要表現的，不是在外面某些特殊條件之下某一人或某幾人的特性上。中國戲劇所要表現的，毋寧可說是重在人的共性方面，這又即是中國人所謂之「道」。單獨一人之特殊性格特殊行徑，可一不可二者不就成為道。人有共性，大家如此，所謂易地則皆然者始是道。道是超時空而獨立存在的。如演《蘇三起解》，近人把來放進電影裡演，裝上佈景，劇中意味便受拘束而變了。中國戲臺是空蕩蕩的，臺下觀眾所集中注意的祇是臺上蘇三那一個人。若配上佈景，則情味全別。如見蘇三一人在路上跑，愈逼真，便愈走失了中國戲劇所涵有的真情味。試問一人在路上跑，那有中國舞臺上那種亦歌亦舞的情景？當知中國戲劇用意祇要描寫出蘇三這個人，而蘇三也可不必有她特殊的個性，祇要表演出一項人的共性為每個觀眾所欣賞。

深一層言之，中國戲劇也不重在描寫人，而祇重於描寫其人內在之一番心情。這番心情表現在劇裡的，也可說其即是道。因此中國戲劇裡所表現的多是些忠孝節義，可歌可泣的情節。這些人物，雖說是小說人物，或戲劇人物；實際上則全是教育人物，理想人物，都從人類心情之共同要求與人生理想之共同標準裡表現出來。這正如中國的詩和散文，也都同樣注重在人生要求之共同點。中國人畫座山，祇是畫家心裡藏的山，而一畫出來，則成為人人心所共想看的山。戲劇裡演出一人，也祇是作劇家理想中的人，而一演出來，則成為人人心所共同欣賞的人。西方的文學藝術，注重向外，都要逼真，好叫你看了像在甚麼地方真有這麼一個人、一座山。而中國文學藝術中那個人那座山則由我們的理想要求而有。這其間一向外，一向內，雙方不同之處顯然可見。所以說中國文化是內傾的，西方文化是外傾的。

(三)

外傾文化，祇是中國《易經》上所謂「開物成務」的文化。在我們東方人看來，這種文化，偏重在物質功利，不脫自然性。中國文化之內傾，主要在從理想上創造人、完成人，要使人生符於理想，有意義、有價值、有道。這樣的人，則必然要具有一人格，中國人謂之德性。中國傳統文化最看重這些有理想與德性的人。從字面講「文化」二字，也見在中國《易經》裡，有曰「人文化成」。現在我們以人文與自然對稱，今且問人文二字怎講？從中國文字之原義說之，文是一些花樣，像紅的綠的，拼起來就成了花樣，這叫文。又如男的女的，結為夫婦，這也是一番花樣，這叫做人文。又如老人小孩、前代後代，結合在一起，成為父母子女，這也叫做人文。在這些人文裡面，就會化出許多其他花樣來。像化學上兩元素溶合便化出另外一些東西般。在中國人則認為從人文裡面化出來的應是「道」；故有夫婦之道，父子之道，修身齊家治國平天下之道。道都由「人文化成」，此即中國人傳統觀念中所看重的文化。中國《小戴禮》中又見有「文明」二字，說「情深文明」。上面說過，文祇是一些色彩或花樣；花樣色彩配合得鮮明，使人看著易生刺激，生感動，這就是「文明」。如夫婦情深，在他們生活中所配合出的花樣叫別人看了覺得很鮮明，很感動；父子情深，在他們生活中所配合出的花樣也叫人看了覺得很鮮明，很感動。若使父子、夫婦，相互間無真摯情感，無深切關係，那就花樣模糊，色彩黯澹，情不深就文不明，對人心無感動。這是中國古書裡講到的「文化」、「文明」這兩項字眼的原義。此刻用來翻譯近代西方人所講的「文化」、「文明」，也一樣可以看出中國人所講偏重其內在，而西方人則偏重於外在，雙方顯然有不同。

人與人間的花樣，本極複雜，有種種不同。如大舜，他父親母親都這樣地壞，他一弟又是這樣壞，可說是一個最不理想的家庭；然在這最不理想的環境與條件之下，卻化出舜的一番大孝之道來。夫婦也一樣。中國古詩有「上山採蘼蕪，下山逢故夫」一首。那故夫自是不夠理想，但那位上山採蘼蕪的女子，卻化成為永遠值得人同情欣賞與懷念的人。可見社會儘複雜，人與人配合的花樣儘多，儘無準；但由此化合而成的人文，在理想中卻可永遠有一道。因此中國傳統文化理想，必以每一個人之內心情感作核心。有此核心，始有人文化成與情深文明之可能。然而這亦並非如西方人所謂的個人主義。在個人與個人間相平等，各有各的自由與權利，此乃西方人想法。中國社會裡的個人乃與其家庭、社會、國家、天下重重結合相配而始成為此人者。人必在群中始有道，必與人相配成倫始見理。離開對方與大群，亦就不見有個人。因此個人必配合進對方與大群，而一切道與理，則表顯在個人各自的身分上。因此中國傳統文化理想中之每一人，可不問其外在環境，與其一切所遭遇之社會條件，而可以無往而不自得。換言之，祇要他跑進人群中，則必有一個道，而這道則就在他自身。己立而後立人，己達而後達人，盡己之性而後可以盡人之性，盡物之性。自己先求合道，始可望人人各合於道。這一理想，照理應該是人人能達，但實際則能達此境界理想者終不多，此即中國所謂之聖人。但照理論，又還是人皆可以為堯舜，人人皆可為聖人的。

中國傳統文化理想，既以個人為核心，又以聖人為核心之核心。孟子說聖人名世，這是說這一時代出了一聖人，這聖人就代表了這時代。等如我們講埃及文化，就拿金字塔作代表。講中國古代文化，並不見有金字塔，卻有許多傳說中的聖人像堯舜。中國之有堯舜，也如埃及之有金字塔，各可為其文化之象徵與代表。

在《孟子》書中，又曾舉出三個聖人來說：「伊尹聖之任者也，伯夷聖之清者也，柳下惠聖之和者也。」人處社會，總不外此三態度：一是積極向前，負責任，領導奮鬥，這就如伊尹；一是什麼都不管，躲在一旁，與人不相聞問，祇求一身乾淨，這就如伯夷；還有一種態度，在人群中既不像伯夷般避在一旁，也不像伊尹般積極儘向前，祇是一味隨和，但在隨和中也不失卻他自己，這就如柳下惠。以上所舉「任」「清」「和」三項，乃是每一人處世處群所離不開的三態度。在此三種態度中，能達到一理想境界的則都得稱聖人。祇有孔子，他一人可以兼做伊尹、伯夷、柳下惠，所以孟子稱孔子為聖之時。因孔子能合此三德，隨時隨宜而活用，故孔子獨被尊為大聖，為百世師。

現在再說伊尹。他所處時代並不理想，那時正是夏商交替的時代。傳說伊尹曾五就桀，五就湯，他一心要堯舜其君，使天下人民共享治平之樂，而他也終於成功了。伯夷當周武王得了天下，天下正慶重得太平之際，但他卻不贊成周武王之所為，餓死首陽山，一塵不染，獨成其清。柳下惠則在魯國當一小官，還曾三度受黜，但他滿不在乎。他雖隨和處群，但也完成了他獨特的人格。

在《論語》裡，孔子也曾舉了三個人。孔子說：「殷有三仁焉，箕子去之，比干諫而死，微子為之奴。」孟子云：「仁者人也。」此所謂三仁，也即是處群得其道之人，也可說其是三完人——即三個人格完整之人。當商周之際，商紂亡國了，但在朝卻有三個完人，也可說他們都是理想的人，也可說他們都是聖人。此三人性格不同，遭遇也不同。

我以為比干較近伊尹，大約他是一個負責向前的，不管怎樣也要諫，乃至諫而死。箕子則有些像伯夷，看來沒辦法，自己脫身跑了，跑得很遠，直跑到韓國去。微子則有些像柳下惠，他還是留在那裡忍受屈辱，近於像當一奴隸，後來周武王得天下，封他在宋國，他也就在宋國安住了。

此刻我們以《論語》、《孟子》合闡，可說人之處世，大體有三條路。此三條路則都是大道，而走此三條路的也都可為聖人，為仁者。我剛才提到的三位大文學家，屈原就有些近伊尹，忠君愛國，肯擔責任，結果沉湘而死，卻與比干相似。陶淵明就如伯夷，又如箕子去之，歸去來兮，田園將蕪胡不歸？他就潔身而去了。杜甫就如微子，也如柳下惠，給他一小官他也做，逢什麼人可靠他都靠，流離奔亡，什麼環境都處。他不像陶淵明這般清高，也不像屈原那般忠憤積極，然而他同樣也是一完人。數唐代人物，決不會不數到杜甫。

但如上所舉這些人，尤其是清的和的，往往可以說他們多不是一個歷史舞臺上人物。他們在歷史舞臺上似乎並不表現出什麼來。祇有任一路的人必求有表現，但亦有成功、有失敗。失敗的，有些也不成為歷史人物了。但無論如何，這些人都是文化傳統中的大人物。他們承先啟後，從文化傳統來講，各有他們不可磨滅的意義和價值。

（四）

我往年曾在耶魯講歷史，主張歷史必以人來作中心；有一位史學教授，和我討論，他說我的說法固不錯，歷史誠然應拿人作中心，但人也得有事業表現，才夠資格上歷史，倘使沒有事業表現，則仍不是歷史上的人。他這番話，其實仍是主張歷史中心在事不在人。我和他意見不同，卻也表示出雙方文化觀念之不同。在西方人看來：一個哲學家，必因其在哲學上有表現；一位宗教家，必因其在宗教上有表現；一位藝術家，則必在藝術上有表現；一位科學家，則必在科學上有表現。在事業表現上有他一份，才在歷史記載上也有他一份；若無事業表現，這人如何能參加進歷史？然在中國人觀念中，往往有並無事業表現而其人實是十分重要的。如孔子門下：冉有、子路的軍政財政，宰我、子貢的言語外交，子游、子夏的文學著作，都在外面有表現；但孔門弟子中更高的是顏淵、閔子騫、冉伯牛、仲弓，稱為德行，列孔門四科之首，而實際卻反像無表現。

今且問：無表現的人物其意義在那裡？價值又在那裡呢？此一問題深值探討。儒家思想正側重在這一邊。試讀中國歷史，無表現的人物所佔篇幅極多。司馬遷《史記》七十列傳第一篇便是伯夷叔齊，這兩人並無事業表現；太史公獨挑此兩人列為列傳之第一篇，正因他認為這類人在歷史上有大意義大價值與大貢獻。又如讀陳壽《三國志》，曹操、諸葛亮、孫權、周瑜、魯肅、司馬懿人物甚多，後人卻說三國人物必以管甯為首。管甯獨無事業表現，他從中國遠避去遼東，曹操特地請他回來，他回來了，也沒幹甚麼事，何以獨被認為三國時代的第一人物呢？中國歷史上所載人物，像伯夷管甯般無所表現的列代都有，而且都極為後人所重視，正因認為他們在歷史上有他們的莫大意義價值與貢獻。我不是說人不應有表現，人是應該有所表現的；但人的意義和價值，卻不盡在外面表現上，倘使他沒有表現，也仍會不失其意義與價值之所在。那些無表現的人，若說他們有表現，則也祇表現在他們內在的心情與德性上。中國古人說三不朽，立德為上，立功立言次之。功與言必表現在外，德則儘可無表現，祇表現在其內在之心情與德性上。

歷史事變，如水流之波浪，此起彼伏，但僅浮現在水流之上層；文化大傳統自有一定趨向，這是大流之本身。文化大流之本身就是人，人是大流本身而沉在下層；人事如波浪浮在上面。風一吹，波浪作了，風一停，波浪息了，而大流本身則依然是此大流。正因中國文化傳統看重此本身，所以到今天，中國歷史傳統也還沒有斷。商亡有周，周亡有秦漢，秦漢亡了有唐宋，有元明清以至現在。歷史命脈顯然祇靠人。政治可以腐敗，財富可以困竭，軍隊武力可以崩潰，最後靠甚麼來維持此國家與民族？就因為有人。從中國歷史上看，不論治亂興亡，不斷地有一批批人永遠在維持著這道，這便是中國歷史精神。西方人祇看重人在外面的表現，沒有注重到它內在的意義與價值。如看埃及，看巴比倫，看希臘，看羅馬，乃至看近代歐洲，他們所表現在外的，儘輝煌，儘壯闊，但似乎都未免看重了外面而忽略了人本身的內在意義與價值，因此不免太偏重講物質，講事業。但物質備人運用，事業由人幹濟，而人則自有人的內容和定義。

即就語言文字論，西方人在此方面亦重外面分別，而沒有把握其內在之共同點。他們有少數人(Man)、多數人(Men)，男人(Man)、女人(Woman)，卻沒有一大同的人字。又把人分成國別，如中國人(Chinese)，日本人(Japanese)，英國人(English)，美國人(American)；如此脫口而出，卻忽略了他們同樣是個人。用中國語言文字說來，如男人、女人，大人、小人，黃人、白人、黑人、紅人，中國人、日本人、英國人、美國人，亞洲人、歐洲人，總之一視同仁，都是人。這是中國文化中最偉大的第一點。可惜是被人忽略了。

話雖如此，中國人卻又在人裡面分類分等級。由西方人講來，人在法律之下是平等的。但在中國傳統文化觀念下，雖同樣是人，卻儘有其不平等；有好人、有壞人，有善人、有惡人，有大人、有小人，有賢人、有聖人。又罵人不是人，說你這樣算不得是個人。今且試問，人又怎樣不算人？從生物學上講，五官四肢齊全便是人；從西方法律上講，人同等有其權利和地位，誰也取消不了誰；從西方宗教上講，人又都是上帝的兒子。但中國人對這個人字卻另有一套特別定義。人家儘加分別，中國人不加以分別；人家儘不加以分別，中國人獨加以分別。此處實寓有甚深意義，值得我們注意和研究。

（五）

現在我將講到中國文化中一最偉大的所在。再從歷史講起，如上面講到商朝末年，以及三國時代，或者像我們今天，這都算是十分衰亂之世；但無論如何，人則總可以成一人。不問任何環境、任何條件，人則都可各自完成為一人，即完成其為一個有意義有價值合理想合標準的人。換言之，人各可為一君子，不論在任何環境條件之下都可以為君子。有人砍了我頭，我死了，但我仍可不失為一君子；或有人囚我為奴，但我也仍得為一君子；我或見機而作，脫身遠颺，逃避到外國去，自然，逃避到外國，也仍得成為一君子。今天的中國人一心都想去美國，若我們能懂得中國文化傳統，像箕子去韓國、管寧去遼東、朱舜水去日本，則多有幾個中國人去美國豈不好？所惜的，祇是目前的中國人一到美國，便不想再做中國人；或者他沒有去美國，早已存心不想做中國人了。好像做一中國人，無價值意義可言。這種想法，也無非從外面環境條件作衡量。我並不想提倡狹義的國家民族觀念，如說生在中國土，死為中國鬼，我定該做一中國人。上面講過，中國人講到人字，本來另有意義，在中國傳統文化之下，任何人在任何環境、任何條件下，都可堂堂地做個人，本無中國美國之分別。而且做人，可以每天有進步。若一個人能生活得每天有進步，豈不是一個最快樂的人生嗎？且縱說每天有進步，進步無止境，又是當下即是，即此刻便可是一完人。在當下，可以完成我最高的理想、最完美的人格，而不必等待到以後，自然也不必等待死後升天國，才算是究竟。就在這世間、這家庭、這社會裡，我當下便可成一完人；而又可日日新，又日新，日新其德，作新民，在內心自覺上，有日進無已之快樂。一步步地向前，同時即是一步步地完成，這樣的人生豈不是最標準、最理想、最有意義、最有價值嗎？孔子說：賢哉回也，吾見其進，未見其止。顏淵正是一天天在那裡往前進，沒有見他停下來。顏子同門冉有，他是那時一位大財政家，多藝多能，很了不起；然他內在人格方面卻沒有能像顏淵般一步步地向前。若僅就表現在外的看，似乎顏淵不如冉有；但從蘊藏在內處的看，則冉有遠遜於顏子。這一意見，在中國一向早成定論，更無可疑的。

因此今天我們要來提倡中國文化，莫如各自努力先學做人，做一中國人——一理想的中國人。若真要如此，必然得研究中國歷史，看歷史上的古人是如何樣生活。這一番研究，仍該把我們各人自己的當前做人作中心。旋乾轉坤，也祇在我內心當下這一念。君子無入而不自得，可以苟日新，日日新，又日新，有進無止；而且匹夫匹婦之愚，也同樣可以如此修行而獲得其完成。中國這一套人生哲學，可以不需任何宗教信仰而當下有其無上的鼓勵和滿足。祇可惜我在這裡，祇能提示大綱，不及深闡其義蘊。但這是中國文化傳統精義所在，其實是人人易知，不煩詳說的。

今試問，如此一套的哲學，若我們真要履行實踐，在我們今天這社會上，和我們所要努力的事業上，有什麼妨礙呢？我想這顯然沒絲毫的妨礙。不論我們要做的是大事或小事，乃至處任何社會，在任何環境與條件之下，上面一套哲學，總之不會給與我們以妨礙，而祇給與我們以成功。我們縱使信仰了任何宗教，亦不會與此有衝突。它是一個最真實最積極的人生哲理，而又簡單明白，人人可以瞭解，可以踐行。我們今天總喜歡講西洋觀念，像說進步，試問我上述中國儒家那一套日新其德的理論，不也是進步嗎？又如說創造，那麼在我們傳統文化裡，也曾創造出如我上舉之伊尹、伯夷、柳下惠、屈原、陶潛、杜甫等數不清的人物了。在今天我也可以日新其德，自求進步，終於創造出一個理想的我來。說自由，這又是最自由的，在此世上作任何事，試問有比我自己要做一個理想我這一事那樣的自由嗎？說平等，這又是最平等的，人人在此一套理論下，誰也可以自由各自做一個人，而做到最理想的境地。若說博愛，這道理可說是最博愛的，人人有分，不好嗎？此所謂苟日新，日日新，又日新，作新民，從各自的修身作起點，而終極境界則達於天下平，使人人各得其所，還不算是博愛之至嗎？

可惜我們這一套哲學，西洋人不講；所以我們也不自信，不肯講。但西方人的貢獻，究竟在向外方面多了些，開物成務是向外的，他們的宗教法律文藝哲學等成就，主要精神都向外。正因其向外，一旦在外面遭逢阻礙挫折便會感到無法；而中國傳統文化則重向內，中國社會可以不要宗教法律而維持其和平與安定。中國人生哲理可以不論治亂興衰，而仍然各有以自全。在歷史上，不斷有走上衰運的時期，像是天下黑暗，光明不見了，但還是一樣有人，一樣有完人。就憑這一點，中國文化能維持到今天，中國民族及其國家亦能維持到今天。我們在今天要來認識中國文化，要來提倡中國文化，則莫如各人都從這方面下工夫。困難嗎？實在是絲毫也不困難。

我這十幾年來，到臺灣，始知有一吳鳳；到美國，始知有一丁龍。吳鳳也如伊尹，而丁龍則如柳下惠。吳鳳、丁龍都是中國人，是在中國傳統文化陶鑄出來的人。縱使他們在歷史上似乎沒有地位，沒有表現；但使我們今天又出一個太史公來寫新史記，像吳鳳、丁龍定會有一段篇幅留與他們的。諸位當知：中國社會、中國文化、乃至中國民族與中國歷史，就在像吳鳳、丁龍那樣做人的精神上建立而維持。我們祇深信得這一層，可以救自己，可以救別人，可以救國家與民族，中國的文化傳統可以長輝永耀在天地間。這是我今天講這題目主要的大義。

漫談中國文化復興

這次我來講演很抱歉，沒有能好好準備一題目。今天就祇想談談所謂復興中國文化運動，略談一些我個人想法。但怕講來沒條理，沒系統，祇能隨便談。

我們要做一件事，當然先該知道這件事。所謂復興中國文化，先該知道中國文化究竟是怎樣。這問題很困難，真要講，我們準備不夠。這幾十年來我們國內知識份子，學術界，沒有認真看重這問題。所爭論的似乎都欠深入，不能作我們此下研究的憑藉。我們對此問題，沒有很多知識積累，此刻要用簡單幾句話來講，這事實困難。

講文化，是不是該拿思想做一重要中心呢？講到思想，這裡還有爭論。如照現在人說法，認為從哲學思想便可看出文化本質，這層暫不討論。我們現在且從中國思想來看中國文化，大家就會聯想到儒家孔孟，可是孔子到現在已兩千五百多年，儒家思想在各時代有演變，我們能不能拿幾句緊要話來總括？這就很難講。從前，講孔子思想也就意見紛歧，有人看重這一面，有人看重那一面。我覺得講文化，該講文化之全體，不能單舉一偏。即講思想，孔孟儒家以外，至少還有道家老莊，在中國人思想中，乃至一個不識字的人，可能他頭腦裡有儒家孔孟思想，同時也有道家老莊思想。除了儒道兩家，我們不可否認，中國文化受外來佛教影響相當深，亦相當普遍。佛教思想進入中國，到了隋唐時代，中國人自開宗派，有天台，華嚴，禪三宗。他們從原來佛教思想裡漸漸變出一套中國化的佛教，這些中國化的佛教很能配合中國社會和中國傳統文化，這些思想也可說是中國的。今天印度已經沒有佛教，有一些祇是小乘宗派的，大乘宗派的佛教都流傳在中國。中國人把來吸收消化，變成為中國的佛教。這些當然也是我們文化體系中的一部份，也是中國思想中的一部份。我們社會所謂的儒釋道三教，或說三教合一，這個說法已經很普遍，尤其是明清兩代，我們不能不注意。除了儒、道、釋三教，先秦諸子裡還有其他部份，也還重要。如墨家，固然到了漢代已經不盛行，然而直到唐代，像韓昌黎，還提到它。到了清末，中國人接觸了西方耶穌教，覺和中國墨家所講很相近，於是有人出來提倡《墨子》，墨家學說一時盛行。我在北京大學教書，那時一般學生多祇讀《墨子》，卻不看《論語》，我問為什麼？他們認為《論語》陳舊了，《墨子》卻新鮮。我說這話也不全是。今天我們大家競讀《墨子》，《墨子》並不新鮮了，但沒有人讀《論語》，《論語》將會又新鮮。但至少我們不能否認墨家思想也是中國思想裡值得注意的。還有如法家，近代人看見西方人愛講法，一時便也來提倡講法家。但法家思想也不是到了清末、民初才來講。在中國歷史裡，一路下來，有一條法家思想的流在那裡。再如陰陽家，在中國社會上處處流傳，影響尤大。如講醫學，當然中國醫學很值得研究，但中國醫學中偏多講陰陽。若使我們對陰陽家思想不清楚，如何來研究中國的醫學理論？或許我們醫學理論中的陰陽學說是後來附會進去的。但既然附會進了，我們就該有研究。整個社會，一般人生，或許更多信陰陽家的，並不在儒釋道三家之下，我們就便說他是民間的一種迷信，要之也是一傳統，流行甚廣，成為構成我們文化的一部份。

其他各家，我們此刻暫不論。從前司馬談講六家要旨，我想舉出新六家——即儒、道、佛、墨、法、陰陽。我們講思想，祇講儒家孔孟，把此外五家忽略了，如此講中國文化總是稍有所偏。我們若講哲學，不妨各就所好，各有偏向。但要瞭解中國整個文化體系，這是一個客觀的，不該偏輕偏重，把有些東西全忽略了。若我們講文化先要注重講哲學思想，要我們來講此六家，這已經要我們很大的努力。或許幾個人研究儒家，幾個人研究道家，幾個人研究佛學，先來一個分工合作，將來匯通起來，提要鉤玄，來綜合看中國思想究是什麼一回事。

可見從思想來看文化，在我們肩膀上負擔已很重。而且，思想定會有表現，思想必然變成為行為。若我們認為以上六大思想，在中國社會裡很有力，有影響，他們一定曾表現出種種行為，那就是我們的歷史了。在清末民初，大部份人認為中國的先秦相當於西方的希臘。那時百家爭鳴，思想很自由，秦漢統一以後，思想定於一尊，便沒有進步了。這些話我也暫不批評，但說思想定於一尊，當然是指的儒家孔孟。那麼孔孟思想在漢代以後，應會表現出種種活動。而當時學者，卻祇講先秦思想，不講秦漢以下的歷史，這是有了頭，沒有尾，並且這是一條長尾，我們不該不注意。我們要反對孔孟儒家，也不當專據一部《論語》，一部《孟子》，還該看此下讀《論語》、《孟子》，信仰孔孟的許多人之所表現。譬如孔孟儒家愛講治國平天下，我們至少要看漢、唐、宋、明諸朝，他們一些治國平天下的想法和做法。元清兩代，尤其是清代，實際上掌握行政事務的，大部份也多是中國人，還是所謂儒生。我們該注意到這輩儒生曾如何來治理這個國家，這樣才能判定孔孟儒家思想究竟在中國有無價值，其利弊究在那裡。我在北京大學歷史系曾開一課，講中國政治制度史，當時學系同人表示反對，認為「這課不必開，今天的中國，還要來管秦始皇到清宣統的這一套政治嗎？」我說：「若講此下的新政治，或可不管這一套，要講歷史，則這一套非講不可。漢武帝、唐太宗，怎樣治國，總該有一套，我們不能不講。」即如孫中山先生五權憲法為什麼要監察院，考試院，還不是根據了中國歷史傳統。難道中國歷史從秦始皇到清宣統，就祇是一個專制獨裁的黑暗政治嗎？在專制獨裁的黑暗政治之下，怎會有考試權、監察權？這些自該研究。

抗戰時，有一次我到樂山復性書院去講演，我對書院主持人馬一浮先生說：「我聽說復性書院不講政治，我卻想講一些有關政治的。但我不是要講現代政治，我要講中國歷史上的政治。倘使孔孟思想衹流行在戰國，秦以後便沒有受孔孟思想的影響，那麼孔孟思想也就沒有價值。衹幾百年就斷了，真如近人所講是一堆塚中枯骨了。倘使秦漢以後還受著孔孟思想的影響，我來講一些秦漢以後的政治，好從此方面來看孔孟思想的實際價值所在。」馬先生說：「你這樣講，要比梁任公先生講得通了。」梁先生當年就是衹講先秦是中國思想的黃金時代，秦漢以下便沒思想了。沒有思想，從那裡來這一套歷史？直到今天，還有人認為我講歷史不夠現代化，怎能說中國傳統政治不是一套專制政治呢？這樣批評我的，絕不止一個人。但我們講歷史要客觀，若自秦始皇到清宣統，中國歷史上衹是一套帝王專制的黑暗政治，我們也可不必再講中國傳統文化，因中國傳統文化究是太無價值了。

今天主要的，要講從思想演變出歷史，那些思想便有一個實際價值。究從老莊思想裡演變出些什麼來，從佛家思想裡演變出些什麼來，從儒家思想裡又演變出些什麼來，在歷史上有憑有據，可指可說。當然思想表現在人生的各方面，但政治是其重要的一方面，這層不可否認。

再拿文學來講，人生就是文學，文學就是人生。從新文化運動起，群認為西方文學始是人生的，中國舊文學，則是脫離人生的，這番話，我卻不贊成。我認為中國文學最與人生密切相關，能最有力來表現真實人生。讓我舉一個例：那時印度詩人泰戈爾來中國，在上海開了一個歡迎會，徐志摩寫了一篇文章，題是〈泰山日出〉，他說泰山日出了，泰戈爾來到中國了。但全部看過這篇文，沒有「泰戈爾」三個字，更沒有他來中國的時代和背境。若不是如古代《詩經》般代他加上一小序，便不知他究在說什麼。我想若使請一位懂得清代桐城義法的古文家來寫一篇「泰戈爾來華講學記」之類的文章，泰戈爾是怎樣一個人，他怎樣地來，當時有些甚麼人，怎樣地歡迎他，撰寫此歡迎文的是誰，泰戈爾之來，其意義何在，價值何在，祇短短五六百字一小篇，也可寫得很扼要，很精采，當然也可寫些詩篇來表達。為什麼定要說中國文學不切人生？西方大文學家，往往有人一輩子跟他身旁，幫他寫傳記。因在他的文學裡，並無他自己的人生存在，中國則不然，把杜甫詩編年，逐年逐月逐日早晚，他人在那裡，做些甚麼，想些甚麼，一路下來，最詳備的傳記，莫過於他自己的詩。我們若要寫一篇蘇東坡的傳記，那更複雜了。他的詩詞散文，書札筆記等，統統是第一手材料。蘇東坡其人，便畢現在蘇東坡自己的作品中。又如陶淵明，陸放翁，住在鄉村，五年，十年，二十年，為他作傳記，除卻讀他詩集外，再也沒法寫，而且也再不能像他自己的詩那麼寫得好。陸放翁在鏡湖，六十，七十，八十，一年年，一日日，春夏秋冬，四季變化，他的日常生活，盡在詩中，等於是一部日記。我們讀他的詩，他晚年二三十年鄉村生活，如在目前，他的人生，便是他的文學，為何定要說中國文學不切人生呢？

當然文學有各種體裁，有很多變化，變到最簡單，為我們所看不起的，便如做對聯。簡單幾個字，把他的一生學業性行，家事國事，都寫上了。如我們這樣一所大禮堂，若有一副對聯，能把此禮堂興建的時間，地點，精神使命種種活動，都包涵進了。禮堂還須題一名，稱為甚麼堂，再加上一篇題記，或詠幾首詩，重要的實際人生都放在裡面。因此我們可以說中國人的全部人生，論其兩漢以下，主要還不是在二十四史裡，而是在各家的詩文集裡。如我們要研究范文正公、王荊公，根據《宋史》嫌不夠，還要讀范王兩家的詩文集。縱使一首小詞，也不該忽略。因是整個作者之心情性格，生活的率真細膩處，都透露在這裡。如李後主，乃一亡國之君，在歷史上短短幾句便完了。但他亡國後的一段生活，卻盡在他的詞裡傳下，到今天，我們對李後主當時的內心生活，還如和他對話般瞭解他。

我常講西方人是有了他的文學作品而成其為一個文學家的，中國則是由於他是一文學家而寫出他的文學作品來。西洋文學中一篇小說，一部戲劇，把作者姓名掩了，價值一樣，仍是一文學。研究莎士比亞，不要詳細知道莎士比亞這個人，直到現在，莎翁生平還是無法研究。但無損於莎士比亞作品裡的文學價值。也有人說：惟其在他作品中，不見有其人，所以其文學價值才更高。中國如杜工部，如蘇東坡，卻是作家和作品合一的。從杜詩裡，表現出杜甫的私人生活及其整個歷史背景。開元天寶，天翻地覆，轉徙流亡，悲歡離合，都在詩裡表現出。他不是在寫時代歷史，衹是從他這一顆心裡，表現出他的日常生活，乃至天下國家一切事，從他一心到身到家，夫婦子女，親戚朋友，乃至國家天下，合一融通地表現。這裡十足表現了一種中國的儒家精神。我們若不懂中國文學，也將不能認識中國文化。拋棄了中國文學的舊傳統，也就等於拋棄了中國傳統文化中重要一項目。或許此刻要的是新政治，新文化，文學也該推陳出新，但我們要研究中國文化，至少這些傳統終是不可忽。

再說到藝術。從前在北平常同朋友討論到東西文化問題，有人說：「文化沒有不同，衹是西方先走了一步，中國走後了一步，西方是現代化了，中國衹相當於他們的中古時期，我們再進一步，也就跟上西方現代化了，這裡並不要爭東方與西方。」我曾問：「怎樣叫中古時期的文化？怎樣叫現代文化呢？」這位先生舉個例倒很好，他說：「從前朱子註《論語》，《論語》本文用大字，他的註用雙行小字。現在我寫哲學史，提到《論語》本文低兩行，我自己的意見理論便抬頭頂格排，引古人文用小字，自己寫出的用大字。這是現代精神。」我說：「原來如此。」我們這幾十年來的學術界和思想界確是如此，我們實該自己負責任。我這次來，特別高興，看到故宮博物院，陳列出這許多東西。但我要問，如繪畫，是不是中國畫衹是中古時期的，西洋畫始是現代的呢？又如中國的磁器，有宋磁，元磁，到清磁，從這些上可以寫一本很詳細的磁的歷史演變，即從這裡，也可把整個文化反映出來。那麼是否說塑膠纔是現代化，中國磁則祇是中古時期呢？講文化不能排除了藝術，從藝術品上，也可推究到東西文化精神之不同，不能拿中國的一切都派在中古時期，西方即是現代化，這中間應該另有些不同。

建築也一樣，這廳建築顯然是東方式，我今天來看中山大樓，一進去就覺得十足的中國情調。我是一個中國人，進中國式的建築，祇覺開心。住進外國房子裡，好像總有點不對勁。西方洋樓，四面開窗，叫人儘注意外面去，樓與樓之間則須有相當距離，那是十足的帝國主義向外殖民的精神表現。他們中古時期的堡壘，也有他們當時的文化背景。中國一佛寺，和外國一教堂同樣興築在中古時期，畢竟還是有不同。他們的建築都帶有征服式，中國的常是和合式，天人合一，使人居之安。

我們講思想，講歷史，講文學，講藝術，從多方面來講文化，又應懂得「統之有宗，會之有元」。這兩語是三國時代王弼說的。講文化從多方面會合起，這裡面有一個宗，一個元。宗是一中心，元是一起頭，我們說文化精神，也如說文化根源，文化的會合點。我們要知道，在中國人中產生了孔子與老子，在中國佛教中產生了天台，華嚴，禪三宗，在中國歷史上產生了傳統的中國政府，以及中國的文學與藝術，並不是孔子來創造了中國文化，乃是由中國文化來創造出孔子。因有了中國人纔有孔子，不是有了孔子纔始有中國人。亦不是先有了一套文學來影響中國人，乃是由中國人來表現出這一套文學。我們且不從深處講，再講淺處，要研究一民族，該懂得有民族性。如中國學問藝術傳到日本，日本人很保守，一器物，一禮俗，他們都看得重。近代中國人看見自己中國的，遠不如日本人看從中國去的那樣隆重，那樣興趣濃厚。但日本人說：「我們的文化，雖從中國來，但是日本化了。」這話也對。中國文化到韓國，到越南，到各地，都會變。西方的到中國自然也會變。主要是在變中有個己。即就中國自己的來講，如文學，如藝術，如歷史上一切，由古到今，各各有變，不斷有變。我們該有思想史、社會史、政治史、文學史、藝術史、經濟史等等，從這些知識會合起來認識我們自己的文化就比較方便些，可是這些工夫，我們都沒有好好做。現在來講中國文化，都得看第一手原料，運用一個人的心思來融化，來闡釋，豈不難。研究西方的，省力方便多了。要知道希臘，有各家的書在那裡，不用直接去讀希臘文，也可研究。中國古代文字直沿用到現在，不需另研究孔子時代或書經時代的文字。然而這些材料，卻都沒有經過現代中國人的細心研究。

說到現代，真是變化太快了，而現代的中國人變化更快，對自己三千年傳統厭了，懶了。誰也不肯用心去研究，整理。隨口謾罵，便是前進，開風氣。置之不理，也不失為現代化。聰明精力，誰肯向這裡去鑽。說什麼是中國文化？鴉片煙、女子裹小腳、麻雀牌、太監、姨太太、算命、風水等，諸如此類。當然我們不能不承認這些是從中國文化裡面表現出來的。但女人裹小腳，雖足為中國文化詬病。今天不裹了，難道中國便是有了新文化了嗎？現在不抽大煙，不又是新文化嗎？而且幾百年前中國人既不抽大煙，也沒有打麻雀牌，那時的中國文化在那裡？小言之是這些，大言之，則說打倒孔家店。但孔家店易打，中國文化卻難打。在中國文化裡，尚還有老家店，莊家店，釋家店，很多店鋪在。偌大一條街市，打倒一爿半爿店鋪，打不了整街市。我說打孔家店省力，也有道理。《論語》雖是中國社會一部人人的讀物，現代化的前進學者，拿著西方的政治、社會、哲學、科學一大堆新花樣來講，祇知讀論語的，講不過他們。又如從《論語》中拿出一兩條，如「惟女子與小人為難養也」之類，把孔子說成另一個樣子，一時人不肯叫孔子，要改口叫孔仲尼，孔老二。孔家店的老闆孔子便如此般打倒了，但這祇是新的知識份子欺騙無知識份子的勾當，孔家店裡老闆易打，孔家店裡小伙計卻不易打。如要打顏淵，顏淵誰懂得，也易打。但像今天大陸忽然上演《海瑞罷官》，海瑞祇是孔家店裡一個小伙計，還輪不到二級三級，但這齣戲演來，大家都認為對，毛澤東也著慌了。因海瑞不是一貪官，他又敢於講話，不貪錢，不怕死，這兩件就夠。他已深入人心，叫你打不倒。我們且莫講東方文化和西方文化，題目太大，便由得你一人講，但遇到一個孔家店裡的小伙計，你要怎樣打倒他，卻會感到不易打。

因此若我們要講中國文化，該從多方面，長時期，集體合作，從新研究，不是講哲學便能講盡了中國文化，也不是講歷史、講文學、講藝術便能講盡了中國文化。並且在藝術、在文學、在歷史、在思想哲學各方面，還得各各分別研究。近代西洋，任何一門學問，都經過了一百、二百年，很多人心力，才有今天。即如讀一部西洋通史，從民初以來五六十年中西方中學、大學裡所讀的通史已有了幾多變化，編了又編，改了又改，成為今天這個樣子。在我們祇憑一兩個人，在一個短時期中寫出，到底不行。我們也要經歷一段長時期，多有人努力，又經自然淘汰，每一方面都有比較靠得住的人起來講話，如是集體合作，再經會合，才能對自己文化有個認識。我想復興中國文化這個重擔，應該挑在知識份子的肩膀上，但要有耐心，用苦力，不然我們會永遠比不上西方人。兩邊碰頭，問莎士比亞，他那邊總會有人源源本本詳詳細細來講。問杜工部，我們這邊真要找一人能講，卻很困難。講藝術，你問他這幅畫，他會說。他問我這幅畫，我也要找一恰當人，能講能說。現在我們勝過他們的，是我們能看他們的書，講他們的話，中國人中要找能讀英文，能講英語的，多的是。你找一個美國人，問他中國字，就不行。可是現在他們也來慢慢地學中國話，讀中國書，將來中國方面的學問也要問他們，現在中國優秀青年到美國去讀中國文史藝術學位的人已多了。在美國得了學位，纔能回到中國受人重視。所以我們的大學文科畢業生，也祇有留學外國，纔能有出路。若祇在自己大學裡面畢業，大家看不起。我昨天去故宮博物院參觀，正在看象牙雕刻，這比看磁器，看書畫，要簡單容易得多，後面有兩個人在講話，一人說：「中國人能做出這麼精細的東西嗎？一定是外國進貢來的。」我想我們此刻要來提倡復興中國文化，遠的不講，講近的，先該能移風俗，轉人心。文化是不容易講的，即講文學，一首詩，一篇散文，有時也會講不明白好處何在，又誰肯來承認你講的價值。但是一個象牙雕刻擺在那裡，他不得不佩服，可是他又認為中國雕不出來。那麼怎會在中國的皇宮裡呢？他說：「這是外國進貢來的。」他能這樣講話，可見他也是一個知識份子，並非一無所知。這些例，深深淺淺，遠遠近近，可以舉出很多。有一年在廬山避暑，一位朋友，第一次新見面，他問我：「在美國那個大學讀書的？」他是美國留學生，他說：「我怎麼不知道你呢？」我說：「我沒有到過美國去。」他說：「不必客氣，我和你很熟。」我說：「我們初次見面呀。」他說：「你不曉得，我在家裡教兒子讀《論語》，就選定了你的大著《論語要略》。」這位朋友自和一輩美國留學生不同，他要叫兒子讀《論語》，而且是他自己選定了我的那本《論語要略》，所以他說：「我同你很熟，你不要客氣。」下面一句話，卻是一句時代的心聲。他看重我，所以想我也必曾去過美國。這是三十年以前的話了。一切事有前因，有後果。我們今天結了些甚麼果，都是有原因的。我們今天正是一個困難的時候，把中國文化丟在一邊也應該。

上面拉雜說了許多話，現在接講第二部份如何來復興中國文化？我們縱是不認識中國文化，但我們的責任要來復興它。當前的問題，不能說要待我們真瞭解後再來復興。要如此，時間還不知要等多久。但我們又要問不知道中國文化，怎樣來復興？我想這事該兩方齊頭並進。復興中國文化，該可有兩條路。一是少數人的責任，須得高級知識份子，一輩學人來研究，這是上一時講的。現在要講另一條路，這在我們一般社會，全中國人來一個廣泛的運動。我認為中國文化裡，有最精粹的一點，是關於「人生修養」的。人生修養，並不是現代人講的人生哲學。西方人講人生哲學，中國人講人生修養。修養中寓有哲學，但與西方人講的哲學不同。其重要處在於中國哲學有一套修養方法，須由理論與實踐親修配合。講中國人的人生修養，主要在儒家，遠從孔孟，下到宋明理學家，各有一套。其他如道家、佛家，亦皆由理論與修養配合，而成此一套學術。這是中國哲學最重要最特殊所在。論其精神，卻與近代西方科學相近。科學必有實驗，中國哲學也必有實驗，此即所謂修養。此刻我想講幾點我們大家所最易明白的。

第一點，我們要真做一個中國人，纔能來復興中國文化。復興中國文化這一責任，便在中國人身上。沒有了中國人，就沒有中國文化。此如沒有了希臘人，希臘文化轉移到其他民族身上，究已不是希臘精神了。在抗戰時期，我在成都華西大學一個茶會上，歡迎某先生，談話中涉及到中國人問題，他說：「現在我們不是要做一個中國人的時候了，我們該要做一個世界人。」我說：「生斯世，為斯世人，自然我們都該做一世界人，但我們應以中國人身份來做世界人，不是以美國英國人身份來做世界人，若今天先抹煞了他是美國人、英國人、法國人、蘇維埃人、日本人、印度人、中國人等差別，來做一世界人，此事不可能。今天我們參加聯合國，也拿中華民國地位來參加，尚不能沒有其他國別，祇有一聯合國。」所以第一點說我們首先希望是大家要做一個中國人。把今天一般現象來看，我們中國人在其內心深處，好像並不希望真做一中國人。似乎模模糊糊地在不知不覺之間便不像一中國人。中國人有姓有名，現在的中國人卻都改了名。C・P・黃、喬治張，這樣的稱呼早已很普遍。我在香港去看香港大學的中文系畢業試卷，全部中文系學生都不寫中文名字。如寫C・K・王，他還保留一王字，我知道他是個中國人。也有純粹用英文的，王字也不見了。我想這是那裡來了一大批青年來學我們的中國文學呢？我到馬來亞大學去，那裡的中國青年，姓名都變了更不用說。馬來人泰國人很想把大街上中國店舖懸掛的中國字招牌都禁止，中國人很不高興，但中國人自己的中文名字卻先自取消了，這不是一塊十足的中國人招牌麼？在日本，那裡的中國字招牌卻還多。以前在大陸，縱使內地交通不便，外國人少到的地方，也有些店舖在中國字招牌上加上一些英文翻譯。好像沒有英文字的招牌便使這店舖地位降低，不值錢。我曾想，那些改用英文名的人，將來成了人物，寫進歷史，那不是明明一本中國史，也變成了英國史、美國史了嗎。我想我們此刻要來復興中國文化，不如先來一個運動，要中國人用中國姓名，不要改寫英文字。這個運動很簡單，我們暫不講孔子，孟子，這些太高了。我們且先做一個孔家店跑堂的，開門的，掃地的，總可以。我們先來做一個中國人，簡單一點，先來復興用中國姓名，好不好？

其次是講中國話。譬如在香港，中小學生都講英語，有時叫一輛汽車，開車的也講英語，這都不管。隨便說句話，中間不重要處用中國話說，遇重要處便定改用英文，好像用中文便表達不出這個意義，這一層影響可大了。我們自己的招牌改稱C．K．王，這可在外國通行，到外國去，入境問俗，把自己名字改一改，還可以。但他硬認為他心裡這個意思，用中國文字便無法表達，講中國話和他不對勁，不合他心意，如此一來，不僅中國是一次等國家，中國民族便是一次等民族。碰到學術上，理論上，高深一點的，非用英文不可。而且用了英文，他心裡會感到舒服，痛快，那影響卻真不淺。我想我們能不能講話要講中國話呢？有些，如 yes, no 之類，講英文也不打緊，但講到一句重要話，就非講中文不可。如說三民主義便就說三民主義，五權憲法就說五權憲法，不該翻譯了英文講。像此之類，說仁道義，仁和義也是中國文化的一塊招牌，我們該用中國字講中國話。現代西方學者，講到中國學問，他們就祇繙音，有時還注上一個中國字。如孔子講仁，老子講道，他們都繙音。中國人更客氣，認為他所講全是英美人意思，不是中國人意思，所以簡直就滿口講英語！所以我說，要復興中國文化，先來多講中國話，好不好？

進一步，我們希望做中國人要做一個像樣的中國人。今天我們當然全都是中國人，可是已經不像樣。要做一個像樣的中國人，又要做一個能繼往開來的中國人。若我們做一個學者，當然要瞭解過去，適應現在，開闢將來。就如佛家禪宗不立文字，掃空一切，但也要講過去，或從達摩或從慧能講起。也要講將來，要說將來的人生就是佛教的人生，將來的佛教就是禪宗的佛教。任何一個知識份子，講一句話，不能沒有過去，沒有將來。可是今天我們講一句「復興中國文化」，立刻有人來責備說：「你不要想復古呀。」祇要一講到孔子，老子，便是要復古。從前人儘講堯、舜、禹、湯、文武周公，他還可不失為是一通人，還可是當時社會裡一個人，還可承先啟後，做一有事業的人。我們今天，好像一講到中國的過去，就會關閉了將來中國的路。講過去也祇該罵，不該捧，祇該批評，不該稱讚。這已成了風氣。我最近也曾寫過一篇文章，說到復興文化，不是要復古，就得到好多朋友說好，說：「你講得對，這句話真有道理。」但我並不歡喜聽這話，復興文化不是要復古，但更不是要蔑古。現在一般人，一聽你說復興中國文化，就恐怕你要復古。但任何一種文化，總有個來源，總帶有一些古的存在。你不能堵塞了它上面，專來講下面。我們似乎先有一種害怕，也可說先有一種猜疑，古總是復不得，中國已往一切總是要不得，你講中國文化，他便要問你：「對民主政治抱什麼態度呢？對現代科學又是什麼看法呢？」這些話叫人無法回答。在他心裡，顯然中國文化是反民主，反科學的。他在時代風氣之下，不知不覺存心如此，無法對他有解釋。有人說，我們　總統講復興中國文化，才是最好不過的，他也講民主，也講科學，民主是世界大潮流，科學是現代大貢獻，要講復興中國文化便不能不講科學和民主。這是五四運動以來所謂德先生、賽先生，這幾十年來人人的腦子裡，祇有這兩位先生，佔了很高地位，中國文化則所佔地位很低。若我們能有民主和科學，其實中國文化復興不復興是沒有關係的，這已成了一種社會心理，已經幾十年到如今，要轉移風氣，談何容易。

老實講，復興中國文化這六個字，從民國元年到今天，還是第一天正式唱出口。而居然在此地的知識份子，乃至無知識份子，沒有一人出來反對，這可說是民國五十多年來第一個可喜現象。我們今天，也祇如在國外，儻使我們國家復興，明天回到大陸去，試問我們將帶些甚麼回去呢？祇帶了科學和民主回去嗎？倘使我們沒有一些中國自己東西帶回去，這和美國、英國人進中國有何不同呢？所以我們真能復國，最重要的應該即是我們今天講的復興中國文化這一句口號了。要復興中國文化，就該改造今天的社會，但也得慢慢地改。要發揚中國的文學和藝術，此事已不易，歷史則待後來人去寫，哲學思想須待新興的哲學家思想家來提倡。你要講一番孔子之道來給大家聽，其事亦易亦不易。但若演一部電影，能配合上中國文化的電影，便大家要看。人同此心，心同此理，此事似乎最易不過。為什麼大家愛聽紹興戲，勝過聽外國歌劇呢？這些我們該先提倡。而且也和科學與民主無關，無傷大雅，這樣便慢慢接近了中國化，從這個門可以跑進那個門。孔家店裡的陳舊貨物，也可由此推銷，像大陸上演《海瑞罷官》，海瑞罵皇帝，便是一例。我想那些道貌岸然講民主、講科學的先生們，也不會站起來反對吧！

但我上面說及中國文化有一點最重要的，就是所謂人生修養。關於這一點，我還得再講幾句話。中國文化主要精神是以個人為中心的，這亦不是西方人所說的個人主義。在世界，在每一社會裡，會有一中心，從中國文化精神來講，此中心便是我。此話並不誇大。因這世界和社會的中心也可以是你，也可以是他，每個人都是世界一中心，甚至可是宇宙一中心。中國傳統文化所講重要的在這一點。今且問：此宇宙，此世界，此社會，究竟發動在那裡？宗教家說發動在上帝，科學家說發動在物質。但要再仔細講，也就講不下去了。我們再看，整個人生的一切，究該從那裡發動？若說由軍隊發動，這總不是我們的理想。若說由法律發動，法律祇有拘束力，沒有發動力。若說由政治發動，政治要講民主，便該由每一人來發動了。或者說現在的世界操縱在工商業資本主義者的手裡。人生一切追求，其背後都由資本家操縱，這話卻有真憑實據。祇要我們仔細看一看，想一想，便可知道。正為今天這個世界，一切人生發動力在資本主義者，則無怪反過來要有共產主義的崛興。但共產主義祇是資本主義的反面，把反面來反正面，其實正反兩面還是一體。正如你的手，手掌手背，還是那隻手。若我們不要這一手，要另換一手，不講物質，不講經濟，其事卻不易。所以西方人到底不能澈底反共產主義，我們不要對此太樂觀。祇要西方資本主義一天存在，共產主義也會存在。共產主義本也產生在西方，依然在西方文化體系裡面。西方學者卻說共產主義是東方思想，拿俄國給送到東方來。但馬克斯總不能說他是東方人。他寫《資本論》並不在東方。《資本論》中所根據的材料也不是東方的。英國一位文化歷史學者，硬要把蘇維埃送給東方，但馬克斯和倫敦關係太深太顯，他究竟送不走。今天美國的學者號稱中國通的，又要說毛澤東思想即是孔子思想直傳下來，中國共產政權便是中國歷史上從秦始皇以下的那一套專制黑暗政治。他們總想把共產主義推出自己那一邊，推到別人身上去。卻不回頭想一想，這個毛病究從那裡起。遠從法國大革命，西方社會這毛病已經見了，無產階級的運動從此開始。到第一次世界大戰以後，此項毛病便在俄國人身上發作。第二次大戰以後，法國、義大利等國家共產主義風起雲湧，那時中國才追上去。美國人拚命拿錢來收買，但錢究竟消滅不了共產主義，這一層卻須現代世界人類有一番共同的覺悟。

我們講一個社會，其背後的推動力究在那裡？宗教、政治、軍事、經濟，都是外面的。外面有一力量來推動我，我總有些不大甘心。因此要講自由，又要講平等，又要講博愛，但經濟錢財，不懂博愛，不會平等，又不許自由，目前的世界究是由經濟錢財在推動。中國傳統文化則認為推動一切的力量在於我，在於我的心。各人是一我，各人可以推動他四圍而成為一中心。那麼究是誰推動著誰呢？這裡面的理論讓我慢慢講下。我們且先講原則，在我有推動社會的一個力量，社會推動，能由我開始。這一原則，各人需有一自信，然後在社會做人，才覺得有意義，有價值。沒有這信仰的人，孔子稱之為鄉愿，「生斯世也，為斯世也善，斯可矣」。孔子說，這類人是「德之賊」，他們是賊害道德的。不能發展個性，失卻成其為一我。但人各有個性，大家發展個性，豈不成衝突？孟子說：「聖人先得我心之同然。」心有同然，我這個心就是你這個心，孔子時代的心，實在還是我們今天的心。我們今天的心，仍和孔子時代之心相同，所以孔子可以瞭解到我們，其實我們也該能瞭解到孔子。我這個心可以瞭解別人的心，中國人稱之為仁心。因為大家同此一心，所以同稱為一人。仁者人也。我和你心相同，同此一仁心，故稱此為人道。人道祇是一仁，可是你要得到這一個仁心，卻要修養。孔子說：「巧言令色鮮矣仁。」你碰到另一人，話講得巧，面孔裝得討人歡喜，這心便是不仁之心。你看重了別人的心，拿自己的心看輕了，遮掩著自己的心，來討好別人的心。巧言令色，一面奉承別人，一面卻又想欺騙別人，在人群中相處，不夠直道，不夠朋友，不夠做夫婦，做子女，不夠做人群中一人。我為何要抹殺了我來討好你？實際則又是在欺騙你，想要利用你。先抹殺了自己想來抹殺別人，結果人和我都被抹殺了，所以稱之為不仁。所幸者，這個不仁之心，實際並不是我的心。心有所同然。張眼一看，梅蘭芳上臺了，大家鼓掌，覺得他漂亮。放開耳朵聽，梅蘭芳在唱，大家心裡喜歡，他唱得好。這是一種藝術心情，大家自心發出，沒有外邊力量在推動。吃東西也一般，人家都說吃悅賓樓菜好。即顯推微，人人有一個共同相類似的心，你抓住了這個心，即等於抓住了我和他，抓住了一切人，因我這個心也即是你這個心，你抓住了我的心，不是我便會由你推動嗎？中國人對於人心研究是高深的，此刻我們不能向深處講，且問人類這個心由那裡來？那自然說是天生的。西方人說上帝創生了人類，中國人說天降生了人類，又賦予人類以此心。因此我們也可說，我心即天心。天就在你我身上，就在你我心裡。天人合一，沒有天就沒有人，沒有人也就不見有天。莊子說：「惟蟲能天。」天生一條蟲，蟲無心，也可說蟲心簡單，所以他還保守著天生他的這一個真，還是本來的一條蟲。天生人，卻反而失去了他的天。為何呢？人有很複雜的腦子，有思想，有慾望，有一切改進，但改進不已，忘了本然，失了這個天，想離開了天來獨立做人，還想打倒了天來自由做人。故莊子說：「惟蟲能天。」這是批評我們人由聰明而愚蠢了。一隻螞蟻，能不失天生本然，但人卻早已失去了他的天生本然了。中國人的理論，要人在天生本然上求進步。忘了這個天生本然來求進步，愈進步，離天愈遠。一棵樹，祇從根上能開花，不在花上再開花。《中庸》上說：「盡己之性，而後可以盡人之性，盡人之性，而後可以盡物之性。」科學盡物之性，但先得要盡己盡人之性。一顆原子彈扔下，一切都完了，盡了物性，卻反了人性。人可以發明科學，科學不能發明出甚麼來。正如一棵樹可以開花，花卻開不出甚麼。現代西方人拚命造原子彈，核子武器，太空船登陸月球，祇求科學無限進步，但忘了盡人性。好像一樹，花開爛漫，儘在花上想法，根卻壞了。今天的世界危機，實在很大。

從前我年青時，人們穿一件袍子，不論窮富，年紀大一些的，穿十來年很普通。中國古代，像晏子，三十年祇穿一皮袍。今天不行了，工廠裡爭著出貨，第二批來排斥第一批，過兩年一換衣是尋常事。有人在想種種方法使你非換不可。這不是我必要換，外面有一力量在推動。卻反說是我們幸福了。說穿一句是要賺你錢，賺錢成為人生目的。中國人也曾發明了印刷術，那是世界文化一道奇光。西洋的文藝復興，就是靠的印刷術發明，但今天的印刷術儘發展下去，又不得了，會變成洪水猛獸。在紐約每天看一份時報，這樣一堆紙，怎樣看？而且翻看後急著丟。新書不斷地抛出，舊書匿迹了。有些書，不到大學圖書館翻不到。舊書再版，真是困難之極。但你到小菜場，五光十色，雜誌、週刊，擺的滿攤滿架，看得天花亂墜，卻說這是民眾讀物。但有些讀物卻是毒物呀。說電影吧，一部推出一部，但總不會叫你百看不厭。甚至再看第二遍。若一部電影，可以屢看不厭，那電影公司將會被關門。我小孩時看水滸，真是看得百看不厭。但現在人說水滸是中古時期作品，是中國舊社會作品，現在是科學時代工商社會了，看小說也得看了一本又一本，把你心看昏看亂。現世界人類的智慧和品德，一切人生的意義和價值，就為出版物太多而受了損害。人的腦子負擔不了，又無法選擇，總有一個在推動，在填塞到你腦裡來。電影明星也如此，三年、兩年換一個。你喜歡的，隔兩年不見了，又換上新的，再隔兩年又沒有了，又換上新的，我的情趣該懂轉換，但又來不及，你真愛好誰呢？我們的這個心勢將無所寄託。女人穿衣服，一年一花樣，坐汽車，一年一款式，一切的一切，都這樣。商品拚命前擠後擁推出，人生外貌都跟著改，其實人生內容也在跟著改。說是推陳出新，其實陳的還未陳，新的也不真是新，新的舊的一例得急速收起，再來推出，人的感情也一天天薄了，衹有不在乎。飛機減價，環球旅行，跑得人頭昏腦脹，這裡住三天，那裡住五天，一下子週遊世界回來，腦子裡有什麼變化呢？還不是如此五光十色便算了。從前出門遠行，有多少困難，古代不要講，一條輪船到這裡，靠了岸，所見所聞，進到腦子的，印象還深些，現在的交通太快速了，給人的印象也太淡薄了。

一切物質文明，主要還不是賺錢？我荷包裡的錢你拿去倒不在乎，但把人的心變了，理智感情都淡薄了，既浮淺，又不定，人生變成一派慌亂。所以我曾說，從前有鬼，現在沒有了。諸位說，從前人迷信才有鬼，現在科學發明所以沒有鬼。我不是這樣說。我生時紀念這個家，這個村子，死後還想來一下。現在叫我紀念些甚麼呢？這個世界儘在推陳出新！人則要追上時代，不能落後。今天變，明天又變，思想變，行為也變，到最後，感到一生在世無可留戀。從前朋友少，現在朋友太多了。從前寄封信很困難，要託人，三個五個月帶到你那邊，你拿到這封信，可說一字千金。現在電報電話一個字值甚麼。生日做壽，四面八方電報來了幾百幾千，但人的感情衹有這些，反而沖淡了。一切都是外面在表現，不是內裡有蘊蓄。耶穌誕的各地賀卡，掛得滿牆滿壁。這張由英國來，那張由美國來，你是交滿天下，若論感情，則天賦衹有這一點，現在是分得愈淡愈薄了。

我這些話，也不是要把現代世界物質文明之急速進步拉下來。我的意思，我們要講教育，講人生，與此現代世界物質文明之急速進步中間，應該指出些問題來求解決。講到此處，也便是中國傳統文化與現代人生方面之問題。我認為現在推動社會的，主要是一個經濟。經濟問題不解決，人生一切都不能解決。但中國傳統文化觀點卻不同，認為推動人生社會的，應該是人的這個心。讓我們試問那些大企業家，今年這些出品，明年又是這些出品，究是要福利人群呢？還是要發展你的企業呢？那問題，祇要一反省，各人反問自己就清楚。現在再問各人有各人的心，那麼我心怎樣能推動你心呢？中國人則說盡其在我。所以講忠恕，講愛敬。忠是拿我十分力對待你，恕是我所不喜歡的不加到你身上。講到愛敬，天下那有一人不喜受人愛，不喜受人敬？但我想孔子講忠恕講得更好，因我對你忠，對你恕，祇盡了在我一方面的心。孟子講愛敬講得較淺了一點，較薄了一點。他說愛人者人亦愛之，敬人者人亦敬之。這當然也是個真理。你不愛他，要他怎樣愛你？你不敬他，要他怎樣敬你？然而沒有像孔子講得更高些，我盡我力量忠於你，下邊一句沒有了。孟子要開導人，把下邊一句也講出來。說：「愛人者，人恆愛之。敬人者，人恆敬之。」也許有人問，別人不敬你不愛你又怎辦？這仍得回到盡其在我。我儘愛他敬他便是。若有人問為什麼要這樣？孔子說得諄厚，孟子加以明白發揮，直從人的心坎處加以發揮。所以說「愛人者人恆愛之，敬人者人恆敬之。」又說：「盡心知性，盡性知天。」性是天生的，你怎樣能知道你自己的性？因此要盡你的心。自心不盡，天生給你的性，自己也不知道。盡了我心，可以知我之性，盡了我性，便可以知天。這叫做天人合一。天不獨祇生我一人，你就知人家同我一樣，中國人講的最高道理在這裡，在從每人自己心上講起，成己而後可以成物。知天近是宗教，中國人有一種極高深的宗教精神。盡物性是科學。中國人所提前發展的是一套人文科學，最基本的修養工夫在盡其在我，盡己之性。從這一點發展出來，就可成為中國人講的世界大同，天下太平。在世界未大同，天下未太平之前，每人仍可自盡己心，修養到最高境界，便即是聖人。

中國儒家對聖人，有兩個看法。一是朱子，他說聖人難做，後代聖人更難做。朱子的話是聽明的，孔子在春秋時代做聖人省力些，若生在朱子時代要做一聖人就比較要困難些。若使孔子生在今天二十世紀的中國社會，要做一聖人怕會更難了。這是朱子的講法。另一個是王陽明的說法，孟子說人皆可以為堯舜，朱子並不反對此說，祇說是難。陽明則說得似乎比孟子所說更易了。王學後傳有羅近溪，他正在講臺講人皆可以為堯舜，外面一端茶童子走進來，把一杯茶放講臺上，出去了。聽講人問：「他也可做聖人嗎？」他說：「他已是聖人了。你們看他走進來，目不斜視，一心一意，沒有滑跌，杯裡茶沒有潑出，走到這裡，放下茶，他又如是走了，端茶是他的職，他已盡了他的職，也盡了他的心。若使孔子來代他端茶，也不會比他端得更好些。」這個道理，陽明早說過，陽明到了龍場驛，生病了，半夜裡想，我這樣的生活，若使孔子來做我怎辦？他想得大徹大悟，一跳起來，全明白了，「良知」兩字就是這時候提出的。我們看禪宗故事，也頗有這樣的趣味。禪宗也說人人可以立地成佛。但我們生到此世，雖也不能沒有人端茶，但不能都端茶。我們固要陽明講的聖人，也要朱子講的聖人。朱子講格物窮理，正心誠意，修身齊家，治國平天下，那一大套，這正是我們高級知識份子的責任。但不能要求每一人都成一高級知識份子，縱使我們自己要做一個朱子理想中的聖人，也該鼓勵欣賞人家做一個陽明理想中的聖人。而且我縱有絕大學問，也不一定能在社會上負擔一項重大責任，如治國、平天下這些大責任。這些責任不在我身上，到不得已時，我可做一個端茶童子，還是不失為一個聖人呀。大總統，治國平天下，也仍不過是一個聖人。中國人理想便由這些聖人來推動這個社會。而且人又是必該做聖人的。因此說，不為聖賢，便為禽獸。愈說聖人易做而不做，那就更見其為禽獸了。我曾在日本和一位很有名的日本漢學家談中國文化，那位先生說：「我們日本人接受中國文化是深刻無微不至的。」我問：「從何而見，從甚處講起？」他說：「我們罵兒子常說：『你不像一個人。』」這句話是中國來的，全世界沒有。」我聽了恍然，我們不是常說：「你這樣還算是人嗎？」中國人心裡的人，不是做上帝兒子的這個人，也不是法律上承認的這個人，更不是某人遺囑上接受他一筆錢財的這個人。天地生了我，我還得有理想有修養來做一個人。講難難到極，講易易到極，這即是中國人的中庸之道。我們這許多人，既非聖人，也非萬惡不赦的壞人，中間有一段很大距離包容著。這一極端是上帝，那一極端是魔鬼。上帝祇一個，魔鬼怕也祇一個，人在中間，有的九分近魔鬼，一分近上帝，有的九分近上帝，一分近魔鬼，但若這個人從魔鬼身旁轉移一步近上帝這邊來，這是善，這是在向上。儻使這個人從上帝身旁轉一步近魔鬼，這是在墮落，甚至是喪心病狂，是惡了。所以中國古人說，一念之間可以為聖為狂。後代中國人則說端茶童子也是聖人，又說衣冠禽獸。這些話不是極端話，卻是中庸話。孫中山先生說知難行易，知難是近在朱子這一邊，行易是近在陽明這一邊。現代的中國人，最不成也沒有被魔鬼拉去。祇要能自心一轉跨離一步，這就是復興中國文化的大道。這一步大家能移，這一心大家能轉。我們該拿這一點來勉勵自己，來勉勵我們的子女、學生、親友、乃至社會上大多數無知無識的群眾，這條路，應是復興中國文化一條大路。努力知難方面，並不身分更高，責任更重。著意行易方面，並不身分更低，責任更輕。要更深更細來闡發中國文化，這需要學問，讓一些人到圖書館去多寫幾篇博士論文，乃及傳世鉅著吧。我們也來講復興中國文化，應該採取第二條路。換言之，我們應做中山先生所說的後知後覺乃至不知不覺來從行易方面立刻起步。我這兩小時所講，提出了不少問題，請諸位批評指教。

中國文化之唯心主義

我將為中國文化使用一個新名辭來加以說明，我將稱中國文化為唯心文化。此處所用唯心二字，並不是西方哲學上所用之唯心。我此處所用唯心的心字，乃指人心言。中國文化以人文為本位，而在人文界中一切以人心為出發之基點，故說中國文化為唯心文化。

中國古人說人心，便把來分為兩部分，一曰人心，一曰道心。其實祇是一心。人心是指人類有關軀體私生活方面之一切心而言。如食衣住行種種物質人生皆是。此種生活，其他動物亦與人類相似，沒有了軀體與物質生活，即不成為生活。惟人類由於其軀體與物質生活之需要而引生發展出種種心智的活動，為其他動物所望塵莫及，故我們也有認為人類有心，其他動物無心的。但要之此心一切活動，仍祇在軀體物質生活之範圍內，則人與其他動物依然無別。

但軀體生活是各別自私的，其所引起之物質生活，亦是各別自私的。如一杯水，一人飲了，他人即不得飲。一椀飯，一人喫了，他人即不得喫。而此一杯水一椀飯，亦祇能解決每一人自己軀體之饑渴，不能同時解決別一人之另一軀體之饑渴。因此各別自私，乃是軀體與物質生活之惟一特徵。由於其各別自私，而引生發展出種種爭奪占有，乃至於戰鬥相殺。

但人類生活，漸漸由軀體各別之私生活演進到群體共通之公生活，此乃人類生活與其他動物生活一種絕大不同點。其他動物，或多或少，亦有與人類相似之群體生活。如一雌一雄配合，其他動物亦所多有，但不能如人類般由夫婦同居而演進到家庭生活，此是一相異。又如動物中之蜂蟻，有極嚴格的群居生活，但發展了群性，又犧牲了個性，不能如人類般乃由各別個性而演進到社會群居生活，此又是一相異。

人與其他動物之最大區別，不在其軀體生活上，而在其心靈生活上。原始人類由於為其各別自私的軀體生活而謀取外面物質供養之方便，遂逐步轉入群體生活，而人類之心靈生活亦隨之逐步展開，心靈超出了軀體，既能視人若己，彼我如一。復能看重他人，更勝過看重自己的。於是人類於自己私心外又增上了大群的公心，此在孔子儒家，稱此曰忠信，曰忠恕，又稱之曰仁。其實此種忠信心、忠恕心、仁心，都祇是一種人己如一，彼我相通而有時重視他人更重於重視自己之公心。此種心，中國古人特加重視，又稱之曰道心。因一切人道，即是人群同居合作之道，皆從此心生，而人類最先為著軀體物質生活而起之各別自私心，則稱曰人心。此乃是原始自然人，與後代演進而有之社會文化人不同。簡言之，必是先有了人乃有人之道，亦如先有了人心而後始有道心。此種經過後天演進而有的人類文化社會中之道心，乃為滿足最先原始自然人之各別自私心之最佳途徑。此一種演進，中國人稱之曰人道，亦曰天理。

中國古人說，人心惟危，道心惟微。此是說人類謀生，若祇任此僅從軀體物質生活上起念的各別自私的人心來作主，此是危險的，連他自己也不易真切認知此心而加以把握的。有時甚至可到喪心病狂的地步。這不是危險嗎？而人類的那一種人己如一彼我相通甚至重人踰己的公心即道心，又常隱微不彰，並如微弱無力，既使人不易覺察，又若無力運使，於是遂使人類的生活依然常由其各別自私的人心作主，而永遠脫離不了危險的境地。

中國古人中之先知先覺者很早便提出此等說法，所以在專為各別自私的，從物質方面爭奪占有與享受，如財利、權力，如富、如貴，此種生活，中國人頗不重視，不在此上來區別人生，而祇看重人類品格方面之區別。人品觀在中國人之人生觀中乃是一種極為重要的根本觀點。故中國人極重君子小人之分，在君子一類中又有聖人賢人善人等多項等第。班固《漢書》古今人表上，把自古歷史人物分成上中下三等，每一等又各分上中下三等，共成九等，如堯、舜、孔子同是聖人，同列上上第一等。伯夷、叔齊、顏淵，皆無功業表現，生活窮餓至死，但同為仁人，列第二等。智人列第三等。至於歷代帝王、公侯、卿相大臣，列入下上下中下下三等的，不可勝數。可見在政治上地位貴賤，並不在中國人人品分類之內。貧富亦然。富人家業大則多納稅，因其徒為私人牟利，更不列入衡量人品的條件之內。

中國人之人品觀，專一注意在人之內在生活，即心靈生活方面。至於種種外在的物質人生，財富權力，地位勢望，私人各別一時所得，生不俱來，死即俱去，僅塗附在人生之外面，與其真實人生無關，真實人生，主要在其人之內心，中國人稱之曰心地，或稱居心。塗附在外面的人生祇供別人看。發自內部，存在其內部的，始為其人之真實人生。中國人由此來衡量人品，亦稱此曰德性。德者，乃是其人之真實所得，得在其心，如孝子，如忠臣，孝與忠，皆在其心，乃是其人之真實價值所在。至於塗附在外面的種種物質與遭遇，並不是其人之真實所得，故亦無真價值可言。

人生一切美德，則總稱曰善。有善心斯為善人，始為有價值人。善心亦稱良心，中國人以此設教，以此制行，故中國人皆以做一善人為人生最高目標。因此中國社會，亦可稱是一善良的社會，中國民族，可稱是一善良的民族，中國文化，可稱是一善良的文化。此種善良之德，出自天賦，乃屬與生俱來，中國人則稱之曰性。人類一切善良美德，其本原皆屬天賦，皆出人類內心真實所求所好，但亦經歷了人生長時期之演進而始透露成熟，由於共同之天性，而形成為各人獨特之品德。

中國人認為善則必可繼續，換言之，是可進步的。再換言之，是可推廣擴大的。所以，祇有善良的人生，始是可久可大的人生。此種人生，始是與天合一，即是文化人生與自然人生之合一。若非有一自然天性在人生內部作主，則從原始人生，專為軀體物質各別自私之爭奪占有而鬥爭相殺之殘酷人生中，如何會演出忠孝仁義具有善良美德之文化人生來。

人性善成為中國人之共同信仰，性為天賦，善屬人為，德性合一，即是天人合一。能具此人生最高標準者，中國人稱之曰聖人。但聖人亦祇是人類中一人，故曰，聖人與我同類。由於人同此性，故得人同此心，亦可人同此德。故人皆可以為堯舜，即是人人應可同達此最高標準之人生。此是人類文化演進一大目標，要使人人能為堯舜，人人能為最高標準上上第一等人，此始是人類大同太平終極理想的境界。

此一人類文化理想境界，途程遙遠，但開始即可從少數人起步。縱在極黑暗紛亂之時代中，每一人仍可各自完成其個人之理想，先自完成為一善人，乃至為賢人，聖人。此種作為，不在外面物質條件上，乃在其個人各自的心靈條件上。在堯舜以前並沒有堯舜，在孔子以前並沒有孔子，但在人類中，永遠有出現堯舜與孔子之契機與可能。每一人祇要從其內心能朝此方向而邁步，則人人可得為孝子，並不限舜與周公始得為孝子，人人可得為忠臣，並不限比干、萇弘始得為忠臣，若非人人得為，亦即不得奉為人類之共同理想，與共同標準。所謂人人得為，必是無時地隔閡，無環境相異，無條件懸殊，祇要出於各個人之有志與自願。故中國人之文化理想，乃照顧到人類大群全體中之各個人而同有此可能。故可不必待大群人全體起步，不妨由各一人各自起步。故中國人之文化理想，乃是最博愛，最平等，最自由的。

中國人在此，又特別指出一人心之所同然來。人心所同然的便是善，人心所不同然的便是惡。至少人人皆願自己所遇見接觸的是一善人，當然也不願自己單獨做為一惡人。一人之心如此，人人之心皆然，乃至千萬年以上以下之人，凡俱此心，則無不皆然。但何以在實際上，人類社會中究是善人少，惡人多，中國人亦非無視此事實。當知人生是由長期演進來，由草昧到文明，非一蹴可幾。最先祇求自己先自完成一善人，自己先是一善人了，乃可與人為善，使他人亦得完成一善人。此一風氣得勢，即為君子道長，小人道消。此一風氣失勢，則為小人道長，君子道消。君子道長，則為一通泰之世。小人道長，則為一否塞之世。驗之古今中外人類歷史，無不皆然。

但縱在小人道長之否塞世，仍不害每一人各自可以單獨完成為一君子，一善人。故曰，窮則獨善其身，達則兼善天下。不得進而兼善，仍可退而獨善。中國人又說，為善最樂。人生樂處，不在外而在內，不在物而在心。個人如此，大群亦然。物質生活縱然進步，依然可使人心不樂，舉世騷然。物質生活縱不齊備，人生依然有可樂處。而且積善降之百昌，積不善降之百殃。善與惡還可影響後代。此亦驗之一人，驗之一世，驗之千萬世，而總見此一事實之可信。若使惡人惡勢力可以長久存在，則人類社會歷史文化，終將斷滅。此當為討論人類文化問題最先所當具有之一信念。

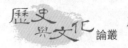

故中國人的文化理想，不由哲學思辨來，不由宗教信仰來，不由自然科學各種物理探討來，乃祇在人文社會中之一種實際經驗，經過人類心靈之自覺自悟而獲得。極平凡、極中庸、極篤實、極誠摯，祇教人好好做人，做好人，中國文化理想，主要即是做人理想，做人必然該做好人，做好人先該有好心。如何培養人類好心，使之發揚光大，使人類全體各得為一好人是其終極目標，而最先乃親切降落在每一人之心上，使每一人之獨善，來培育出大群體之同善。

但做人有一特殊條件，即須每一人另開始從頭做起。財富權力，下一代可以憑藉前一代而繼續經營，富益富，強益強，但物質形勢必有一巔峰狀態。達此巔峰，不僅不能再進，抑且有轉趨崩頹之勢。人之德性完成，則父不能傳子，兄不能傳弟，須每一人從其內心自己再經驗。若我們要學孔子，必得從孔子早年十有五而志於學的階段從頭學，不能接續著孔子晚年七十而從心所欲不踰矩的階段續步向前。不瞭解中國文化理想的人，每認為中國文化守舊、少變化、無進步，不知物質文明，可以求變求新，日見進步。而人文精神須有常，須能繼，須能在此通天人，通彼我，通古今之同一精神下而各自從頭做起來完成此一人。若使做人亦惟知求變求新求進步，求今日必將不同於昨日而勝過了昨日，此一心情與此一努力，其勢所趨，將可使人做成不像人，不是人，而回不過頭來。中國文化中所重人品人德人性，貴同不貴異，貴常不貴變。君子善人，在本質上祇如此，在數量上望盡人如此，世世代代有增無減，決不能說今日之善，明日變成了惡，今日之君子，明日卻變成了小人。

在中國歷史上，亦不斷有曲折，有翻覆，但此一文化理想，緜亘了五千年，擴大到七億人口，非求變求新，乃是有常能繼。在其治平盛世，對外軍事，常是重防禦遠勝過重侵略，因此從不走上帝國主義的路線。在商業上，也祇注重貨物交流，不重剝削牟利，絕不走上資本主義的路線。亦有衰亂世，或則經長期治平後，人心頽靡，失於振奮；或則外力驟淩，和平社會急切不易抵抗。但中國文化最富堅韌性，正為在任何時期地點任何環境條件下，每一人可以擔負起復興文化大責，所以此一文化傳統，總是蹶而復起，衰而又盛，不致中斷。

最近我們是處在世界人類前所未遇的一個大變動之下，飽經艱難，但對自己民族文化傳統理想，則依然堅信，認為剝極而復貞下起元不在遠，此即是中國文化之主要精神主要生命所在。

第二編

中國史學之特點

中國人遇到社會腐敗，政治崩潰的亂世和衰世，常能回過頭來，在自己本身上努力。……時代事業可以有失敗，而人物本身則可永遠有成就。祇要人物有成就，失敗的歷史，又會走上成功的道路。

若要指陳中國文化之特點，其人民對於歷史之重視，以及其史學之成就，亦當為主要一項目。

中國擁有關於其人民活動及文化演進之悠長歷史，已達五千年。而且此項歷史，自始即在廣大地面上展出。一部中國史，論其所包疆域之廣袤，亦為世界任何各民族之歷史所莫逮。

中國歷史，一開始，便絕少神話成分。此即充分表現其人民所天賦之清明的理智。中國古史傳說，在五帝以前有三皇。燧人氏、庖犧氏、神農氏，此正代表初民社會文化演進之三階段。燧人氏代表此時代人民始知用火及熟食，庖犧氏代表此時代人民已知畜牧，神農氏代表此時代人民已知耕稼。此三個時代文化之演進，主要都由人類中一位或少數傑出聖人之發明。此後中國文化注重人文本位精神，即在此種古史傳說中已露出端倪。

三皇之後為五帝。漢代大史學家司馬遷著《史記》，認為三皇傳說非信史，故其書自五帝開端。五帝中之堯舜，以及此下夏商周三代之禹、湯、文武諸王，綜合其在歷史上所記錄下之事業而言，可說他們之所以摶成此民族，創建各王朝，卻全憑人類所能表現之一種最高道德，而不尚財富與武力。我們縱說此等故事中，亦有傳說成分，非可盡認為是信史，但此後中國文化特別注重道德文治精神，不尚財富積聚與武力征服，亦已在此等古史傳說中透露。

近代殷墟甲骨出土，證明了司馬遷《史記》所載〈殷本紀〉諸帝王世系大體可信。《史記・夏本紀》，正與甲骨文中商代的先王先公同一時期，亦可證其當同樣可信。下及周初，已有詩書傳後。在詩書中所表現者，不僅多數可視為當時之信史，而且亦極充分地表現了中國人之清明的理智，及其人本的，道德的，文治的文化傳統精神。

西周中葉，共和行政，下及宣王中興，那時已開始有逐年記載的歷史。從此直迄現代，兩千八百餘年，中國歷史便從來沒有一年中斷，此事為舉世各民族所稀有。

至晚當即在周宣王時，政府已單獨設置了史官，從中央王朝外及諸侯列國，均有史官分駐。按年按月，各地有重要事件發生，那些史官，均須互相報告。待把這些報告彙集起來，各地便各自有他們一部編年的歷史記載了。可說那時已建立了一個頗為完密的歷史網。所以各國的歷史，雖是地方中心，而同時卻又是全國性的。也竟可說其已經是當時的世界通史了。

而且史官在政府中其地位是超然獨立的。春秋時，齊太史為直記「崔杼弒其君」，崔杼把他殺了，其弟三人續書，都殺了。又一弟仍續書崔杼弒其君，崔杼無奈，祇好罷手不殺。在齊國南部另有一史官，聽說齊國史官都被殺了，他執簡而往，預備由他來據直記載，他聽到這條據實記載的史文業已寫定，纔回他原駐地去。這一故事，正可十足表現出中國人自始即重視歷史記載的精神。我們又據「崔杼弒其君」一語中之其字，也可推想那時史官地位是超然於當地政府之外的了。

春秋時又有晉太史董狐書「趙盾弒其君」，時趙盾正出亡在外。董狐說：「你是晉國正卿，逃亡沒有出國境，回來又不討賊，那能說不是你弒君呢？」趙盾也就由他了。後來孔子極贊賞董狐，說他是古之良史。那便是中國史學上之所謂筆法了。用現代人觀念來說，記錄歷史，不僅要據事直書，而且當記出那事件之內裡的實情來，此始謂之良史。

這是說當時的官史。待到孔子，他根據當時魯國史記來重行寫定一部《春秋》。那是中國由私家寫史的第一部，也是孔子畢生僅有的一部著作，這又是中國人一向重視歷史之一證。以下中國歷史遂永遠有官史與私史之兩類。

孔子《春秋》，共僅兩百四十二年，分三世，一稱所見世，一稱所聞世，一稱所傳聞世。再往上，孔子便不寫入《春秋》，這是孔子寫史之謹嚴處。

孔子以下，中國第一個史學大家便要輪到漢代的司馬遷。他所寫《史記》，雖遠從五帝開始，但春秋以前，他祇根據舊文略加整理。他所著意寫的，也祇是戰國以下迄於他的當年，約略兩百幾十年的一段時期，正和孔子《春秋》的所見世，所聞世，所傳聞世，大體相似。

司馬遷雖是漢朝的史官，但他那部《史記》，也是師法孔子的一部私家著述。他書中對當時的漢武帝，以及武帝一朝文武大臣和他同時的，都能據事直書，並有許多嚴厲的批評。但此下漢代君臣，還是十分看重此書，保留其本來面目，不加以更動。這亦是中國傳統文化重視歷史之一種特有精神。

司馬遷以下，不斷有繼續史記來寫史的。到東漢初年，班固把此各家彙集來整理成一部《漢書》。《漢書》前後，也祇共兩百多年。此下每一朝代亡了，便有人來把此一代史事整理成編。或出政府，或由私人，公私雖異，其注重據事直書之精神則大體如一。直到近代，共有了二十五史，這也可說一直是保留著孔子作《春秋》的精神。因每一部新寫的歷史，最多也不過三四百年，正是所見所聞所傳聞，時代接近，因此記載也比較切實而謹嚴。

而且中國歷代政府，也一直都維持有史官之設置。把每年每月每日大事，隨時記下。唐太宗時，他曾向史官討他們的記錄看，但史官拒而不許。說史官所記，是供給後人看的，你是當事人，不便看。唐太宗也沒法定要看了。可見中國史官之超然獨立地位，大體上還始終保持著。

中國歷史，正因為注重逐年逐月記錄，不待事後追述，所以比較近於科學客觀精神。而且歷史是由人創造的，中國歷史記載，又特別注重在人物一項，此所謂紀傳體，此體乃由司馬遷所創，這也是中國傳統文化重在人本精神之一種表現。

中國歷史記載人物又是頗重客觀精神的。衹要在某事件裡有某人物參加，衹要某人物在當時表現了某事件，便替他們人人分別作傳。譬如漢高祖唐太宗得天下，這不是漢祖唐宗一人之事，乃是當時一批人之事。有相隨漢唐得天下之人物，有與漢唐爭天下之人物。中國史家便把這些人一一分別列傳，不論其人賢奸智愚成敗得失，衹要和當時歷史發生關係的，便全有他們的傳。初看中國史，好像頭緒紛繁，一人一人地分列著。但若看熟了這一代的歷史，便易對當時所發生的事情瞭如指掌了。

中國歷史主要分上述兩類。一是編年，逐年的記載，一是紀傳，分人的傳述。這不僅比較更近於科學客觀精神，而且中國歷史，因其注重人物，故能兼具了教育的意義與功能。

在歷史中有不能分年分人寫的，如天文、地理、物產、經濟、社會、禮俗、制度、法律、文藝、學術、宗教信仰等，在中國史書中又有書與志之一體，把此等來分類記載。此一體亦由司馬遷首創，而後代史家加以變通活用。不僅在二十五史中各有志與書，而且有專就此體來寫專書的，這就變成各項分類的專史了。這一類在中國史書中，極為繁富，不便詳述。

上面所提，中國史中的編年和紀傳，可說是記錄了歷史之動態。書和志，可說是記錄了歷史之靜態。至於分著事件來寫歷史的，中國亦有此體，後來稱為紀事本末。此體在中國史學上發展較晚，而且較不受重視。這又為何呢？歷史本來應該注重記載事件的，但歷史事件如長流之水，難可割截。不僅每一事之先後起迄沒有一定的界線。而且同時此事與彼事之間，實際是相互有關，相互通透，很難明確地劃分的。所謂歷史事件，正可把中國儒家相傳兩句話來形容，一如孟子所說之必有事焉，此謂無地無時而無事。一如宋程子所說之本來無一事，因此事那事實屬一事。此一事之外，則更無別事。祇因寫史者各憑方便來分立題目，隨宜敘述，遂像歷史上真有這事與那事之分別了。

因此，若專偏重事件來寫史，便更易多帶進了寫史者之主觀成分，而與歷史之真實經過之全體情態走樣了。寫史者先認定了這件事與那件事，便有許多事轉會遺漏忽略。而且寫史者對其每一事之描寫，又必在無意中先認定了此一事之前因後果，於是其敘述時之取捨詳略，又易先有了一標準。驟看像是扼要而明備，但祇要時代變了，後人對歷史的看法變了，於是寫歷史的題目也隨之而變了。換言之，卻像歷史上的已往事件，一切會隨而變了。於是以前所記錄下的史料，到那時會感到不適合，不夠用。

中國歷史的寫法，重要在不分事題，逐年記載，分人記載，分類記載，驟看好像僅是一堆材料，而主要價值，也正在其是一堆材料上。正在其不把那些材料來分立題目。因此中國歷史，頗少成體成段對某一事件作有條理之敘述。而那些事實，則亦同樣包羅無遺，這正是中國史之長處，也正是中國史學之謹嚴處，正是其更易接近於歷史全體之客觀真實處。衹要有此一堆堆的材料，便易使人對此等材料繼續去自由探討，便於使人對歷史不斷有新鮮活潑之觀點與發現，易於使人對歷史有新體悟。因此說中國歷史是極富於清明的理智的，正因於此項歷史記錄方法之得體，而更易使讀史者對於已往人事考察，更增長其清明的理智。

換言之，分事寫史是敘述的，分年分人分類寫史是記錄的。記錄較近客觀，而敘述則較易於羼進主觀成分，這是此兩種寫史法之大分別。

而且寫史若以事件為主，則無意中便把人物附屬於事件。寫史者易於把此事件，就其個人所認為之前因後果，都刻意搜羅，表而出之，好像使人讀了易生興趣。但卻易使人生起一種觀念，認為那事件之本身，自具有一種發展的內在規律，所謂事有必至，理有固然。而把人物在歷史進展中之主動力忽略了，易於使人發生出一種歷史的命定觀。

而且寫史若以事件為主，又易使歷史有時脫節。因這一事與彼一事之間，未必緊相連接。於是每一事件，就都像驟然突起似的。這又易使人生起另一種的歷史命定觀。祇是前一種命定觀，決定在事件之本身。而後一種命定觀，決定在事件之外面。前一種像是可知的，後一種像是不可知的，而其為一種歷史的命定觀則一。歷史成為命定，則人物便退處無力了。

又若寫史以事件為主，則往往使人容易去挑選那些聳動耳目的特出事件，像大戰爭大革命等。在此等事件中，又易使人引起兩種不正確的歷史觀。一種是英雄觀，認為歷史常為幾個傑出非常的人物所激起。一種是群眾觀，認為歷史常為一群亂糟糟的群眾一時盲目衝動而造成。

中國歷史正因為是按年記錄的，所以易於使人瞭解歷史是一個整體，其間更無間歇與中斷。又因為中國歷史是分人立傳的，把一切事件全分散到各有關的人物的傳裡去，所以易於使人瞭解歷史由人主動，乃由人的共業所形成。縱使在此許多人物中間，也有少數傑出的英雄，又有多數無名無傳的群眾，但在這兩端之中層，卻還有不少人物，各有作用，各有影響。其作用影響，或大或小，或正或負，相反相成，而始得成此一共業。歷史乃由人類之共同業力而造成，既非盲無目的，亦非一二人所能操縱。這一看法，更近於歷史演進之真相，而中國史正著眼在這一點上來描寫。

而且中國歷史上之人物列傳，往往對每一人物，總是由生到死一線的記載下。其文體乃是人為主而附見以事，因此容易使人明瞭到每一人的個性與人格，才智與德行。乃是由各色各樣的人來共同參加這一事，事由人而決定，並非由事來決定人。

而且，歷史上總有衰微與黑暗的時代。那些時，似乎無事可述，但一樣有人物。那些人物，則一樣有事業。因此分年分人來寫史，歷史便成為一貫的，而不致脫節與中斷。抑且在時代與事業之整個失敗中，仍可有許多人物。論其本身，卻有他本身的完成。有人說，中國人崇拜失敗的英雄，這正因中國歷史注重人物記載，因此在衰微黑暗失敗的時代下，卻仍見有許多人物存在。而且因於時代之整個失敗而更見此等人物之精采。如此則更易使人瞭解到人類歷史永遠有其光明面，更易使人瞭解如何由人力來潛移默運，把歷史的頹趨扭轉上正軌。

而且，以事件為主來寫史，則有些人物和歷史大事件像是無關了。以人物為主體來寫史，則一應人物，都和歷史有關，都成為歷史人物，都成為歷史的主人。而像若不成事件之事件，也成為歷史中有作用有影響的事件了。因此，中國人遇到社會腐敗，政治崩潰的亂世和衰世，常能回過頭來，在自己本身上努力。好像此人退出了歷史，其實正是向歷史而奮鬥。因時代事業可以有失敗，而人物本身則永遠有成就。祇要人物有成就，失敗的歷史，又會重走上成功的道路，這是人類歷史所以能永遠綿延的大真理。祇有中國歷史的寫法，卻把這一歷史大真理明白揭示出來了。

讓我再重加申述上面的話。歷史是一個整體的，但若專以事件為主來寫史，便易使人把歷史當作一條線一條線來看。歷史是有人類自由意志的，但若專以事件為主來寫史，又易使人認為人常為外面事件所主宰而衹隨之為移轉。即是人在命定之中了。其實所謂歷史事件，卻是由人類意像所虛構而出的，由人把歷史整體加以重新組織而成的。歷史本身則衹是一件大事，在此一件大事之內，由人挑選出某一段落之某一部分來認為歷史事件，那些事件便一條線一條線似的，卻把歷史本身遮掩了。中國歷史之寫法，不過分注重在事件上，正是中國史學一特點。

中國歷史除上述編年，紀傳，紀事本末諸體之外，又有一門甚重要的，則為地方志。分著地域來記錄歷史。這是上述分類史中之一體，卻是中國史書中最後起之一體了。直到清代，省有省志，府有府志，縣有縣志，衹要有此一地域劃分，便有專對此一地域之歷史記載。也有專載山川的，專載名勝古蹟的，甚至某一城市，某一寺廟，某一著名書院等，均有專史記載了。把歷史平鋪在地面上，正和把歷史分載在各個年月，各個人物身上一樣的精神了。

中國歷史除地方志外，又有專記某一家族的，這是所謂氏族譜諜之學了。這一類，也是中國歷史之一大支。幾乎在中國，每一個較有社會地位的家庭，都可從歷史記載中查考這一家之最古由來，及其分支蔓延，乃及其遷徙流動，直到這一家之目前情況為止。

這裡最可用來作代表的，便是孔子的一家。直從兩千五百年前孔子當身起，到現代，共已傳了七十七代，每一代的人名都可稽查。有事業的，當然還記載其事業。因此孔子一家之史，便足足縣歷了兩千五百年而直到現在。

不僅惟是，從孔子往上追溯，還是歷代有名字可稽。孔子生在魯國，但可追溯到自宋遷魯之遠祖。其在宋國，本是宋國國君之分支，便可追溯到宋國之初封。又可從宋溯殷，直到商湯，乃及商湯以前。於是由孔子向前，他的家庭來源，尚可追溯一千幾百年。孔子一家，直上直下，便有了將近四千年可稽考的家史了。這實在可說是全世界更沒有這樣第二部的家庭歷史的。至於別的家庭，枝葉繁茂，遠勝過孔家的還多。大概在中國，有一千年以上可詳細追溯的家族，可說遍地皆是。

由家庭再轉到個人，中國有年譜一體，祇要其人在歷史上有貢獻，有地位，後人把他的一生，從生到死按年排列，這是個人的編年史。中國也曾有過長篇大部的私人傳記體，但終於年譜盛行而長篇傳記則後無嗣響。這應有兩個原因，一是中國傳統向不喜把個人渲染得太過分。二是分年記載，比較樸實可靠。以近代觀念言，比較更客觀，更近於科學精神。故此體更為中國人所樂用。

茲再將上述綜括言之，中國人極看重歷史，極看重歷史記錄，並注重隨時記錄，隨時整理。政府與社會同樣注意此事，可說不斷有新的近代史出現。積累兩三千年，而從未間斷過。其記錄方法，又注重分年分人分地分類，把歷史上一切經過，都分在幾個較自然，較顯見的體系下記錄。而尤所注重者，則為人物一項。因此中國史可說是一種人文本位的客觀的記錄。驟看像是一堆堆史料，而已往歷史的全貌，可說已儘可能地記錄保留下來了。因此時代變了，觀念變了，後代人要把一種新觀念來對古代史重新加以探尋研究，而那些史料仍會感得適用。中國歷代史籍盡量的保存到如今，而仍值得新史家之重視，其故在此。

中國可說是一個史料積集最富的國家。這一民族這一文化，其各方面活動的分配，各時代生活的演變，可供此後全世界有意研究以往人類文化演進作一最精細最完備最好的樣子與標本用，此即中國史學一最值得重視之特點。

中國的哲學道德與政治思想

（一）

所謂哲學思想，乃是一種尋求宇宙真理，人生真理的思想。

中國人尋求宇宙真理，乃及人生真理，其思想方法，亦復與西方人不同。

西方哲學是純思辨的，先在思辨中尋求建立出一套真理來，再回頭來指導人生行為求能配合此真理。

因此，他們說：哲學是一種愛知之學，因此，便不免把知與行先就分成兩橛了。

中國人尋求真理，貴在知行並重，知行相輔交替而前進。

《中庸》云：「博學之、審問之、慎思之、明辨之、篤行之。」學便已是一種躬行實踐。學了行了纔有問、有思、有辨、而終極階段仍在行。

因此，中國人之哲學，並不能脫離了其自身之躬行實踐而先自完成為一套哲學的。中國人的哲學，實際上衹是一套人生實踐之過程。

因此，中國哲學，主要並不在一套思想，而毋寧說是一套行為。

因此，中國哲學，早就與實際人生融凝合一了。

因此，在中國，好像有許多大哲學家，如孔、孟、如程朱、陸王皆是。但若尋求他們的哲學體系，則又像是零碎不成片段，換言之，好像並無思想體系可言。

其實，他們的哲學體系，乃是完成在他們的全部人格上，表現在他們的全人生之過程上，而並不祇表現在其所思辨與著作上。

因此，在中國人的固有觀念，固有名詞裡，則祇有哲人，並無哲學。哲學一名詞，仍是由西方語迻譯而來。

中國的哲人則必然是一善人，必然是一有道之人。因此，中國哲學實在是與中國人所重視的道德融凝合一了。

政治乃人生一大事，修身齊家與治國平天下一以貫之，徹頭徹尾，仍是一道德活動。

孔子曰：「政者正也」，脫離了道德，便不再有政治。

故孟子言仁政，言善政，政治之終極標準，仍脫離不了一善字，一仁字。

就中國歷史言，大政治家項背相望，卻沒有一位可稱為政治思想家。

一則中國學人，實際多數都已參加了政治，二則實事求是，不在多言，三則學貴融通，政治不能脫離了人生大道而獨自成其為政治。因此，在中國文化傳統裡，乃不能有一個關著門專門從事於著書立說的政治思想家。

若說中國沒有一套完整的政治思想，正猶如說中國沒有一套完整的哲學思想般，但自秦以下二千年中國文化在政治事業上所表現，實已超越尋常了。

這一層，近代中國也僅有孫中山先生，能對中國傳統政治有其卓見。此外，在西方去學得一些西方政治學皮毛，不僅疑中國無政治思想，抑且疑及中國歷史兩千年來，除卻帝王專制，乃無政治事業之可言。

近代中國，在其傳統文化精神之大體系之內，先自失掉了政治精神之一傳統，不能不說是近代中國一大損害。

（二）

我們也可說：中國人的哲學精神，即其求知精神。如實言之，不如調是中國人的求道精神，卻最近於西方現代的科學精神。西方現代科學精神，最主要者，在能逐步求證驗，然後再逐步擴大，逐步向前，而中國人講道德，也正是逐步求證驗而再逐步擴大向前的。《中庸》云：「在下位，不獲乎上，民不可得而治矣。獲乎上有道，不信乎朋友，不獲乎上矣。信乎朋友有道，不順乎親，不信乎朋友矣。順乎親有道，反諸身不誠，不順乎親矣。誠身有道，不明乎善，不誠乎身矣。」

此一道，便是在逐步證驗，然後再逐步擴大向前的。從低處近處，一步行得通，有了證驗，才向高處遠處更前一步。人生高遠處，不可窮極。也祇有從眼前腳下，低近處，如此般一步步行將去，故曰吾道一以貫之。

人總是個人，道也總是個道，無論對己對人，修身、齊家、治國、平天下，全祇是在人圈子裡盡人道。

人道則祇是一善字，最高道德也便是至善。

因此說，中國的文化精神，要言之，則祇是一種人文主義的道德精神。

無論是社會學、政治學、法律學、經濟學、軍事學、外交學，一切有關人道之學，則全該發源於道德，全該建基於道德。也仍該終極於道德。

此是中國傳統文化中一最高理論，亦可說是一最大信仰。

因此，在中國傳統文化的大體系中，宗教與哲學，是相通合一了。

如何來考驗此理論，如何來證實此信仰，祇要是個人，祇要在人圈子中，盡人可以隨時隨地逐步去求證驗。

社會祇如一實驗室，人生便是在實驗中。

因此，在中國傳統文化的大體系中，科學精神也就與宗教哲學精神相通合一了。

亦可說：中國傳統文化中的道德精神，實際也是一種科學精神。祇是屬於人文科學，不屬於自然科學而已。

《中庸》云：「盡己之性，可以盡人之性，盡人之性，可以盡物之性。」若說盡己之性是道德，盡人之性是社會科學，盡物之性是自然科學。則中國人理想，乃將從其道德學以貫通達成於社會科學，自然科學者。

近代西方人，多主張本於自然科學之精神與方法，以貫通達成到人文方面，然自然科學本用於對物，本於對物之學，以貫通達成於對人方面，其間終不能無病。惟對物對人則必有相通之理，而本末先後之間，則中國人理想，似更較妥當些。

正因中國人理想，重在本於對人之理以對物，故中國傳統文化中，自然科學較不發達，而發達轉向於藝術。

中國人之藝術與文學，均都充滿了道德之精義，此後西方自然科學在中國生了根，亦當滲透進中國文化傳統之道德精神，此事可無疑，此當為將來人類所最希冀之新科學，此事亦無疑。

中國傳統文化中修身、齊家、治國、平天下的一貫理想，正因其對於自然科學方面之發展較遜，而使中國文化力量之表現，始終停滯在治國階段，而未能再前進。然徒仗西方近代科學，縱極進步，亦難望於平天下，將來人類真望能達於平天下之理想，則必待近代科學與中國傳統文化相結合，此實中國傳統文化對將來人類莫大貢獻之所在。

（三）

中國傳統文化，雖是以人文精神為中心，但其終極理想，則尚有一天人合一之境界。此一境界，乃可於個人之道德修養中達成之，乃可解脫於家國天下之種種牽制束縛而達成之。個人能達此境界，則此個人已超脫於人群之固有境界，而上升到宇宙境界，或神的境界，或天的境界中。

但此個人則仍為不脫離人的境界而超越於人的境界者。

亦惟不脫離人的境界，乃始能超越於人的境界。

在此人群中，祇求有一人能超越此境界，便證人人能超越此境界。能超越此境界而達於天人合一之境，此始為大有德之人，中國傳統則稱之為聖人。聖人乃人中之出類拔萃者。然正為聖人亦是人，故證人人皆可為聖人。人人皆可為聖人，即是人人皆可憑其道德修養而上達於天人合一之境界。具此境界，謂之德。循此修養，謂之道。

故德必然為同德，而道必然為大道。

中國傳統文化之終極理想，乃使人人由此道，備此德，以達於大同太平。而人人心中又同有此天人合一之一境界，則人類社會成為一天國，成為一神世，成為一理想宇宙之縮影。到此境界，雖仍為一人類社會，而實已超越了人類社會。亦惟仍是一人類社會，乃始能超越人類社會也。

此乃中國傳統文化中近於哲學上一種最高宇宙論之具體實證，又近於是宗教上一種最高信仰之終極實現，又近於是科學上一種最高設計之試驗製造完成。

但中國人心中，則並無此許多疆界分別。中國人則僅認為祇由各個人之道德修養而可各自到達此境界。亦惟有由於各個人之道德修養而始可各自到達此境界者。

故謂中國傳統文化，徹頭徹尾，乃是一種人道精神，道德精神也。

（四）

最後要一談中國傳統文化中之人文修養，此乃中國文化一最要支撐點，所謂人文中心與道德精神，都得由此做起。

所由保持中國傳統文化，與夫發揚中國傳統文化者，主要胥在此。

《大學》云：「為人君，止於仁，為人臣，止於敬，為人子，止於孝，為人父，止於慈，與國人交，止於信」，此乃中國人所講人文修養之主要綱目。

所謂人文，則須兼知有家庭社會國家與天下。

要做人，得在人群中做，得在家庭社會國家乃至天下人中做。

要做人，必得單獨個人各自去做，但此與個人主義不同。

此每一單獨的個人，要做人，均得在人群集體中做，但此亦與社會集體主義不同。

要做人，又必須做一有德人，又須一身具諸德。

父慈子孝，君仁臣敬，亦非有上下階級之不平等，此乃所謂理一分殊，易地則皆然。

慈孝仁敬信五德皆發源於人心，心同則理同，故分雖殊而理則一。亦可云德殊而心則一。

人心與生俱來，其大原出自天，故人文修養之終極造詣，則達於天人之合一。

人處家庭中，便可教慈教孝。處國家及人群任何一機構中，便可教仁教敬。人與人相交接，便可以教信。故中國傳統文化精神，乃一切寄託在人生實務上，一切寄託在人生實務之道德修養上，一切寄託在教育意義上。

中國文化之終極理想，則全人生變為一孝慈仁敬信之人生，全社會變為一孝慈仁敬信之社會。天下則是一孝慈仁敬信之天下，宇宙亦如一孝慈仁敬信之宇宙。此惟人文中心道德精神之彌綸貫徹，乃始能達到此境界，完成此理想。

今天的中國，似乎已是禮樂衰微，仁道不興。但禮失而求諸野，為仁由己，在家庭，在社會，依然仍有其文化大傳統可尋。而其主要責任，則仍在現代中國的知識分子，能知得，能信得，能守得，能行得。道在邇而求諸遠，孔子曰：「未之思也，夫何遠之有。」復興中國，其道祇近在眼前。

昔顧亭林先生有言，有亡國，有亡天下。天下興亡，匹夫有責。苟非深切明白到中國傳統文化之體系與精神，便不能明白到亭林先生所言天下興亡匹夫有責的一番深情與至理。

孟子曰：「待文王而後興者，庶民也。豪傑之士，雖無文王猶興。」今天的中國，則正貴有豪傑之士之興起，來興民，來興國，來興天下。

中國歷史與中國民族性

個人生命的發展，未必全受理性的指示，也並不全為環境所限定。各個人成就的差異，常被指為由於個性之不同。各民族間歷史進程的差別，大體上亦可把民族性的一觀念來說明。

中國民族的歷史，似乎遭遇到一個不可計量的損害。自始很少乃至於絕無一個有同等文化地位的異民族來與比較，遂致養成中國民族一種自傲自大的心理，幾乎以謂上天下地，惟我獨尊。最近期的中國民族卻不然了，他開始接觸到優越的異族文化，逼得他不得不把幾千年的舊心理澈底改換。然而近幾年來的情形，似乎又是矯枉而過正吧。

我們現在無從再夜郎自大，我們不得不承認乃至於接受異族文化的長處。然而我們將來的種種，雖可虛心學步，但是我們已往的歷史，則如鐵一般的鑄定，無法改變的了。一位有經驗的教育家，他應該要知道一些被他指導的人的以往經過，以求認識其個性。我們縱使決心澈頭澈尾學習他人，但對我們已往歷史的瞭解，應該算不得頑固。

不幸而我們近來治歷史的，似乎犯上了一種弊病。我們雖不能將已往的歷史全部改過，換言之，即是不能叫我們的歷史也來學他人，但是我們卻似乎努力想把別人家對歷史的看法和說法移用到我們自己的歷史上來。固然歷史自有許多共通性，然而也不免有許多特異性。把別人家對歷史的看法和說法來看我們自己的歷史，來說我們自己的歷史，總不免有看不準說不通的所在。倘使抹殺了或不注意到我們自己的民族性，而把異民族異文化的眼光或批評來繩切自己以往的歷史，則雖不能改換我們的歷史事實，而卻已改換了我們歷史事實的意味。這一種改換，似乎並不是我們的虛心好學，而卻是一種誤會與曲解。

前清末年談政治的，莫不謂國體有君主、民主之別，政體有專制、立憲之分，此本西國學者針對他們自身歷史實況而言。今移用之於我們的歷史，以為我們自秦以來，有君主，無憲法，則我們已往政體必為君主專制無疑。當時用此鼓盪人心推翻滿清政府，未為無功。然若遂謂此說真得我國歷史真相，則似猶有辨。姑舉唐代政制為說。

唐代中央政府的最高機關，由中書、門下、尚書三省合成。尚書省有六部二十四司分掌全國各項行政，庶務皆會決於都堂（尚書省的大廳），而令僕總其成。然尚書省祇負行政之責，無制命之權，宣旨出命則在中書。中書令中書侍郎以下，有中書舍人，遇軍國大事，舍人得各陳所見，謂之五花判事，然後宰相審定之。然中書雖掌勅旨，而門下省重有封駁之權，於宰相建白例許駁正。唐制宰相常於門下省議事，謂之政事堂。尚書僕射亦得加同中書門下平章事及參知機務等名出席，復有他官參掌者。此種制度雖於唐代亦屢有變更，然大體言之如此，豈得便謂之君主專制？

即以用人一端論，唐代有勅授，有旨授。勅授者，五品以上，宰臣商議奏可而除拜之，旨授者，六品以下，吏部銓材授職，然後上言，詔旨但畫聞以從之，而不可否。其權不在尚書則在宰相，並不由君主專制。韋貫之嘗言，禮部侍郎重於宰相，憲宗詰之，曰：「侍郎是宰相除，安得重。」曰：「然而為陛下柬宰相者，得無重乎。」是帝王任用宰相，亦有客觀標準也。南朝宋榮陽王景平元年，詔豫章太守蔡廓為吏部尚書，廓謂傅亮曰：「選事若悉以見付，不論。不然，不能拜也。」亮以語錄尚書徐羡之，羡之曰：「黃散以下悉以委蔡，吾徒不復措懷，自此以上，故宜共參同異。」廓曰：「我不能為干木署紙尾。」遂不拜。則晉宋以來吏部職權可想。

此不過偶舉一例，聊見中國自秦以來之政治，雖無憲法，而君主政權，實有種種調節，並不能即謂君主專制。即以專制目之，此專制二字之內容，亦必以歷史事實加以清楚之界限，並不能說此種政體即是黑暗。

所謂中國史上雖無憲法，而君主政權自有種種調節者，舉要言之，如公開的考試制及客觀的銓敘制等是也。這兩種制度，一面使人民普遍得有參加政治的機會，而另一面則君主不能過分有好惡用人之特權。這是中國史上沿用得很久的兩個制度。前清末年以至最近數十年內，國人醉心立憲民主等等新名詞，詬厲專制，然而革命以來，國民公意選舉的新制度，因國情不合，一時並不能運用有效，而公開的考試與客觀的銓敘，則不幸而一筆鉤消，政局混亂，濫用私人，光明何在？所謂打倒二千年專制黑暗政體一語，以供當時革命黨人作為口號之宣傳則可，若援此認為事實來指導政治實際的改進，則頗嫌不足。

政體改革以後，繼之以文化運動，於是又憧憬於西洋史上之所謂文藝復興。但中國並沒有宗教教會之束縛，因亦不能有像西洋史上所謂文藝復興一般之姿態，因而國人以謂中國學術思想尚在中古時代，未走入近代路徑。最近國內學術思想各方面，全都落後，此固無容諱言。然因此遂謂自秦以下一段長時期的學術思想史，正與歐洲中古期相當，似乎仍有未的。中國祇在西周乃至春秋一段貴族封建政治之下，宗廟的祝史曾統帶了學術，然而孔墨以下，百家並興，早已與貴族宗教絕緣。秦人焚書，禁止民間自由講學，獨留朝廷博士官，直轄於太常（主宗廟祭祀的）之下，似乎像恢復了古代政治宗教學術合一的舊轍。然及漢武帝聽董仲舒建議，改設五經博士，那時博士官的內容，已經一番極大的澄清，以前各種方術如占夢求仙長生等，皆得為博士之選，至是則博士漸漸變為究研古代政治歷史教育各種學術的專門學者了。又為博士設弟子員，循此補郎補吏，遂使西漢政治從軍功資選的局面下，轉入文治的階段。這是中國史上一個極大的轉變，亦是一個極合理的轉變。然而近代治史的反而罵漢武帝表章六經，使中國學術思想一同走入專制黑暗的路上去，此豈情實之談乎？

此以制度言，請復以學術言。司馬遷為太史，自稱文史卜祝星歷之間，主上以倡優畜之，此非憤語也。漢代太常屬官，有太樂、太祝、太宰、太史、太卜、太醫六令丞。太樂之下自有倡優，與太史太祝諸官，同為宗廟祭祀所必需。當時人看史官，上言之則為卜祝，下言之則為倡優，而司馬遷並不以此自限，發憤為《史記》，乃以孔子《春秋》自況。其書為國人稍治史學者所共讀，其奇偉之見解，開明之眼光，即以最近西洋史學上的理論與著作相繩，此書恐還是要站在前線的，此處不用詳論。即以其對當時朝廷帝王卿相以及種種政治事態，毫不掩飾坦白忠直的描寫，其人之膽識氣魄，可想而知。然而司馬遷並不以《史記》獲咎戾。此後漢廷雖說《史記》是一部謗書，卻並不毀滅它，改動它，還讓它自由地保存。班固繼史遷作《漢書》，雖曾一度下獄，不久即許其繼續工作，並命其家人續完。自從馬班以後，中國史究竟能從帝皇的宗廟裡爬出來而得站在一個比較上可說脫離帝王私人勢力而獨立存在的地位。

南北朝隋唐時代，佛學盛極一時，歷朝帝王卿相誠心皈依的不乏其人，然而寺院和佛經，並不曾統制中國人學術思想信仰的自由。元明以下，以程朱經說取士，然而講學的儘可講陸王，甚至以陸王的思想做進八股，反駁程朱，亦同樣可以為功令所錄取而得仕進。中國學術思想史的演進，在這種狀態下，自難有一種劃時代的文藝復興。

繼文化運動之後而起的，便是社會革命的鼓盪了。因為要效法人家的社會革命，便也進而效法人家提倡社會革命的歷史理論。說中國自秦以來，直迄今茲，依然是在封建社會的階段裡。封建思想和封建勢力等等名詞，好算最近最習見的名詞了。若說目前軍人割據的局面，是中了封建思想的遺毒，他們要想重樹封建勢力，此等話千真萬確，最恰當沒有。然若因此遂認中國史自秦以下始終未脫封建階段，則恐未必。依中國史的立場而論，秦漢以來，既有一個大一統的中央政府，直轄全國各郡縣，並無世襲貴族分割土地各自為政，即算封建制度之告終。若以社會經濟而論，秦漢以下之所謂地主，亦全與封建貴族不同。漢代封君，僅能衣租食稅，其封地及封戶之統治權，國家另派官吏。直到最近，佃戶欠租，田主亦須申送地方官法辦。佃戶與田主，不過是一種經濟契約上的關係。中國自戰國以來，井田制度既廢，民間田畝許得自由賣買，土地兼并，其實祇如近代西洋買機器開工廠的所稱為資本家一般。田地契約，即是資本，並不能因為田主佃戶之存在，而竟說他們是地主階級。要知在政治上法律上，田主的田地，遠不是秦以前貴族的采邑，何從說上封建？若謂祇要沒有近代大規模的工商企業組織，即是封建社會，正如說祇要沒有明定的憲法，便是專制，祇要沒有反抗宗教的呼聲，便是中古思想，一樣的邏輯。

我們若用讀西洋史的眼光來讀中國史，不免要認中國史常是昏騰騰地老沒有長進，看不到如火如荼般的鬥爭，看不到劃界線的時期。然而中國史自有其和平合理的進展。古代的貴族平民兩階級，到戰國時漸漸地消融了。秦始皇并吞六國，混一海內，為中國有史以來第一個大皇帝，然而他竟聽取李斯等異國遊士的意見，不再封建，其子弟宗室與庶人同伍。漢高祖得了天下，雖不免稍稍像要回復到封建的路上去，然而一得天下，即下令解兵歸田，一面下詔求賢，願與共天下，那種態度，究竟與古代貴族親親的分封世襲制不同。下詔求賢的習慣，到武帝時竟收到異樣的結果。武帝聽取了董仲舒的一番話，把博士官整理一番，開始從宗廟狹隘的意味裡解放出來，成為一個政治上正式的諮詢機關。又建設了國立大學的基礎，開始有官吏的考選。公孫弘以東海的牧豕老，一旦為相封侯，打破自秦以來軍功封侯拜相的變相貴族擅權制，而漢代漸次走上文治的道路。這些都是在古代史上值得鄭重注意的事，而在當時卻極和平極自然地一步一步的演進，絕沒有幾許驚心動魄的鬥爭的陣容和血迹可以看到。

一到東漢，官吏仕進之途，幾乎全在地方太守的察舉。這較之古代的血統分封制，固為進步，即是秦漢早期的由親貴子弟以及貲技投奔的郎衛士進用制下，變到地方官選舉吏民之材德，這不能不說是一種合理的演進。然而依然是一種和平的演進。祇為察舉制度推行一二百年的影響，把古代遺傳下來的準貴族階級的王室和親貴之特權逐步削減，逐步消滅，而新興的士族勢力起而代之，這便是以下的所謂門第。門第在當時，較之古代封建貴族，尚為合理的。

曹魏以下，察舉制廢，便有一個九品中正制來替代。九品中正制雖不免為當世詬病，然而到底亦算得是一個有客觀性的用人標準，限制了帝王卿相個人的特權，南北朝幾百年天下，還賴這個制度來維持。從這個制度演變出來的是普遍公開競考的科舉制，自隋唐宋明以迄清末，古代封建貴族世卿漸變而為白衣舉子的天下，這裡邊實在有一條進展的路，這一條進展的路，到底還算得上是合理的，而其進展則是和平的。

中國史上亦有大規模的社會下層掀起的鬥爭，不幸這種鬥爭往往是紛亂，是犧牲，而不是有意義的劃界線的上進。秦末劉項之爭是例外，從黃巾起引出了五百年的中衰，後來著名的如黃巢之亂，張獻忠李自成之亂，都祇是混亂，是倒退。祇有明初群盜，算是驅除了胡元，亦算得上一個上進的轉變。唐代的隆盛，從北周以至隋室，種因在上層，不由混亂來。

不僅大規模的鬥爭引不起上進，甚至於過分激急的變動，亦往往招意外的失敗。正如王莽與王安石，他們理想並不差，祇為是過分激急的變動，要為歷史打開一劃界線的時期，而不幸都失敗了。中國史似乎應該在和平而穩健的步伐裡上進。

我因此想說一空洞的譬喻，中國史如一首詩，西洋史如一本劇。一本劇的各幕，都有其絕然不同與驚心動魄的變換，詩則不然，他該在和諧的節奏中進到新的階段，令人不可分劃。所以詩代表了中國文學的最美處，而劇曲之在中國，到今還說不上文學的優美。西洋則甚至以作劇為文學家的聖境。

讓我們暫時脫離民族而重回到個人的身上來，蘇格拉底一杯毒藥，耶穌一個十字架，而孔子則晚上做了一個夢，朝上還是在門外扶杖逍遙，而還吟了一首歌，三位民族聖人的死去，景象如此其不同，所以中國史到底沒有西洋史那般有力，刺激人，有驚心動魄的變換，而中國史到底是和諧而深厚。孔子說：「吾十有五而志於學，三十而立，四十而不惑，五十而知天命，六十而耳順，七十而從心所欲不踰矩。」孔子生命的進展，似乎可以象徵中國史的逐步進展，無劇烈的轉移與不和諧的跳躍或翻滾。似乎孔子十五志學的時候，已經朦朧地若覺若夢的直感到七十從心所欲的境界裡去。這或是中國民族文化之沉著遠到而不失其靈敏處。

國難深重已極，我並不想守舊頑固，故步自封。我們種種不如人，但願國人大家邁步競進。然而我們有志邁步前進，卻不必定需先蹧蹋了我們已往的歷史。對於已往歷史之誤解與曲說，對於我們之決心向前，並不有多大幫助，或竟至於有意外的損害。倘能真切瞭解中國史，對於指導中國民族之前進，該不致於全無用處。我覺得推翻二千年專制黑暗政體，打倒舊文化，全盤西化，無產階級武裝起來奪得政權等等口號與辦法，以歷史經驗來說，不是鞭策我們前進的好辦法。現在的事實，也已經逐漸告訴我們了。我覺得我們這一個時期的不能長進，或雖有些長進而不能如我們的期望，實因我們當前另有幾許真實病痛未能拔除，卻不必因此埋冤整個民族四千年來積累的文化，而想激起些與歷史民族性不合的激急變動，這是我草此文之微意。

中國史上最近幾個病源

一個國家和一個民族的歷史，並不依著直線上進或後退。他往往常走成波浪式，有時上進，有時後退。要把兩個民族或國家的歷史互較並論，更顯困難。我們找不到兩個國家或民族的歷史恰恰能成一種平行線的。有時這一邊在上進，而另一邊或正在後退。但是有時這一邊後退，而另一邊卻正在上進。若橫切任何一點，而來推論兩邊的全線，自然靠不住。不幸現在講歷史的，似乎正在橫切一點而加以推論。最近的中國史，無疑是走上後退的路，而且後退得很大。而西洋史在最近，則正是他們全線一段最燦爛的時期，對於以往形成一個極急劇的前進。然而歷史並不是自始命定的，每一段的變化，有每一時期人的聰明與努力為其因素。正如個人的生命，有時健康有時病，各有其臨時起居生活上的原因。歷史由人創造，近代中國史的後退，自然是由近代的中國人種因。近代西洋史的激進，亦由近代的西洋人種因。若因最近中國不如西洋，而推論中國與西洋史的全部，好像西洋從希臘以下處處早已伏定了今日的因，而中國則自唐虞夏商以來，亦處處栽的是今日的果。如此說來，中國已往歷史，既已無從改變，從新另造，豈非中國袛有永墮地獄，無路超升？所以主張全盤西化，澈底改造中國舊文化，而甚至於主張廢漢字，改用羅馬拼音等，好像是一種積極的前進論，實是一種極端的悲觀主義。若在中國自身已看不到生機，尋不出希望。我曾為此種思想設一淺譬，正如病人求醫，醫生說你由母胎出世，早已命定了今日的病，非將你已往生命改換成別一人的不可。天下無如此的醫理，亦不該有如此的文化與政治指導。這袛可說是一種戲論，一種絕端悲觀的戲論，而他們自認為是最積極最奮發的，以為惟此纔有生路。

最近的中國，需要改革，並需要大改革，而此種改革自有需於虛心效法西洋，此層可無爭議。但我們還應該注意，中國之需要改革，是中國自身內部問題，並不因接觸到西洋而後才有此種需要。儻使西洋勢力與中國不接觸，中國依然閉關而治，然而自乾隆以下的清室政治，早就走上了絕路。川楚教乃至洪楊之接踵繼起，已十分暴露清室政治之腐敗。道咸以下，縱使沒有外患，內亂決不可免。難道沒有西洋通商，滿清政府還可依然統治，聖帝神孫，綿綿不絕嗎？不幸而在此時期，又遇到有史以來未見之外患，中國政治機構，早當澈底改造，卻因此不能澈底改造。一則因外患方深，內部自有顧忌。二則使中國一部分惡勢力，得賴藉外力而存在。病源不去，生機不復。在此狀態下而高唱維新，高唱西化，西化維新縱算是一服延年益壽的最好大補劑，然而其人尚在病中，早服補劑，正以益病。醫者先當細心考察病源，病源既祛，再事培補。今在大病中急投補劑，其人所以猶得不死，正以其生機尚在，生命力猶可掙扎之故。若待其生機斲喪既盡，生命力日告衰縮，則雖有萬金良藥，亦無起死回生之望。今以西化維新不見速效，妄謂中國舊文化作梗，非一切剷除不為功，正是見病人不受補，乃欲并其生機而窒塞之。

所謂中國最近病源，舉其首要者，厥為近三百年來之異族統治。自滿清入主中國，一切措施，盜憎主人，全是猜防壓制誘脅愚弄。稍讀康雍乾三朝歷史的，自可知道滿清政治對於中國文化之影響。然而康雍乾三朝猶得為中國近代史上一段小康時代者，其一是康雍乾三世自身，不失為幾個英明能幹的帝王，在其統治下，雖斲喪了中國民族永久的元氣，然亦造出當時一時的榮華。其二是中國士大夫，慘遭明代亡國之痛，其從事興復的運動雖歸失敗，而他們內心一番懺悔，卻深深地存留下來。一面遇到異族英明君主的統制，一面也是智識階級官僚分子自身轉變，不肯過分貪奢墮落，勉強形成康雍乾三朝之吏治。然而此種情形，並不可靠。滿族自嘉道以下，統治勢力日趨腐化，而中國士大夫經滿清一百五十年的猜防壓制誘脅愚弄，故國之痛早已忘了。明末遺老的一段懺悔精神，事過情遷，漸淡漸失。所謂學問，祇有考據訓詁，在故紙堆中討生涯，與國家社會人生渺不相干。偶涉及實際問題的，便易受滿清統治者之疑忌而得禍。做官的以狐媚狗偷為藏身，為得計。上層統治者及一般智識分子所謂士大夫的，他們全惡化腐化了，政治日敗日壞，而社會發生搖動。若依照中國史慣例，川楚教乃至洪楊之接踵繼起，即是告訴我們清廷必覆，不久應該來一個澄清的局面。然而中國史已開始走上複雜的環境，世界棣通，使得中國的上層政治不能如其所應得的澄清，而造成中國近代史上一個障礙前進的勢力，至今還存在。

二百四五十年的異族統治，對於中國文化上之束縛與迫害，時機一到，中國人民立刻覺醒，民族革命的潮流，是壓不住的。然而難題連帶而起，西洋的民治思想，同時傳播到中國，使中國驅除滿清政府以後，不能如明太祖般再來一個皇帝。而中國民治的基礎，則在二百年異族統治之下，不僅沒有培養長進，而且正在背道而馳。一旦清廷退位，中國開始遇到的困難問題，便是逼得他去試驗一個絕無準備絕無基礎的新政體，即民治政體，而無法在其中選擇一條比較緩進的漸變的路。日本的明治維新，在此點上，較之中國，他們獲到很大的便宜。天皇一統，在日本的歷史和民眾觀念中，並無十分劇變，而漸次走上憲政的路。中國要擁護滿清政府，讓其存在，而滿漢種族之見，在當時是驟然不能消融的。滿族親貴用事，民治終難告成。要中國民族奮發自救，除非先排除滿清政府。排除滿清政府後，不得不走上一個政體上急劇的變動，這是中國政治近年來一個極大的苦痛，而居然冒險地渡過了。然而中間如洪憲稱帝，宣統復辟，幾許曲折，消損了中國前進的元氣不少。若是滿清政府在中國，並不有已往種族之見，文化之極端壓迫，與其親貴之狹隘把持，中國擁戴一個虛君，而推行憲法，或亦能如日本般順利。

滿清政府在咸同以後，其實質與以往本已大變。地方督撫的擅權自專，中央無力駕馭，早已造成割據的風氣。政治雖腐敗，然中國已處環球棣通的新局面之下，腐敗的政府，亦得借外債，買軍火，練新兵，使得革命的民眾無力翻騰。中國的革命，雖是把滿清政府取消了，然而滿清政府所遺留下的督撫擅權地方割據的情形，當時的革命軍並不能將其澈底澄清，而且還利用其勢力以期革命工作之順遂進行。所以民國以來，武人弄權地方割據的形勢，轉見增長。直到最近，引起不斷的內戰，斲喪中國社會之元氣，障礙中國政治之進步。這是一個更顯著的病源。若使自辛亥革命以來，至今廿六年，中央統一，各省全受中央統治，不在某派某系軍人割據之下，試問中國最近情形，應該成何種樣子？

武人割據，並非政治上一種不可排除的情形，正為政治沒有一個中心力量，而武人割據始得延長其生命。在滿清末葉，政治的中心勢力，早已逐步沒落。革命軍推翻滿清，當時所揭櫫的是民主共和政治，而中國實在距離民治的階段尚遠。孫中山的黨治訓政的理論，並不為一般人所理解。而且革命黨人，未必全宜於從事建設的政治工作。中國的政治，以其廣土眾民之故，譬如一大洪爐，當時的革命勢力，祇使舊政治分解，沒有使舊政治勢力全部下臺。因而革命勢力，一旦在和平的處境下投入政治，正如洪爐點雪，經不住化了。下層民眾，自然呈現不到政治層來。實際的中國政治，應該操在中層智識分子的手裡。而不幸當時的中層智識分子，在二百四五十年異族統治下，開始抬頭，八股小楷的素養，升官發財的習氣，一時是擺脫不盡的。外洋留學生，帶回來的全是外國理論，並不切於當時的中國。平等、自由、民權諸新名詞，生吞活剝。結果也等於八股小楷。其名則曰政黨民權，其實則是結黨爭權。於是中層的智識分子，分途依附於地方武人割據勢力之下，而互為利用。辛亥革命的結果，並不是政權之解放與公開，而實是政權之潰決與失墜。這其間負最大責任的，應該是我們中層的智識分子。而此輩智識分子，亦祇是滿清異族統治二百四十年後在驟然的政治中心大動搖的局面下應有之紛擾，並不能說是他們正式的代表了我們中國四五千年來文化的正統，而為其結晶。然而一批一批吸收西洋新思潮的志士，並不肯細心看一看中國自身的實病，於是繼續政治革命而起的，遂有文化革命，社會革命，離體愈遠，而實病仍在。這一點，日本的明治維新，比較中國，又佔上幾許便宜。第一是日本的政權，從藩府到天皇，並不如中國一樣的變動得激劇。第二是日本在藩府統治下的封建道德，如武士道的忠君敬上守信立節，移之尊王攘夷，並無須大段破壞與改造。而中國士大夫經滿清二百四十年之猜防壓制誘脅愚弄，所謂士大夫立身處世之綱領節目，早已貌是神非。油滑、貪污、不負責任，久成滿清末年官場乃至儒林之風氣。一旦政體改變，名為民主，實則全須士大夫從政者的良心自負責任。而中國的士大夫，久已無此素養。所以日本留學歐美的，回國後自有上規道的政府，可以束身貢獻。中國留學生，出遊歐美，回國後並無上規道的政府，祇得改頭換面，另謀出路。第三是日本小國寡民，數十個志士，其力足以轉移一國的風氣。而中國地大民眾，政治機構，遠非日本之比，病菌散佈，新生機不易戰勝。

根據上述，中國近數十年來的病源，祇在其政治機構之不得不變，而一度激劇變動後，驟難走上規道。這是一個簡單的病狀，並不是全民族數千年文化本身有了致命傷。若說要喚起民眾，實副民主政治之真精神，此是百年大計，而卻非對症之良藥。稍能真實觀察中國社會實況的人，試問喚起民眾，實行真實的民治，其事何可遽企？若謂先富後教，衣食足而後知榮辱，此對一般社會民眾言則可，至於當官行政的，不能借此躲藏其罪過。而且政治不上規道，官方士習不澈底澄清，科學實業，也永遠不能有堅固的基礎。新中國的創興，首要是在政治上規道。要望政治上規道，首要是在中央政權之統一，地方割據之取消，其樞紐則在全國政治中心勢力之造成。而其負造成全國政治中心勢力之大任者，並不能望之民眾，亦不能求之軍人，而在中層階級智識分子對於國家責任觀念之覺醒與努力。要望全國中層階級智識分子對國家責任之覺醒與努力，應該有一個培養。這種培養的重任，即是國家的教育，與政府的紀綱。而不幸自清末以來，國家教育的最後最上的一級，全已付之歐美，而自己卻不問不聞。受歐美教育的，是政治上乃至社會上第一流的人才。國家自身並無教育，政府又何從能有紀綱？政府的紀綱與國家的教育，應該站在同一個立場，而後此種紀綱，乃能有真實的威嚴。或者在無紀綱無教育之現況之下，而試欲擁護某一領袖，造成獨裁，豈不仍是不診病源，亂投醫藥之舊套？

幸而中國民族還不是不成器，在此數年國難嚴重，創鉅痛深的狀況之下，漸漸走上了統一的道路，政治已有一線光明。我希望一輩智識分子，不再要唱不切實際的高調，對症下藥，在擁護統一，解消割據的過程中，急速謀中層智識分子之對國家民族責任之覺醒。好從這裡建設起國家的教育，與政府的紀綱，來造成更穩固的政治中心勢力。從此自得逐步獲到科學實業之建設，乃至民主政治的實現。

現世界的三種社會

當前世界，因於人類新科學之發展，交通之進步，工商業之活潑向前，而幾乎形成為一個混同合一的世界了。但所不幸的，這個世界，卻同時形成了三種絕不相同的社會存在著。一個是民主政治、自由資本主義的社會，另一個是極權政治、共產主義的社會。再有一個，則是被稱為落後地區的落後社會。其實這三種社會之分別，乃是根據於同一觀點，即經濟的觀點而加以區分的。因此，此三種各不相同的社會，其內裡卻藏有一個共同的趨向。

讓我們首先舉出自由資本主義的社會來說。這一種社會，乃自近代西歐文化所產生，而今天的美國，則成為此一種社會之最前進、最標準者。今天的美國社會，我試想用「人盡其力，財盡其用」這兩句話八個字來加以描述。

除卻年老的一輩，被迫著退休，年幼的一輩，還沒有機會參加做充分的工作外，今天的美國人，不論男女，幾乎是盡趕上工作的前線了。此之謂人盡其力。但他們由工作所換來的錢財，卻很快地化用了，不是消費，便是重投入金融大罏之內，又化為資本。甚至今天收進，明天即支出。更甚的則是下月下年所得收進的，早在本年本月預先支用了。因此美國人，縱是人人有職業，有工作，有收入，但卻沒有存款，可讓他閒著慢慢來享受。

上述的兩句話八個字，乃是遞相為用，互為因果的，若使不能人盡其力，便也不能財盡其用。因不充分供給勞力，錢財便不能大量運化成資本。從另一面說，若不能財盡其用，便也不能人盡其力。資本不雄厚，便無法容納這許多的勞力。而美國社會今天所以能走上這條路，則正為有一個資本主義的力量在背後鞭策著。

今天美國社會的資本主義，已和一百多年前馬克斯所想像的資本主義大不同。馬克斯認為資本主義的社會必然是一個貧富不均的社會，但他不知，資本主義同時必有兩趨勢。在資本之運使上，自必求其大量集中，而後始有更大的效用。但在生產所得之分配與消費上，則必求更普遍更廣泛，然後此項資本始有繼續向榮之希望。若使社會貧富對立愈尖銳，則資本主義必然會愈萎縮。今天美國社會生活之普遍繁榮，漸趨於貧富均等的階段，正是資本主義正常應有之現象。

其他比較經濟前進的社會，西歐如英法德義，東方如日本，雖其前進程度，有快慢，有先後，有種種順遂與曲折之不同，但其憑藉著這一股自由資本的力量，來誘導社會，驅促社會，走向「人盡其力，財盡其用」之一大目標，則與美國社會，如同一轍，並無二致。

若使我這一看法並不錯，則在共產社會那一邊，其實他們所想望而求其急速完成者，亦正是此「人盡其力，財盡其用」之兩句話八個字。祇因他們社會經濟落後，沒有一個資本主義的力量來督導著社會向這道路跑，於是遂改用著黨的極權與專制，來強迫社會走上此道路。祇看蘇聯，他們不斷地自誇，再過多少年，他們的生產，便會超越美國。中共也如此般自誇，再過多少年，他們的生產，會超過了英國。可見共產主義，祇是一種變相的資本主義，他們正因沒有自由資本，遂用一種強迫資本來代替。他們嘴裡呼喊的是反對資本主義，他們心裡欣羨的，正是那資本主義的遠景。他們想憑藉極權和強制，來完成他們追上資本主義社會之好夢。最多是方法不同，而目標則一。所以他們說：看誰的一套能使社會經濟更繁榮，人的生活更富足。

今天的共產社會，也和一百多年前馬克斯所想像的共產社會絕大相異。馬克斯認為祇有資本主義社會愈前進，便會愈接近共產社會之產生。但今天的共產社會，卻是產生在經濟落後，距離資本主義愈遠的那些社會中。他們正想用共產主義之步伐，來踏進資本主義之園地。

今且問，憑藉極權政治與強迫資本，是否真能走上自由資本主義社會所到達的境界？這一問題，不在本篇討論範圍之內，但有一點可在此指出者，當資本主義在西歐諸邦開始萌芽的時期，他們都曾借助於帝國主義與殖民政策之剝削與攘奪來培育此資本主義之茁長與成熟，這是歷史事實明白告訴了我們無可為之掩飾者。而今天的蘇維埃，則正亦走此老路，那些環繞著蘇俄的一大批衛星國，則正是蘇俄變相的殖民地。若使沒有這些變相的殖民地供蘇俄之榨取，則蘇俄社會的經濟情況，決不能有如今天的成就。

在西方資本主義社會中，有不少人看破此內情，而抱著一種樂觀的期望。他們認為祇要蘇俄內部社會生活水準逐步提高，真走上了像西方資本主義社會的生活水準般，他們的革命情緒，會逐步沖淡，他們社會內部的自由要求，會逐步提高，到那時，則兩個不同性質的社會，仍會接近，不致像今天般有嚴重的衝突。這一想法，粗看起來，也是未嘗無此可能。但主要在於運用強迫資本那條路，是否真能使他們走上自由資本主義社會那同一的境界。若使強迫資本方面，必須打倒了自由資本而始能站穩的話，那自由資本社會方面的那一種樂觀想法，就未免太過樂觀了。

再其次，讓我們講到所謂落後社會這一方面。所謂落後社會，其實祇說的是經濟落後。若我們單站在經濟的角度上來看，則資本主義社會顯然最前進，共產主義社會已是落後，而所謂落後社會者則更落後。共產主義社會，正為經濟落後，才逼出他們這一套強迫經濟，來盡力地掙扎，而所謂落後社會者，則尚不能有此一套強迫與掙扎之努力與表現。

在當前共產主義社會向資本主義社會盡力掙扎，互爭長雄之際，而落後社會轉有在此兩大陣營之對立中，有舉足輕重之勢，而為此兩大陣容刻意爭取。於是此兩大陣營對此舉足輕重之落後社會，乃不免有其各自的看法與想法。

惟其共產社會，不能單憑他們的強迫資本來和自由資本爭勝，於是迫得他們不得不走世界革命那條路。他們正為經濟落後，才採用那強迫資本的辦法。於是他們想，凡屬落後社會，勢必會是他們的同路人。既屬同樣沒有自由資本可憑藉，則勢必同樣想到以強迫資本來代替。若要在落後社會中自己培育出一筆自由資本，其事難。由一黨極權來製造出一筆強迫資本，其事易。在當前的世界上，欲求經濟爭存，在共產主義者的想法，則認為凡屬落後社會，祇有采用共產主義之一法。因此他們抱著樂觀，以為在此當前世界兩大陣營之鬥爭中，最後勝利無疑必屬於他們。

在自由資本主義這一面，也未嘗不有見及此。他們認為，落後社會中未嘗不可培植出自由資本來，祇我們肯盡力相助，使落後社會真能在自由中培植出資本主義，則共產主義一面之宣傳，自將失其效力。而最後勝利，則仍將落在自由資本這一邊。

然而此等祇是雙方各自的想法而已。資本主義社會之形成，必具種種條件，有他們深長的歷史淵源，其事非咄嗟可期。祇有美國，地大物博，得天獨厚，他們內部那一段西部開發，便使他們不待向外，而走上了資本主義的大道。其他如西歐諸邦，乃及東方之日本，他們的資本主義，都曾配合著他們的帝國主義殖民政策而始獲扶掖成立的。在第二次世界大戰之後，英法義德乃及東方日本，一時經濟均陷困境，祇因獲得美援，轉瞬間即告復蘇，這也因其社會內部以前的資本主義早有基礎了，故能如此很快地復興。若當前那些落後社會，資本主義並無根柢，那能僅靠外援急速間便追上資本主義的道路呢？於是狡黠的便標榜中立，兩面伸手，一時好像有左右逢源之樂，但欲憑此而使自身建立起一個資本主義的社會基礎，其事恐不易。其暴厲而具野心的，經不起外面共產主義者之慫恿攛掇，便想乘機攫取政權，一口氣來組成一個強迫的資本來改造他們那落後的社會。這些都是眼前事實。可見自由資本主義社會方面的想法，未免有些迹近於一廂情願。

但另有一件更重要的事實當指出，民族覺醒是當前世界趨勢一條大主流。一兩個世紀以來，西歐方面的帝國主義與殖民政策已在逐步崩潰，急速崩潰中，凡屬落後的被壓迫的，被統治的，都想站起來。此是人類歷史一股新潮流，將由此變成一個新世界，這事誰也壓不住。但同時卻有一股逆流泛起，此逆流即是蘇維埃。強迫資本之成功，其勢仍須借助於帝國主義及殖民政策之扶掖，因此而在第二次世界大戰後，東歐許多國家，絡續被關進鐵幕，而蘇俄的赤色帝國主義，終於用一套更猙獰之面目而出現。此種違抗歷史大潮流之愚昧行徑，那會有前途。幾年前匈牙利與波蘭，已屢有反抗之崛起，而南斯拉夫之迭托，則常是若即若離地想求逐步擺脫蘇俄赤色帝國主義魔掌之控制，此等迹兆既已甚顯，而最近中俄共雙方所謂思想之爭持，亦足證赤色帝國主義終難圓成其好夢。若我們看準此點，則落後地區之赤化，其勢必不能順利進展，亦就灼然可見了。

如上所述，世界各地落後社會之相率要求獨立自主，正是表示著現代世界民族覺醒之一項歷史大趨勢，其事無可阻抑，已屬十分明顯。祇是此等落後社會，其內心欣羨急迫需求者，亦在求其社會之資本主義化，亦在向西方社會之生產富足，經濟繁榮看齊，而一意想在咄嗟之間，同樣獲到此地步，則無論如何，不論其采用自由資本的道路，抑或采用強迫資本的道路，要之此目的不易驟達。這不僅落後社會為然，即在共產社會中，除卻蘇俄，其被抓在赤色帝國主義魔掌之下者，終亦無從到達其希望。如是則世界動亂，仍將層出不窮，急切間恐難找出一個消弭的方案來。而人類悲劇，說不定會從此種複雜和不安的形勢與情緒中，一旦爆發，而難於收拾。

其實今天所被稱為落後社會者，亦僅是專指其經濟一項目而言。一個社會經濟落後，未必即是樣樣落後，經濟前進，亦未必即是樣樣前進。即就美國言，他們的少年犯罪，已成為一項不可掩飾之嚴重問題，他們中年男女夫婦關係之不穩定，他們老年人之被棄置、被冷藏，在他們社會中之家庭組織，已然褟露出甚深弱點，甚深病象。而共產社會中更是變本加厲，扼殺人性，不顧一切，專一祇著眼在大力生產上。目前的世界，無疑的正在走上一個極端唯物主義的世界，一切問題，主要便是經濟問題，一切爭衡，主要也是經濟爭衡，其他全成為次要，甚至被視為不要，此始是今天世界種種病痛一大癥結，人類此下種種災禍，都將由此一大癥結而導演，而終於將使人類會感到無法防止。

經濟的發展，重視過於人文的陶冶，外面物質生活之改進，重視過於內心精神生活之提高。縱使此世界各個社會都能到達於人盡其力，財盡其用之一境。但我們還得問，所謂人盡其力者，究竟那些力用向那裡了。所謂財盡其用者，究竟那些財又用向那裡了。試問果使人人有一輛汽車，家家有一只電冰箱，一具電視機，如此種種，盡如人意，人類社會是否可以從此相安無事，不再有問題。而且若如目前，大家全在物質生活上用心眼，到底也達不到物質生活能盡如人意之一境界。要而言之，重物而不重人，這是當前人類社會一共同的大毛病。不論是自由資本主義的社會，共產主義的社會，乃至所謂落後社會，一切人總是全向著外面物質條件上來競賽，來爭持，而大家忽略了人類本身自己的一面。這將如何得了！

是否在此三種社會之外，能有一個理想的新社會出現。這一個理想的新社會，其惟一特徵將是重視人勝過於重視物。一切物質條件，全為著人類自身另有一個理想的前進目標而存在。一切物質經濟，為奴而不為主。它們衹為人類追求其前進目標供使用，它們不該本身自成為目標而回過頭來使用人。若使此一理想社會真能出現，庶可轉換當前世界人類之視聽，解消其唯物氣氛之蒙蔽，而感召人心，使大家能走上一新方向，果能如此，當前人類所具有之一切物質經濟條件，也可有它們的另一番新意義與新貢獻。

但這一理想社會，又如何促其實現呢？就此問題說來，當前所被稱為的那些落後社會，或許距此理想社會的道路有的會更近些，而那些物質生活經濟條件更前進的社會，或許會距此理想社會的路程更遠些。這因人類美德，易於接近此理想社會者，或許還有些保留在那些落後社會中，落後社會所保留的此等人類美德，或許會比在經濟前進社會中所保留的更多些。而且落後社會對經濟上之束縛少，顧慮亦少，或許會走向此理想更易些。

這像是一種想像之辭，但據我所知，則中國社會一向早是朝此方向而努力，至少在歷史上的中國社會，可說是甚為接近此一理想的社會。中國文化傳統，一向重視人勝過重視物。在歷史進程中，中國社會之物質經濟情況，較之同時代其他社會，常是有過之無不及。但中國社會從來沒有走上資本主義社會的路。中國人從未曾把物質經濟條件，看作社會中主要一條件。中國人也從未在此上過分來督促人，或鼓勵人。中國社會一向所鼓勵督促人者，多是與物質經濟條件比較疏遠，或竟是漠不相干的其他人類之美德。但比較說來，中國社會之物質經濟狀況，也不見甚落後。祇是中國人遇到物質生活經濟條件相當可以滿足時，即算滿足了，即止步不再向前。中國社會之能悠久維持，廣大展擴，以至於今日，未始不是賴此理想，賴此態度。不幸在最近這一個半世紀來，驟然與西方新興的資本主義社會相遇，而相形見絀，而且是逐步落後。最近不到一百年，中國人開始漸漸轉移目標，想要慕效西方社會，而逐步放棄他們自己原有的理想，而最後終於被抓進了赤色帝國主義之魔掌之下，而於是對中國自己社會已往之一切傳統理想及其種種美德，正在不遺餘力地從事盡量的破壞及毀滅。這真是中國之不幸，也可說是關於世界人類文化前瞻一大不幸。

若使中國社會，還能保留他一向的傳統理想，而在不損害其原有原則之上，來求物質經濟條件之改進，若使此一社會，能有如此具體之表現，正可使當前世界人心惶惑，道窮思變的當口，有一個具體的啟示與借鏡，而惜乎現在此機緣失卻了。要在今天來闡發中國社會之原有理想，及其種種美德，則祇有從歷史經過文字記載中去闡發，而此項歷史已經歷了三四千年之久，真是說來話長，那就不是一件輕易的事了。而且縱使說得極清楚，總像是一番空論，怕不易得世界人類急切間之瞭解與接受。

但眼前例證，則終還比較容易說。最近中俄共之思想分歧，這不是為舉世人所注目嗎？但其分歧之所以然，則正可把我上所分析之背境來說明。當知中共在大陸之宣傳，其最易叫得響亮之口號，並不在乎共產社會之建設上，而更要者，端在其打倒美國帝國主義及解放全世界被壓逼民族之兩個口號上。這正因中國社會一向重視理想更勝於其重視物質經濟。因於人心所重視而來作宣傳，於是共產主義轉像祇成一手段，而打倒帝國主義與解放被壓迫民族轉像成為了目標，此乃中俄共思想分歧主要之所在。縱使中共屈服於俄共，亦同樣標出和平共存之口號，而打倒美國帝國主義及解放全世界被壓逼民族之兩大旗幟，仍必在中國大陸懸舉，作為他們鼓舞人心維繫團結的一種潛在力量。這一需要，非瞭解中國社會實情者不易知。非瞭解所謂落後社會之一般心理者，亦不易知。

在中國社會，苟非有一種精神的，理想的，道義的，能不顧現實的號召，終不能激起人心發揮出大力量。而在西方資本主義社會的陣容裡，此種號召，轉不易引生人們的同情。在西方資本主義社會方面，未嘗沒有這種宣傳的好資料，遠之如匈牙利事件，近之如西藏事件，但此種宣傳，在他們終像不夠勁，終苦於激不起公憤，喚不起相互間同一的步調，於是祇能中途放棄了。這因他們太顧慮現實，太計較利害。人類間的正義大道，祇求在不妨害各自眼前具體利益之上來考慮。因此西方資本主義社會方面的宣傳，永遠是被動的、消極的、防禦性的、解釋性的，沒有一個積極嚮往之目標。他們給別人的影像，似乎始終以保持自己既得權益為前提。如此類的宣傳，至少不易獲得所謂落後社會真切由衷的同情。

所幸者，馬克斯的共產主義，根本亦祇從唯物理論出發，而蘇維埃之終極目標，更是僅就唯物的立場，祇著眼在自身物質經濟條件之發展與前進，而且改頭換面的依然走著違逆歷史大流的西方舊傳統帝國主義之老路，來攫取其自身的利益。苟非資本主義社會內部自身有弱點，他何能得有今天那一些成功。

至於中俄共之思想分歧，其實亦何嘗是思想上之真分歧。所不同者，僅在其宣傳之技巧上，而所以逼得中共必然要采取此項宣傳者，正因背後有東西雙方文化傳統不同之一個內在潛力在作梗，在驅遣，此一層，惜乎索解人而不得，而西方人則都認為中俄共之間，確乎有所謂思想上之不同了。

總而言之，當前的世界，已是一個唯物主義瀰漫浸潤的世界。當前的人類社會，已是群趨於衹在物質生活上作競賽，經濟條件上作持死戰的社會。當前的世界問題，已衹有經濟問題一馬當先，惟我獨尊，成為單獨領導世界一切問題的主要問題了。若我們誠心要期求世界和平，社會幸福，這一路向，決不是真領導。若我們誠心要解決當前世界一切問題，而衹從經濟問題來下手，也總不是一個真解決。本文作者是一個中國人，不免要舉示出中國古老社會相傳的這一個觀念，來向全世界具有高深智慧，有意從事於為世界和平人類幸福而努力的志士仁人們作呼籲。

革命與政黨

中華民國這四十年來，一切人物，一切思想言論行動，幾乎全捲入了革命與政黨之兩個對象與活動的圈子內。我們應該把此兩觀念，再重來加以一番分析和檢討。

革命的初意，本是專指由社會來革政府的命，而後來卻演變成由政府來革社會之命，這兩觀念顯然不同。社會向政府要求民主，爭取自由，於是而有革命。照理言，在那時，祇該有革命黨，即來領導社會從事革命的黨。革命黨卻並非普通的政黨。要待革命完成，民主自由的政府建立起來，那時纔因社會群眾政見之不同，而有分組政黨之必要。政黨與政黨之間，祇有政治活動，而無革命行為。社會對政府有革命，政黨對政黨，則祇在爭取政權而無所謂革命。這是指革命與政黨之常態的分析而言。

馬克斯主張無產階級革命，革命完成，即是無產階級專政。在無產階級專政之下，應該也可有政黨。因為那時全社會祇有無產階級，更無資產階級。無產階級專政的政府，照理應該即是一個全民政府，如是則即是一個民主政府。民主政府應該讓社會以自由。無產階級專政，應該讓無產階級以自由。那時的無產階級，即是全社會。全社會對政治意見有不同，自該有政黨活動出現。

蘇維埃的革命，並不如馬克斯所想像的所謂無產階級革命。而是在革命完成以後來強力製造無產階級，於是變成了由政府來革社會之命。這自然不許社會另有政黨。而那一個政府黨，卻變成依然是一革命黨，而非普通之政黨。今天的共產黨，即以此一姿態而出現。

孫中山先生所倡導的國民黨，最先本是一革命黨。革命黨應該代表著全民的共同意嚮的，即向上層政府革命而爭取全民之民主與自由。能言拒楊墨者，皆聖人之徒也。祇要嚮往民主和自由的，全是革命黨，全是同志。因此革命黨遂不同於普通政黨。在普通政黨間，不妨有政見紛歧。革命黨則祇有共同目標，更不必再分黨。待革命完成，革命黨即功成身退，普通政黨即接踵繼起。這即是孫中山之所謂還政於民。

孫中山在北京臨終時遺囑所云「革命尚未成功」，在當時是真實的。待到國民革命軍北伐勝利，組織成了國民政府，全國大體上統一了，那時的國民黨，卻仍誦總理遺囑，仍說「革命尚未成功」，那豈不形勢顛倒，變成了要由政府來革社會的命嗎？政府要革社會之命，這一政府，必然會變成一黨專政之政府。而此一政府黨，則並非普通政黨，而依然是一革命黨。這又與共產黨分別何在？社會成為政府革命之對象，這叫社會如何能放心此政府？無怪那時的中國共產黨，要乘機再以在野革命的姿態而出現。

抗戰勝利，中共的勢力逐步抬頭。那時他們的口號，是爭取民主，爭取自由。他們是在野革命。衹要反政府的，他們都盡力爭取拉攏，認為是他們的同路人。今天中共已確實掌握到大陸的實際政權了，於是纔正式開始它第二步的革命，即由政府來革社會之命。此是在朝革命。因此他們對外是一面倒，對內是人民民主專政。經濟上的殘殺鬥爭，思想上的極權改造。極盡其在朝革命之能事。於是迫得中國社會要再來革中共之命。

今天退避到臺灣的國民政府，就法理言，它是中國惟一合法傳統的政府。但就實際情勢言，國民政府又應該是一個處於領導國民革命的立場而求重返大陸，推倒中共極權統治的革命組織。如是則今天的國民黨，實處在一複雜困難的局面中。它該認清目標，改變作風。就法理與實情，雙方兼顧，來打開一出路。今天它不僅是一個在朝的政黨，而又應該是再做為一個革命黨，縱使它一時擺脫不了一個普通政黨，即平常政治上的所謂在朝黨之任務。

負起時代需要它對大陸革命的職責，而同時它必須善盡其為平常所謂的在朝黨，有它一套政治意見而為全國民意所擁護，而獲得其在朝掌握政權之地位。今天的國民黨，實際上已失卻其在中國大陸掌握政權之地位。今天大陸民眾已無表示其是否擁護國民黨政治意見之自由。因此國民黨儘有最好的政治意見，已無法獲得其所應有之政治地位。於是祇有迫得它改取革命黨立場，即不論自己的政治意見，祇要反共的，祇要爭取自由的，大家集合，來共同革命。這是革命黨的姿態。今天的國民政府，固不能不顧到法理傳統，但亦不能不顧到情勢要求。它總該有一變通與改革，祇有希望革命成功，大家的政治自由重新獲得，到那時再各有各的政見，各黨從事各黨的活動，來爭取民意，獲得政權。那時纔是普通政黨活動之場地。

國民黨往日的錯誤，在其已獲得政權之後，不能明朗地變成為一個普通的在朝黨，而仍夾雜有以往革命黨之氣味。國民黨今天之錯誤，在其又不能切就實情，變成一革命黨，而仍保守其以前在朝黨之作風。

然而國民黨到底可變，而中共則不可變。共產黨在其先天本質上，其在社會下層向上革命，祇是其手段。而獲得政權以後之從政治上層向下革命，始是其目的。換言之，共產黨祇以運用政治為手段，而以遂行革命為目的。普通政黨則以從事革命為手段，而以運用政治為目的。國民黨自當為一普通政黨，而今天國民黨之重大任務，則並不是專在臺灣行使其政權。而更要的乃在如何重返大陸，完成革命。我們切盼臺灣的國民政府，不要牢守為一個僅由國民黨組織的普通的所謂政黨政府，而該使其變成一積極領導全國性的革命的政府。蔣總統之為主持全國革命運動之領導人，其意義將重大於其為國民黨之總裁。

現在再說及所謂第三勢力。目下則實際並無此一勢力。而且就實際情勢言，殆並不可能真有此一勢力之產生。而我們亦且不復希望真有此一勢力之產生。今天的迫切要求，是在面對大陸中共之極權統治而急速茁壯成一個革命的力量。革命的力量不妨來自多方面，而革命的目標是惟一的，則革命的力量應該是團結的。若使有兩個以上之革命力量，而抱有兩個以上之革命目標，則此種革命力量，勢必互革己命，把力量自我抵銷，而把目標混淆轉移。顯然的，今天全國人心之革命對象是中共，我們祇有在此惟一目標下集中力量，加緊團結。我們祇盼用許多力量對同一目標而革命。我們不盼分散力量，對許多目標而革命。今天的所謂第三勢力，亦如上述國民黨的處境，有它實際形勢上之困難。第三勢力應該是革命的，但今天我們應該瞭解，中國今天實在還有一個合法合理的政府之存在。然若使第三勢力，不是一革命的，而僅祇是一個普通的政黨，則此種勢力，我們自然也祇盼其於革命完成後出現。

這裡有許多實際問題，在今天臺灣的國民政府與一輩急切希望有一種第三勢力出現之熱心革命人士中發生分歧與摩擦。然而若使我們能共同認識當前之惟一大目標，即向中共政權爭取自由之革命的目標。以及分清步驟，即在獲得政治上的自由之後，再發揮各自之政見而互組政黨，而從事合軌道的政治活動之一種應有步驟，則我們認為其他的分歧與摩擦，實在也並無不可解決之真實困難存在。

近代西方在宗教科學哲學上之三大啟示

近代西方人，此兩百年來，在人類知識上，有三大揭示。第一首推哥白尼天體學說之創立，因此使人類獲知我們所居住生息的地球，在整個宇宙中，其所佔地位，是如何般渺小。第二是達爾文的進化論，因此使人類又知自己生命的來源，乃從最低級微生物，逐步演化而來。第三該輪到康德哲學裡關於知識論之一部分，又使人類自知，所謂人為萬物之靈，所謂天擅聰明者，實際其所知識，有一自然所與之限度。

此人類知識上之三大揭示，使近代人類，在其心靈上，發生了甚深微，甚偉大的變化，其勢且將影響及於人類之全部文化，使走入一新方向。惟不幸此三大揭示，其主要意義，尚都是偏在消極方面者。復因其歷時尚短，人類已往文化，傳統已久，積累已深，急切間，此三大揭示之影響，尚難在正面建立上，有所成就。但此三大揭示中第一第二兩項，已成為近代人類一種普通知識，其真確性再難推翻。第三項之嚴確程度，固不能與前兩項相提並論，或可謂仍是一理論，未可認為一知識。然要之此項理論，亦已幾乎成為近代人類所公認。循此理論推演，則人類自身所能有之理解與知識，一切為其自身天賦所限，則其所理解與知識之內容及價值，亦有一種邊限可知。

若使近代人類，對此三大揭示果能有真切體認，深細瞭解，則以往人類傳統舊文化，決然會引生出絕大變化。我們縱謂此兩百年來之文化浪潮，直到今天，而發生了種種病態，使近代人心，逐漸陷入迷惘、苦痛，甚至激盪出大衝突，而幾於有不可一日相安之勢，其最大癥結，即在此三大揭示之真實意義之仍未能普遍滲透進人類已有文化體系中之各關節各脈絡，而發揮其所應發揮之力量，而在此三大揭示未披露前人類舊文化中一切舊觀念舊習慣，猶多存留，未能配合於此三大揭示而改變，而適應，而纔始有今日之種種現象。如此言之，亦未為過。

惟此義牽涉甚廣，極難細論，姑舉其主要顯見者言之，首當及於宗教與科學之衝突。宗教信仰為支撐人類舊文化之主要一柱石，此事不煩再論。而哥馬新說所施於宗教信仰之打擊，其事亦盡人共見。此兩百年來，舊日宗教信仰，日趨淡薄，並生動搖，而又無一適當之代替作用興起。今日一般人所謂人文科學追不上自然科學，而形成現代之文化脫節病，其實則是宗教信仰之日失其重要性，而我們所想望之人文科學，則尚不足以代替宗教之功能。

此兩百年來，宗教信仰日衰，而科學興趣則日盛。人類驟獲哥馬新知，一時內心激動，其情勢如攀高山，墜深崖，心靈驟失所倚，墮落未知底止。一時心理變態，遂若科學發明，可以使人類進窺宇宙之秘，並可使人類進為宇宙之主。一若人類憑仗科學，便可為所欲為，所向無不如志。細究其實，此乃人類一時慰情聊勝無之一種自我陶醉而已。重視了應用科學之物質發明，忽視了理論科學之事實昭示，此兩百年來之經過，因於科學新發明之接踵迭起，物質進步，瞬息千里，然如最近愛因斯坦、羅素等諸人為氫彈危害人類和平之宣言，豈不明白告人，人類科學新知識，已將驅迫人類自陷於毀滅之絕境，文化可以中斷，世界將臨末日，科學知識乃可恃而不盡可恃，科學發明乃可喜而不盡可喜，純科學知識之單線前進，不足以解決人類文化問題，事實昭著，足資吾人之深長警惕。

今還就哥白尼以來之天文新知識言，宇宙如此其無限，地球如此其渺小。又還就達爾文以來之生物進化論之新知識言，人類又與禽獸昆蟲草木，同一系列。在今天人類身上，不論生理乃及心理方面，其可與人類向所鄙視之禽獸比擬並論，歸納為類者，幾至不勝指數。科學知識，既為近代人類所重視，而天文學生物學兩項，在近代科學中，又佔到較高可信任的地位。就此論之，則近代科學新知識，正該教人益趨於謙卑恭遜，而奈何因於在日常生活上，獲得了些許新方便，遂遽爾妄自尊大，認為人類祇要憑仗科學，便能為所欲為，無往而不如意，此種意態，我無以名之，祇有名之為是近代人類心理之變態。

在古人，文化初啟，記憶猶新，未嘗不知人類與禽獸相差之不遠，未嘗不知人類本身地位與命運之卑微，因此醞釀出宗教，一面提高人類地位，使得與上帝相親，如是始在其命運上有一安慰。一面又嚴厲管束人類之心情，使更趨謙抑，即如基督教，乃不許人以人類自己心情愛父母，而必教其以上帝之愛愛父母，又主人類原始罪惡之說，此皆明白對人類心情之不信任。而更教人以謙抑自處，而一自近代天文學生物學新知識相繼揭露，一向為人類所依恃可信託之至善萬能之上帝，創世界，造人類，主宰宇宙，安排命運，此一信仰，已在近代人類心中漸次隱退，近代人類在其心情上乃驟失倚靠，而其本身弱點，又急遽曝露。近代人類，乃始知人類命運，乃以其卑微劣弱之生命，自掙扎於此曠宇長宙渺不可知之無限變化中，而更無其身外之依靠。試問人類獲此啟示，當更如何小心翼翼，謹慎將事，而近代人類乃臨深為高，因於有了幾許科學上技術之新發現，因於能自己支配了幾許眼前的物質，開闢了幾許眼前生活之方便，而轉認為宇宙由我作主，命運由我掌握，自己心情，可以盡量奔放，一任所之。近代人類，乃憑其在物理化學上之少許運用，而忘卻了天文學、生物學上之絕大啟示，關於人類本原所自的幾項新知識之揭露，轉以擱置一旁，而自詡為轉進到了科學的新文化，其實在其科學知識之創獲中，乃輕重倒置，絕未能善自珍重其重要者，而顧妄自驕誇於其所不重要者，此實近代文化病中一主要之癥結。

由於近代新科學之發現，人類於自己理性，過分誇負，稱之為理性之偉大。而不知人類心情弱點，乃與禽獸相殊不遠。即就理性言，誠如康德知識論所指示，理性亦自有其先天之範疇，換言之，人類理性，乃有一種自然先定的格局。人類惟限於能知，以獲所知。至於宇宙間萬理萬事，是否盡已并包於我人類理性範疇之內，此一論題，即為人類理性所不能解決。以前宗教家，以全知全能歸諸上帝，此尚不失為人類之一種聰明。近世人因有科學，乃不信有上帝，然科學亦何能證成人類本身之為全知全能乎，則人類理性之必然有其限度，實是更無疑義。而自康德以後之西方哲學家，無論其主張唯心或唯物，要之皆是憑人類理性所窺，而認為可以盡宇宙之秘奧，此皆無當於康德之所揭示。故近代人雖有哥白尼、達爾文、康德三大揭示，而實未能依於此三大揭示而領導人生趨向一更合理的途徑。

無論為宗教、為科學、為哲學，此三者，皆有一共同精神，似乎皆求揭舉一理性所窺，以懸為領導情感之標的，而對於人類情感本身，則似乎都采一種不信任不重視之態度。惟宗教真理，乃憑於先知直接自上帝獲啟示。此項真理，固可信任否，姑不論於近代科學對此之懷疑，即就現有世界各宗教彼此異同言，亦已難獲定論。故近代西方，乃始有信教自由之一種新覺悟。此一自由，實可目為是近代人類在其文化進展上一大成績。而近代西方之哲學界，乃覬覦於此自由獲得以前之宗教尊嚴，轉求以一家哲學代登此寶座。其人如黑格爾，如馬克斯，無不求以自己理性所窺，懸舉為宇宙真理之全量，指定為人類大道之極趨，此種意態，若僅見之於言辨著述，為禍尚少。若真見之於事為措施，其為禍實烈。此事即可在目前取證。馬克斯唯物史觀，認為是一種科學的歷史觀，而共產主義幾乎成為一種新宗教。此即近代人類，不由科學得謙遜，而於科學得狂妄之最足警惕之一例。至於一切科學發明，彼輩皆謹守繩尺，僅在物理化學上探究，僅從技術方法上改造四圍物質環境，求為人生謀幸福，近代文化，亦由此發大光輝，此事無可否認。然人類本身弱點，為向來宗教家所極端重視者，科學家則忽而不顧。於是乃有如最近原子彈、氫彈之發明，使世人相驚以為將使人類加速達於自取滅亡之途，此見科學哲學宗教之三者，實未能妥貼安排，為人類此後新文化，闢一康莊。

茲再綜合言之，現世界人類所有各大宗教，既未能融匯合一，又與科學新發現多相牴牾，亦未能盡量消釋，因此現有宗教勢力，將不能獨力擔負此人類新文化開創之重任。而科學新知，則現代人類，方僅迷醉於其眼前實利，而於大理論方面，有關瞭解人類自身意義者，如天文學、生物學所揭示，乃未為現代人所細心領悟。卻未能於積極方面醞生出新理智。至多在消極方面搖動了舊信仰。至於哲學、思辨，就已往成績言，有所見，亦各有所蔽，又多各走極端，既不能如科學發現之成為人人首肯之一種知識，亦不能如宗教激勵之成為人人感動之一種信仰，而僅為少許人之一種理性之試探，則其更不能獨力擔當此文化新生之重任，更屬易知。則現代人類，如何脫出今日困境，而覓得開創此後新文化之一種指導力量，其勢必須於現有宗教科學哲學之僅有成績外，再有所尋覓，其事亦甚顯。

竊謂今日人類所當首先努力之惟一工作，厥為先求認識瞭解人類之自身。此事依於近代科學之所昭示，人類乃與禽獸動物同一系列，由彼進化而來。則人類本身之一切情感，其實當受重視，決不當轉低於人類之有理性。蓋人類理性之出現，正由於其有各種情感之在不斷演進中而逐漸開展以成者。故人類理性，實建基於其情感之需矯正需領導而產生。則理性當還就情感，勿忘本來，始能善盡其職責。若昧此不顧，而先就理性來追求宇宙最高原理，求以理性來代替宗教信仰之上帝，而認其為全知全能，走上如近代哲學家所爭辯之唯心唯物，欲以哲學思辨所得，奉為人類一切之規繩。其事亦乃如近代科學家之分門別類，向宇宙萬物逐項追尋，而祈求獲得一博大會通之最高真理。當知此等希望，皆已越出了人類理性之可能。若求從此向前，而先自蔑視了人類之本身情感，而期求由理性來懸空建立一最高真理以為一切情感之指導，則此項理性之發現，常易陷於不正確，陷於武斷獨裁，亦決非指示人文前進之康莊大道，其事亦不煩於詳論。當知人類情感，固是與禽獸動物在同一系列中演化而來，然人類情感，確亦有與其他禽獸動物相異處。此在中國儒家所謂人之與禽獸相異者幾希，惟此一說法，最為平允的當。因人與禽獸固是同一系列，大體相似，而仍有其幾希之相異。中國儒家舉出仁義、忠恕、敬愛諸德，此皆屬於情感方面，而與其他禽獸動物之相異幾希處。此亦千真萬確，無可否認。當知此乃事實，屬於知識，非思辨，僅屬理論，亦非啟示，當屬信仰。人類理性所貴，正貴其能實事求是，面對現實，即於此等人禽幾希相異處善為指導，使人生有一共同可循之坦道，而循之益益向前。此始為人類文化前進一惟一之方向。

故主張以理性指導情感，此乃世界人類走向文化理想之一大同步驟，宗教、科學、哲學，皆在此方面努力。而即就人生自身現實，即就人類自身情感，而善為檢別，善加指導，以求善盡其人類理性之可能職責之一項努力，則其事惟中國儒家思想，最能扣緊此中心，故能即在平實處見精微，而此種努力，則為古今並世各民族各派思想所勿逮。故中國儒家，乃非宗教、非哲學、非科學，而獨有其另闢途徑，以為人類文化向前指示一套真理之偉大成績。

惟其人類理知自有限域，故惟中國儒家思想，最見為有恭遜謙抑之態度，而由此上達，在中國儒家思想中，實蘊藏有一種至崇高的宗教信仰，蓋儒家乃主本於人以達天，不主先測天以律人。此其所以為謙抑。中國儒家思想亦可謂是一種哲學，然此項哲學，扣緊人生實際，不主從宇宙大全體而探尋其形上真理。換言之，中國儒家思想，乃面對人生現實，面對人類情感實況而運用其理智。非先忽視於現實與情感，而憑空運用理智來建立一真理，而就之以批判一切現實，與主宰一切情感者。故中國儒家思想，雖若與近代新科學取徑不同，其實儒家重知識，其求知識又貴證驗，不重玄思。此一態度，正是最謹嚴的科學態度，故中國儒家思想，至少可謂是創建一種人文科學之初步試探。抑且儒家既明認人與禽獸相異幾希，故於人生實務，利用厚生，如《中庸》所謂「盡物性」，亦與科學實用精神相通。故求能磅礴會通於科學，循序上達於宗教，而自成一套哲學系統，而又不趨向於極端，常求中庸平實，以期人類知能之共同是認，此惟中國儒家思想有此內德。故若將中國儒家精義，會通之於近代西方宗教科學哲學之三分鼎立，不相統一之局面，而為之調和折衷，宜可為當前人類文化新趨展示一新向。

新三不朽論

今年適逢孔子二千五百年的誕辰。孔子的自然生命，雖在二千五百年之前，但孔子的精神生命文化生命則至今尚在，抑將永遠無極。就自然生命言，社會亦不是一個薄平面的。有幾天幾個月的嬰孩，有八十九十的老人，同時並在。若你一檢點你的精神生命，你有剎那現前的感覺，有十年二十年前的記憶，乃至遠從千百年流傳下來的觀念信仰等，雜然並陳在你的腦際。這正如縱目平野，有朝生夕死的小草，有春榮冬萎的花卉，亦有幾十年的樹木，亦有幾百年以上的老松與古柏。長長短短，同時進入你的眼簾。一個文化生命更其是如是，你若輕易地說孔子早已死去，你便是不懂得精神生命與文化生命的意義。

人孰不願不死，神仙長生術的試探，現代科學家尚無此勇氣與興會來繼續古人的幻想。但人類除卻百年大齊的自然生命以外，實在可以有一個不朽的精神生命與文化生命，這也並不是如宗教家所想像的靈魂不滅。在孔子以前，中國人已有立德、立功、立言的三不朽說，這實在是人類祈求不朽的最合理的觀念。孔子平日的行事與教訓，可說直從他以前那種三不朽說遞傳演變而來。我們今天來紀念二千五百年前的孔子，我想莫如再把這一種人生不朽的理論來重新闡發一遍。我在將次十年以前，曾有一篇靈魂與心的文章，用意即在闡發中國人歷古相傳人生不朽論的精義。這篇文章，擬把前篇靈魂與心的文章中所未及之義，再加申述。本文取名新三不朽論，擬從西方歐洲人對於不朽的觀念，以及佛教裡面的不朽論，用來與中國人歷古相傳的三不朽論，經孔子乃及此下儒家所發揮完成的一番人生理論相互比較，以見世界哲人對此人生如何可以不朽的儘可能已有的幾種想法與說法，來貢獻於當前這樣的亂世。大家正草草地過活，深苦於求生不得求死亦不得的當兒，這或許是我們來紀念孔子二千五百年誕辰的一個較有意義的題目吧！

讓我們先從西方較古的希臘哲人柏拉圖說起。柏拉圖本亦信有一種靈魂輪迴說，我已在那篇靈魂與心的文章中提到過，此處不擬詳說。此文所要說的，則是柏拉圖學說中那番最著名的關於觀念的理論。就常識言之，人生如朝露，世事如浮雲，總沒有歷久不變的。若再深刻言之，世態永遠不息地在變，而且頃刻頃刻地變，剎那剎那地變。前一形態消失，後一形態出現。即在它出現的頃刻，便已是它消失的頃刻。自然界萬象如此，人生一切又何莫不如此。中國哲人莊周已說過，「萬物方生方死，方死方生」。這是說，在他生的當口，便是他死的當口。在他死的當口，便又是別一個生的當口。自然界萬象乃至人生一切，莫不是刻刻生刻刻死。換言之，即是刻刻在變。變是一種相異無常。所謂相異無常者，即是說前一刻即異於後一刻。每一刻的存在，僅存在於這一刻。別一刻的存在，決不與這一刻之存在相似。刻刻變異，即是刻刻無常。這一個真理，無論古今中外，祇要你稍稍認真，能用你的眼睛仔細一看，能用你的頭腦仔細一想，此乃一種自現不爭之真理。無人不會不瞭解，也無人不會不首肯。然而人生在此相異無常的世態中，卻總想把捉到一個一如真常的境界。否則人類在此刻刻變時時變的情況中，實在將感到無法生存，無法過活。這並不是一種不近人情的哲學家之空談。好在我們正生在這一個驚濤駭浪變幻不測的亂世，人人要感到後一分鐘的世界，與後一分鐘的我，極度搖蕩，像時時有一個不可預知的變動緊逼相隨。上述的一番哲理，更容易使我們領略，不煩細論。

柏拉圖的觀念論正是針對著這無可奈何的相異無常的世態而發。即如你眼前見一紅色，你必將口裡說或心下想，我見了一紅色。其實紅色是相異無常的，刻刻在變，息息相異。若認真說來，前一秒鐘的紅色，決不與後一秒鐘的紅色相同。紅色是無常的。說得明白一些，在這世上，可謂根本並無紅色存在。當下存在的，當下即消失了。後一剎那之所見，並非即是前一剎那之所見。凡屬存在的，全是無常。凡屬無常的，即是不存在。人生無常，祇有百年，百年後即不存在，此乃一種常識，並不的確。我們該說人生無常，祇有剎那，剎那後即不存在。人生如此，世態亦如此。現在你說見一紅色，你將感到紅色確然存在，而此刻為你所見。如是你將設想別人同時也可見此紅色，而且你在異時，仍可見此紅色。其實在你同時，別人所見，決不與你相同，而你異時所見，也決不與你此時所見相同。若凡有所見一切不相同，即不該與以一個一同不異的名呼。現在你說此是紅色，其實並非在你外面有此一紅色，而是在你心裡有此一觀念，而名呼之曰紅。自從人類在其剎那相異頃刻無常的所見中，開始產生觀念，總之曰色，渾之曰紅。於是把一個相異無常的實境，一轉瞬變成一個一如真常的幻想。火的紅、燈的紅、太陽的紅、桃花的紅、血的紅，女人嘴唇的紅，先後所見，彼此所見，其實各見各不同，而你用一個同一的觀念來會通為一，呼之曰紅。這一個紅（指觀念言）是永不褪色的，永遠存在的。紅永遠是紅，紅色將時時復活，（其實是紅的觀念時時復活）時時再到我眼前，時時再上我心中。好像外面世界裡真有一個紅色之存在。

同樣說到形。你說我見一方形。其實方形各各不同，此一方並非那一方。而在人心中自有一方之觀念產生，遂覺世界上實有一個方之形永遠存在永不變形。惟其永遠存在，所以時時能在人之眼前心中再現。再現即是復活，復活即是永生，永生即是不朽。祇要世界不滅，此紅色，此方形，必然常存，必然復活，必然永生。實際則祇是人心中自造的一觀念。

形如是，色如是，人類之所謂種種真理，亦莫非如是。譬如說二加二等於四，此非形，亦非色，亦非專指某一堆的實物，而為超形色超實物之一種真理。古如是，今如是，萬萬世之後仍將如是。東方如是，西方如是，凡有人類居處莫不如是。豈獨如上云云，若使火星或他天體有生物，有算理，二加二仍是等於四。此謂真理，一如真常，不能說其頃刻無常，剎那相異。其實此種真理，亦出自人類心中之觀念。若人類心中根本無此觀念，則世間根本上亦並無此等真理存在。

如此牽連而下，勢將涉及玄理，我們不妨就此勒住，再來說柏拉圖的意見。柏拉圖的觀念論，並不像我上文之所述。柏拉圖乃真認為有一觀念世界在此現實世界之上，或說在此現實世界之先。此一觀念世界，乃一真常不變者，因此亦為圓滿無缺者。由此觀念世界墮落下降，乃始有互異無常變幻缺陷的現實界。柏拉圖把由人類心中所產生的觀念，倒裝在自有宇宙萬物世態人生之前。這一理論，其真實與否，此處暫不討論。惟有須特別一提之點，當知西方哲學界，直到今天，仍然主張物質世界之上或先另有一精神世界存在。此一精神世界不斷在此物質世界裡展衍開露。這一種說法與想法，實在遠從柏拉圖思想導源。此一派思想，普通都稱之為唯心論。而即在唯物機械論一派接近自然科學的哲學家們，也都想在此互異無常的現實世界之背後，來尋出一個一如真常更不變動的真理，作為這一個互異無常變幻不居的現實世界之本體的存在。唯物論雖若與唯心論主張不同，其實他們的思想根源，也可說還是與柏拉圖的觀念論血脈相通。

以上述說，祇在柏拉圖的觀念論，以及近代西方的哲學科學思想，都有在此變動不居的現實世界裡面找尋一個一如真常的不變本體之要求的動機。換言之，此是一種想望不朽的動機。惟此種不朽，縱使真實，也祇是外面世界的不朽，卻非人生本身的不朽。深入言之，則此種不朽，祇是一種觀念的不朽，或說是理智的不朽。卻還與人生不朽隔一層。如是則仍與人生要求不朽的真動機隔一層，仍不足以滿足人生之真要求。所以歐洲人無論在哲學界科學界，都還不夠滿足人生，不得不別尋出路。讓我們轉移目光，來一看他們的文學。西方文學有一特殊色采，即是他們的文學，始終脫離不了男女戀愛的題材。男女戀愛在西方成為人生問題中一極嚴肅極認真的問題，這並不是偶然的。愛情正是人生在互異無常中屢屢重複出現的一件事。中國人也說：海枯石爛，此情不變。人生在戀愛中，卻真可嘗到一種不朽的滋味。就如上文所說，觀念的不朽，以及理智的不朽，都是一種形式的。所謂形式，是指其為抽象非具體的而言，非具體的，即是指其不包有任何內容的。如紅的觀念，祇是一種形式，抽象而不具體的，不包任何內容的，並不專指著火之紅、燈之紅、太陽之紅、血之紅、女子嘴唇之紅之任何一實體之紅而言，乃始成為一觀念，超出現實，而獲有一如真常之地位。若一落入現實中，則任何一種紅色，永遠在變，時刻在變，又且永無再現之機會。永不再現，即是變幻不實，正是人生所求逃避與擺脫的。男女之愛，無論其如何真摯，如何純潔，卻必有一對象。有對象即有內容，即落具體，對象消失，即愛情變成悲劇，東方人則較著重於夫婦之愛，較不著重於男女之愛。這裡邊有一分別。男女之愛，不能無對象，無內容。夫婦之愛，則比較超對象，超內容，而漸接近一種形式化。祇要是夫婦，則瞎眼也該愛，缺嘴也該愛，形式的是空洞的，因而可以少變。因而可以是一如真常。如是言之，夫婦之愛，已由愛情轉入了道德。西方哲人像康德，主張道德是一種先天性的，道德的最高境界，應該到聖人復起無以易此的地步。這便是說，無論何人處此境界，他的所作所為，必定像我今日般，沒有變異。這猶如二加二等於四，這即是一如真常。這即是說，祇要我的與境復活，我的那套行為也必然復活，再無更動。此即是一種不朽。而此種不朽，仍然屬於形式的，仍然是一種理智的不朽。像康德般的講道德，勢將如東方人之講夫婦之愛。理性的容易是形式的，形式的容易是空洞的、冷靜的。人生之真要求，仍不能在此上得到滿足。

讓我們再轉移目光，來看西方之宗教。斯賓諾莎在男女戀愛上失敗了，卻轉移精神到對上帝的愛情上面去。男女之愛不能沒有一個特殊對象，因此，即落具體。一落具體，即不能真常一如。不能真常一如，即陷於變幻不實。宗教的愛是愛人類，正如紅色，如方形，是一個觀念。觀念可以不落具體，可以一如真常。祇要人類不滅，則此種愛即復活，能復活即是永生。耶穌在十字架，即是此種人類愛之最高象徵。祇要人類不滅，耶穌在十字架的那番心情，必然會復活，必然會再現。所以耶穌在十字架，便是人生之真實不朽，即是永生之最好的模樣。

然而人類的觀念，一樣容易陷入形式，陷入空洞。男女之愛並不是男的愛女，女的愛男。他之所愛，一定有一個可愛的具體條件。男的或愛女之風流，女的或愛男之英俊。有條件才能生動。愛人類是無條件的。耶穌十字架兩旁的竊盜，也在耶穌之愛中，世界上凡屬人類，全在耶穌之愛中。何以人該有此無條件的愛，這便須有一理由。形式的總容易是理性的。耶穌教認為人人是上帝之子，所以人人盡該愛。正如上述東方人道德觀念，他是我的妻或夫，所以瞎眼也該愛，缺嘴也該愛。既是理性的，則容易是冷靜的，其中道理，不難自明。在這上面，我們可以說明，何以歐洲人在哲學上科學上都不能滿足人生之真實要求，而必有待於宗教與文學，而宗教與文學又是一樣地不能滿足人生之真實要求，而互相有待。耶教高唱博愛精神，而每易流入不容忍，甚至於互相殘殺，如宗教革命時期之所表現。正因其是一種偏形式偏理性的傾向。其實西方耶教與西方哲學科學還是同根連理，一鼻孔出氣。而西方人的男女戀愛，永遠得成為他們人生偏枯之一服大溫補劑。要之則為人類對人生不朽之一種內心的深邃要求，則四者同於一根。

現在再說一些佛教的理論。小乘宗的靈魂不滅論，也已在我靈魂與心的那篇文章裡說過，現在要說的，是大乘佛教中所提出的涅槃理論。涅槃是一種心理境界，是人心的一種寂滅境界。上文說過，世態人生，剎那地在變，頃刻不住，瞬息無常。此一種現象，也都在人類的心之覺識上認取，所以佛教常說，三界唯心，萬法唯識。人生最感痛苦者，即是那瞬息的變，瞬息的不住與無常。歐洲人用理性來尅滅這一種不住與無常。佛教則不用理性而改用觀照。世間更無剎那的理性，祇有永恆的理性。愈是永恆，愈見其為理性，剎那的決不成為理性。而佛教正在教人捉取此剎那。剎那剎那相異，剎那剎那不住，若你果能在此剎那上觀照，則上文已說過，剎那存在，同時則是剎那消失，消失存在，同此一剎那。因此剎那觀照，並無內容可言。既無內容，自無同異可論。既無同異，亦無消失存在可辨。不住即住，住即住此不住。無常即常，常即常此無常。此之謂寂滅。寂滅祇是在觀照上不起波瀾，不生變化，永永如此。此即是涅槃境界，並非取消形式，而實為一種絕對的純形式。歐洲方面的形式是理性的，而佛教的形式則為一種非理性的，理性即可謂形式的無內容之內容。今從形式中排除理性，所以稱之為絕對的純形式。

佛家對此絕對的純形式之觀照，有時由體言，稱之為識，有時由用言，稱之為念，亦有時稱之為見。你在剎那頃必有所見。你若稱此見為紅，或稱此所見為太陽之紅，此即賦所見以內容。此即是你之觀念，亦即是你的理性。此在你所見上已起了一波瀾，已將你此剎那所見，與前一剎那所見勾搭連合，由你理性組織之，而始有此紅的觀念在你心上浮現。其實前一剎那早已消失，何得與此一剎那勾搭連合。而且此一剎那亦已在此一剎那頃消失不復存在，更何從說此一剎那你有所見，而且所見又是紅色，又並是太陽之紅呢？然而此一剎那實有所見，此一剎那頃之消失，即是此一剎那頃之存在。所以說色即是空，空即是色。色如是，聲亦如是，形亦如是。人生一切盡如是，生亦如是，死亦如是。若專就見而論，即是見性不滅。若統就識而論，即是佛性不滅。人人具有此識，所以人人具有此佛性。所異者，佛能使此性寂滅，而眾生不能。正因眾生有理性，佛則並此理性而空。然亦衹是空此理性。並非並見與識而一切空。若並見與識而一切空，則是枯木死灰，成了無形式的，而非純形式的了。佛家之純形式的觀性，即是佛家之最高理性。佛家之最剎那的觀照，即是佛家之最永恆的真常。

現在再明淺申釋：你若見所見為色，便與見形互異。你若見所見為紅色，便與見綠色互異。如是則使你墮入無常的煩惱中。你若衹是此當下現前之一見，莫思前，莫想後，不加識別，不加思維，則此一見，本性空寂，並無內容。當知你認為是所見之內容者，並非真屬所見之內容，而是將你以前另外之一見，勉強塗附，而始見其有內容。無內容而有此見，乃為純形式之見。亘古亘今，衹要有一眾生有一見，將無不與此見相同。見與見之所由不同，乃由於人在見上加進了內容。此之謂我見。內容盡屬我見，有內容便相異，有相異便有生滅無常之苦。無內容便無相異，無相異始能一如真常。如是人便到達了涅槃境界，此是滿足了人生不朽的要求。我將名此種不朽為寂滅的不朽，以示別於歐洲人理性的不朽。

理性在歐洲人，常視為用來滿足人生欲望的最佳工具。數理是最形式的，最理性的，然而同時也是最功用的。火之紅，可以燃。燈之紅，可以照。太陽之紅，可以煦。女子嘴唇之紅，可以吻。一切的名呼識別，一切的觀念與理性，其背後都有某種人生欲望為之驅遣調排而始成立。即有生理上某種欲望之要求與滿足始產生心理上之某種識別與記憶。因此一切觀念，一切理性，並不與外面事物之真象相符合，卻祇求與自己內心的欲望要求（即我見）相符合。一切觀照內容，全由觀照者自心之欲望而填入。然而欲望將永遠不得終極的滿足。一欲望滿足了，另一欲望即隨之而起。佛家的人生觀，即在根本掃淨一切欲。人欲淨盡後之觀照，始能達到純形式的境地，始能符合於當下現前事物之真象。我們對佛家理論，同樣不想從此再往深處敘述。即就上文所論，可見佛家必然地將由宗教的轉變而為哲學的，又由哲學的轉變而為人生日常心智之操習與修養方面去。但佛家這一種心智之操習與修養，將永遠走不上歐洲方面科學的途徑。而佛家對於男女愛情，勢必澈底排除，始能到達他們所理想的觀照境界。至於佛家對於全人類的人生問題，既是如此關切，他希望人們完全由他所指示的路向而到達人生不朽境界，那便算是佛家的大慈大悲了。

茲再將上述印歐兩方對於人生不朽論之大義重加申說如次：自然生命是無法不朽的。所能不朽者祇在精神生命與文化生命。而所謂不朽，則祇是求其能在人生中再現。一番再現，即是一番復活。而所謂再現，則祇是形式的，而非實質的。人生的某項形式，若能在人生中普遍再現，恆常再現，這即是一種人生之廣大與悠久。就實質論，剎那變滅，互異無常，祇有超實質的形式，始能普遍再現，永恆復活，人類的精神作用與文化功績，便在其能超實質而趨向於形式化。然而形式必附帶有內容，附帶有實質。精神生命與文化生命必依著於自然生命而始有其切實之存在。因此形式乃超實質的而同時又必為包涵有實質的。形式價值之高下，即由其所包涵之實質量之多少而為判。因此精神生命與文化生命之價值高下，亦一視其所包涵的自然生命之實質容量之多少而為判。人生現象中，最能普遍再現永恆再現者，莫如人與人間之相互的愛。其偏傾於實質方面者，莫真摯於男女之愛。其偏傾於形式方面者，莫偉大於全人類之愛。然因男女之愛所包涵之實質內容量太重，常使其不能超脫內容而躋於理想的形式化。全人類之愛，則又因其所包涵之實質內容量太輕，往往易於陷入形式化而漏卻了真實的內容。男女之愛，形成一種文學的人生。全人類之愛，形成一種宗教的人生，各有其不朽的價值，而亦各有其偏弊。

孔子的人生教訓，亦注重在一種全人類之愛，此即孔子之所謂仁。惟耶教之全人類的愛，必通過上帝或上帝之心而始有其可能。上帝或上帝之心，則祇是一觀念，祇是一理性。換言之，即祇是一形式。耶教的弊病，往往容易在上帝或上帝心之形式中轉把實際的自然人生漏掉。因此歐洲人不得不把男女之愛來填補此缺洞。然而男女之愛，又嫌對自然人生之實質上的願望與要求太濃厚，不免要損礙了精神人生之純潔的形式化。孔子的全人愛，並不須一上帝作仲介，並不要透過上帝之心而始到達全人愛之境域。孔子亦不過分提高男女愛之價值，孔子祇在自然人生中指點出一個親子之愛來過渡到全人愛。親子之愛所包涵的自然人生之實質量並不見其輕減於男女之愛，而實更為一形式性者。男女之愛，可以自由挑選對象，在愛的對象上附有自然人生種種實際條件。此諸條件，則盡屬自然人生種種具體的欲望與要求所形成。親子之愛，在基本上不再有條件，不再有另外具體欲望之羼入。男女之愛的對象，可以自由轉換。轉換的動機，則起於自然人生中某種另外的欲望。親子之愛的對象，將不可能自由轉換。親永恆為親，子永恆為子。親子間的愛情，出於自然。親子之愛，乃以自然純潔之愛為基礎，為出發點，而容許其增入某種相互間之欲望者。男女之愛，則往往由某種相互間之欲望為基礎為出發點，而始達到於愛之領域者。耶教認上帝為天父，此乃象徵於自然人生中的親子之愛而轉換到另一種形式，才始到達其全人愛之境域，儒家思想則祇主老吾老以及人之老，幼吾幼以及人之幼，即由自然人生中的親子之愛，直接推廣，直接引伸，而達到全人愛之境域。故耶教之人生不朽，必由自然生命中超脫逸出，而始到達於精神生命。此種超自然的精神生命，以其過分用力擺棄自然生命而容易有害於文化生命之發展。孔子教義則即在自然生命中獲得其精神生命，故於文化生命之進展可無妨礙。歐洲耶教人生中，不免要有一番文藝復興的運動。此種運動，簡率述說，則為一種由上帝靈魂之愛轉向於男女肉體之愛之一種運動。自有此種運動，乃始有近代歐洲之新文化。然而男女之愛，又不免偏傾於自然人生之實質方面，容易陷入變幻消失之苦惱。於是遂有機械唯物論一類極端理性的主張，以及重新創建上帝心的近代哲學界之一番努力。孔子教義始終未曾超脫自然人生，而已到達精神人生之境界。

即由自然生命為基層，而向上建築其精神生命之園地。故在中國實不須有，亦不能有像歐洲般的一種文藝復興。中國人對男女之愛之價值觀，常常輕於夫婦之愛，而又以夫婦之愛隸屬於親子之愛。在中國人觀念中，對於男女之愛，實不需如佛教教義之澈底剷滅，亦不需如歐洲思想在文藝復興以後之過分抬高。中國人觀念中之男女之愛，仍有其存在，而僅次於夫婦之愛，而夫婦之愛又次於親子之愛。所以有此分層，則為顧全到達於全人類之愛而不得不然。如是則易於使人認為孔子教義為全屬一種道德性者。然孔子與儒家思想中之道德觀，仍復與西方近代哲人如康德的道德觀有分別。康德之道德觀，乃想像有一個超越自然生命以上之精神界，發出一種先天必然的命令，而始於自然人生中有道德的意識。孔子教義，則即在自然人生的基礎上，建造道德人生而完成精神生命之領域。故歐洲人之文化觀，常見為精神生命戰勝自然生命之一種產物，而中國人之文化觀，則為即從自然生命中創造出精神生命而形成。換言之，歐洲人的精神生命，乃超先於自然生命之上之外，而中國人的精神生命，則植根於自然生命之中，而逐次發展完成。故由孔子教義論人生不朽，實即不朽於自然生命之裡，而非必須超脫自然生命，擺棄自然生命或剋制戰勝自然生命而始有其不朽。科學在孔子教義裡，也有其地位，而亦將為次級性者，不能如在歐洲與宗教相對立。此為孔子教義中之人生不朽觀，所由與印歐雙方絕大不同之相異點。

然則孔子教義，實為一種形式與內容並重，抽象與具體兼顧，自然與精神交融的一種教義。

故在孔子教義中，理性的價值不得不減輕，而仍有其地位。功利的觀點不得不降低，而仍有其存在。道中庸而極高明，人人在親子之愛夫婦之愛裡面，可以領略到人類的一如真常的愛的情景與滋味。人生之最真切處為情，而情的最真常處為愛。愛必在人生中普遍再現，永恆復活。祇有領略到人生的愛的情味者，始有其不朽之存在。愛必然是具體的，有實質的，有內容有對象的。而同時又得不害其是抽象的，形式的，無內容與對象的。我愛父母，祇因他是我的父母，我愛子女，祇因他是我的子女，更不在父母子女之外另加條件，另加具體內容，必具某種條件某種實質之父母子女，而始有我之愛。此種愛則加進了我之欲望，而附帶有理性與功利的觀點者。男女之愛，常不易脫出此種具體條件與具體內容，故男女之愛終必帶有一種理性，終必帶有一種欲望與功利觀點。祇有親子之愛，中國之所謂天倫，乃始純粹屬於自然人生之支配。而即就此自然人生中自然創造出精神生命。人類文化進展，即由此植基，由此導源。故孔子教義，專以孝弟為仁之本。必在此本源上，乃始許有理性之運用與功利觀之活動。理性與功利觀全屬次級性者，不能先由理性乃始引導出愛，西方宗教人生裡的上帝信仰，則是先由理性而導出人類之愛者。亦不許先由功利觀點乃始導出人類之愛，西方文學人生中的男女戀愛，實是先由功利觀點乃始導出人類之愛者。此處可見中國人心中所認之理性與功利，與歐洲人心中所認之理性與功利之相異。故在孔子教義中，上帝信仰與自由戀愛，皆不重要。而亦非必然將剷除其地位與價值。有人懷疑孔子高提親子之愛，將不免有時要違逆人類的理性，其實宗教人生中之上帝信仰，雖必經人類理性之洗煉而成，又何嘗不有時違逆了人類的理性？文學人生中的男女戀愛，雖經由人類的功利觀點與欲望要求而發展，又何嘗不常常與人以苦痛與束縛？但在人之理性上，可以不能信有上帝之存在。在人之功利立場上，可以永遠找不到一戀愛之對象。（若在男女異性愛之自然疆域中，便無失卻對象之虞，可見自由戀愛已超越自然人生而進入精神人生中，而此種精神人生，則實為挾有功利觀點者，惟此處功利一語乃廣義用之。）而在自然人生中，則自然必賦與一親子之愛之自然心境而無人不可得。（孔子偏講孝，不偏講慈，亦為此故。人人必得有父母，卻不必人人可得有子女。）故在中國人生中，人人盡可得此一份不朽人生之經驗。而在歐洲人生中，雖人人可見有一不朽之外界存在，而不必人人盡可得此一份人生不朽之經驗。在佛教人生中，人人若經一番心境界之操習與修養，應可人人盡獲一份人生不朽之經驗，然佛教教義，乃在排斥自然生命而始獲有此種精神生命之經驗，乃亦由此精神生命而復將取消文化生命之展衍者。孔子教義則即在自然生命中教人獲得精神生命，而復由此精神生命走上文化生命的悠久前程。

孔子這一種不朽論，我們可以稱之為人文的不朽論，亦可稱之為性情的不朽論。孔子講愛，即在自然生命的性情上講，即就自然生命中之性情上建立起精神生命與文化生命。今天的世界，全在極度動亂中，尤其是今天的中國，更在極度動亂中。人生草草，今日不知有明日，今日也不能回想到昨日。那裡說得上性情？那裡說得上文化？然而剎那存在，即是剎那變滅，世態人生的本質，早就如此。人生之可貴，正為能在此無住不常的變動中找出一個一如真常的境界來，好讓人安身立命。我們在今天那樣動亂的世界動亂的中國來講一些不朽人生的真理，來講一些仁與愛的不朽真理。尤其在今天的中國，仇恨鬥爭殘忍殺伐的氣氛瀰漫著，民族文化到了存亡絕續之際，來紀念孔子二千五百年的誕辰，來講孔子的人性文化的不朽真理，我想也該是頗有趣味，頗有關係的。

學與人

欲求瞭解一民族之文化，當先瞭解此一民族之人生，即此民族中人之所以為生者，而更要則在瞭解其所學。若使人而無學，則其生常在自然原始階段，將無文化可言。

今試舉中國與西方為例，而先提出一問題。究是為了人而始有學，抑是學可以外於人而存在，為了尋究此學而始須人之努力從事？換言之，究是由學來完成人，抑是由人來完成學。再換言之，一切學是否為人之主觀而引起，抑有其客觀自存之地位。由於對此問題之答案相異，而遂引起雙方文化之莫大相異，請繼此略作申論。

其實此兩答案，亦若各有理據。苟非人，如何得完成學。苟非學，亦如何得完成人。而且此兩面，亦是相互會通。由人來完成學，由學來完成人。如一條線，由這頭到那頭，亦可由那頭到這頭。循環相通，彼此如一，極難說誰是而誰非，或誰先而誰後。然而在此共同道路上，或從這頭起，或從那頭起，各自向前，可以愈走愈遠。回頭來看，可像各走一線，渺不相涉。而且距離日遠，難於會合。

西方人似乎很早便看重到各種學問之分類，似乎認為每一項學問，都有其客觀之存在，與其各自的終極境界，而有待於人之分別探討。因此學與學間，分疆分道，而待人以各不同的方法，各走各路，而形成為各種學問之專家。如哲學家文學家藝術家宗教家自然科學家等皆是。如此，則是由人來完成了學。當然，此諸學，亦同樣可於社會大群有其各不同之貢獻。但深一層言之，則是學為主而人為從。各種學問，各有其客觀之存在，即外於人而存在。而人之努力，則祇為發現此學蘊奧之一工具。此一趨勢，直到近代，愈演愈烈，循至為了學而失卻了人。因每一人祇附屬於每一學，而又是附著於每一學之分枝小節上。皓首腐心，循至除卻其所學，乃不見其人之存在。學問上的分工愈細，而從事於學的人，則奔馳日遠，隔別日疏，甚至人與人不相知。會通合一在其學，而不在其人。而人之從事此學者，又多不知此學之會通合一究何在。若有知者，乃屬少數中之尤少數。故使學愈大而人愈小。人之地位，乃為其所學所淹浸而吞滅。

中國觀念則不同。中國人似乎很早便認為學祇為人而有。一切學之主要功用在完成人。人的本身則別有其存在。此一存在，則自有其理想與目的。即是說，人必該成為如何樣的一個人。而其從事於學，則衹為追求此理想到達此目的之一種手段與工具。因此，在中國觀念中，重在為人分類，如聖人賢人，大人君子，善人惡人，智者愚人，非常人與庸俗小人等。而一切學問之分科分類，則轉屬第二層次而忽略輕視了。

在中國觀念中，好像一切學之共同出發點是人，其共同歸宿點仍是人。人是主體中心，由此主體中心之種種需求而展演開放出種種學，學本非外於人而存在。種種學既無其獨立客觀之存在，故無為之嚴格分類之必要。換言之，人為主而學為從。每一學之背後必有人，人之重要遠勝於其學。治學者，貴能從學之後面來認識人。再來完成其自我。待其既完成了一人，自會由其人展演出一套學。因於各人才性不同，所生時代所遭環境又不同，於是其所展演完成之學亦不同。而主要尤在學者之所志，與其及身當世之習俗與風尚。故孟子曰知人論世，亦即所以論學。要之學衹包括在人事內，不能超出於人事外。

姑舉孔子為例。孔子博學而無所成名。極難說孔子是一思想家或哲學家，亦不當說孔子是一政治家或教育家。孔子心中衹想學做一人，而後世亦衹稱孔子為聖人。孔門之學分四科，曰德行、言語、政事、文學。政事中又分理財、治軍等，言語乃謂國際外交之應對辭令，此皆指實際行事言，文學乃實際行事之已往經驗之種種記錄。德行則包括此三者，而能會通合一。所謂「君子不器」，不偏陷於以一專長自限。而尤要在用之則行，舍之則藏，不汲汲於求表現。如閔子騫、仲弓，皆曾在政治上小有所試。而閔子曰：「如有復我者，則我必在汶上矣。」可證其人格之完美與傑出。而顏子尤為德行之選。要之在學之上更有人。顏子曰：「如有所立卓爾，雖欲從之，沒由也已。」此指孔子其人，不指孔子之學。顏回深知於此，故孔子尤稱顏回為好學。

孟子曰：「乃吾所願，則學孔子。」而又曰：「禹稷顏回同道，易地則皆然。」皆然者，同為一理想的大聖與大賢。做人是第一事，做了人始能處世，始能成學。顏回若易處禹稷之地位，顏回亦必有一番表現，非謂顏回亦必成一水利專家與農業家。禹稷若易處顏回之地位，則亦將一簞食、一瓢飲，在陋巷，此皆指其為人言，不指其成學言。

屈原在後世，被稱為一文學家。然屈原當生心中，並不想成一文學家。屈原關心君國，有所憤鬱，偶爾發洩，遂形成一種絕上乘之文學作品。若屈原在孔門，既兼言語、政事、文學之三科，而亦上躋於德行之一科。若必以後世所謂文學家相繩，則屈原弟子宋玉，庶乎近之。因宋玉祇知學屈原之為文，不知學屈原之為人也。

更下如司馬遷，亦不能僅說其是一史學家，司馬遷之史學，亦如屈原之文學，乃其人生過程中之一種流露。在司馬遷《史記》之後面，更當知有司馬遷其人。其作為《史記》，乃學孔子之作《春秋》。然司馬遷心中，主要在學孔子，不在學孔子《春秋》之一書。故曰：「高山仰止，景行行止，雖不能至，心嚮往之。」不知司馬遷，而徒讀其《史記》，是未為能善讀《史記》者。

根於上述，皆證中國傳統，重人更過於重學，學不外人而存在。故所重在為人之品格分類，不重在為學術分類。直至劉向歆父子之《七略》，及班固《漢書・藝文志》，亦僅為書籍分類，而稱之曰王官學與百家言。百家中分儒家墨家，凡此皆仍從人事分，不在分學之內容。魏晉以下，始有經史子集四部，然所分仍是書之體裁，非關學之內容。就書論，此書可歸入經，此書可歸入史。若就著書人論，則其人自可分類，卻不能專就其所著之書分。

此一層，可再就後世舉例說之。如北宋學者歐陽修，其人究是一文學家，抑史學家，或經學家，或思想家，或政治家，此殊難分。彼之著書，可分別歸入經史子集四部。彼之為學，則確然成其為歐陽子之學，而其為人，則確然是一賢人與學者，如是而已。若必目歐陽修為一文學家，在彼心中，必所不受。彼時時提到僅知從事為文之不當與無價值。若必謂歐陽修為學從韓愈入，則歐陽修心中所重，乃韓愈其人，非僅屬韓愈之文。韓愈自稱，好古之文，乃好古之道也，是豈僅好於文者。故曰：「並世無孔子，則不當在弟子之列，此亦自重其為人，非自重其為文也。」韓愈極稱孟子，而曰：「孟子大醇而小疵。」孟子拒楊墨，韓愈闢佛老。其學皆歸於人事。韓愈之為文，亦僅是韓愈人生過程中之一種流露。中國人向來論文，莫不如此。故曰：「流落人間者，泰山一毫芒。」韓愈歐陽修之為人，是一泰山。其所為文，則泰山一毫芒耳。非知此，則不足成為中國傳統中一具有最高理想與最高價值之文學家。文學必從人生來，非第一等人，即不得為第一等文。李白之遜於杜甫，柳宗元之遜於韓愈皆在此。故專攻文學，不得成一文學家。專攻史學，不得成一史學家。治學必重其為人，此是中國人觀念。

下及清代，有人把學問分為義理、考據、辭章三大類，亦有人增人經濟一項為四大類。其實此種分法，仍不是就學之內容分。考據應是考其義理，辭章則是義理之發揮，經濟乃義理之實際措施，則不啻謂一切學問，皆以義理作中心，而義理則屬做人之道，仍是重人過於重學之見解也。

欲求瞭解中國文化，當先求瞭解中國人，而更須瞭解中國人之學。惟其中國人之學，主要在如何培養一理想完整之人格，故在中國文化體系中，乃不發展出宗教，因宗教功能，已在中國傳統觀念的學之範圍以內也。而自然科學之發展，在中國文化體系中亦受限制。如天文數學醫藥農事等，在中國傳統觀念中，終屬一才一技，雖人群社會有此需要，然於教育一完人之理想上，則屬較次之階層。孔子曰：「古之學者為己，今之學者為人。」所學在技，皆是為人。技而進乎道，乃是為己。如禹之治水，稷之治稼，則是技而進乎道者也。即如文學史學等，可以分門別類成為專家之業者，皆非所急，聖賢之學，不在此枝節上著力也。如陶潛、杜甫之於詩，司馬遷、歐陽修之於史，亦庶幾乎技而進乎道矣。故陶潛於史稱隱逸，杜甫於詩稱詩聖，而司馬遷與歐陽修皆不得專以史學目之。

古希臘人言，智識即權力。中國傳統亦無此想法。權力當在人與人相通之知仁勇三德上，當為自忠恕孝弟向上所達之理想完美之人格上，惟大人君子聖賢中人，乃為於人群社會中有真力量，決不限在智識一端，而權力二字亦非所宜用，人與人相通在道義，人與人相制乃需權力。而法律與財富，亦不為中國傳統觀念之所重。此之謂中國傳統文化中之人文主義。中國傳統中一切之學，皆從此出。不瞭解中國文化，即無以瞭解中國人之學。而不深通於中國人之學，亦無以深通於中國傳統文化之大體系，及其意義價值之所在。今欲如何接受西方新學，以為中國文化釋回增美，此是近代中國學人一大責任。若分別學與人為二，僅知從事傳入西方之所學，而昧失了中國自己所以為人之道，則人之不存，學於何有。若人與學而盡求西化，則民族亦將不保。此雖非急切所可驟睹，而事有必至，則尤值吾當代學人之警惕也。

人生三講

談人生

（一）

天地間最尊嚴者是人。最值寶貴者是人之生命與生活，即人生。

但人沉浸在此人生大海中，卻不識此人生大海之深廣，甚至不識此人生大海之實相。

聊舉兩例為譬：

兩人出門奔馳，一是逃人，一是追者。

兩人同飲酒肆，一為歡樂，一為愁苦。

此兩人之生活，外形相似而內心迥異。

今試問人生究應重外，抑重內。究應以形為主、抑以心為主？中國古書《列子》中有一寓言：一王者夜夜夢作苦工，勞倦不堪。一工人夜夜夢為王者，其樂津津。此王者願與此工人互換生活，但此工人拒不接受。

當知日間此王者所享受，祇是肉體的，物質的，在生活之外面。其夜間夢境雖虛，卻是內心的或說是心靈的。此屬生活之內裡。感受深切，像是虛假，卻更真實。

肉體祇是人的生命的一套機械或一副工具，因此肉體生活，其實祇是人生一憑藉。或說是一層外皮。

心始是人生之主，心始是我之真吾。心生活纔始是我們的真生活。

（二）

今問心究何在？

前人指人身內之心臟為心，今人指人身內之腦細胞為心，其實心臟之與腦細胞，同屬人身肉體之一部分，並不是我上說為人生之主為我之真吾的心之所在。

心究竟何在，到今仍為人生一大謎，許多人並不能解答此一謎。若我們真要覓心所在，應該從實際人生中去尋覓。所幸求覓此心者即是此心，當下現在，人人可以不言而喻。

孟子說，人有雞犬放，則知求之，有放心而不知求。此一說，至今仍見其真實。但祇要你知求，此心即在。

因此，孟子所說的求放心，實是人生一件大事，但卻非人生一件難事。祇須一提醒，大可不煩多說。

（三）

在宋人小說中有一故事說：一人出門遠行，以其家託一友，以三年為期，許其友就此家宅自由作主。一切經濟收入，盡交此友自由使用。此友量度此家宅，覺有兩缺點：一是缺少一花園。一是毛廁太不講究。遂刻意修建改造。三年後，其人返，其友為其家宅興造了一所花園，改建了一間毛廁，恰抵完成，而心力俱瘁。在此三年中，卻未過到一天安逸與享受，爽然自失地離開此家宅。

此故事言淺意深，可知人生不外有三態：一，如此友人，不知為誰辛苦為誰忙，到頭一場空。一是沉溺於物質生活中，醉生夢死，心為形役，到頭不知把己心放何處。此兩態，全是孟子所謂之放心。除此兩態外，應有第三態，教人能把心恰放在好處。如何把此心恰放在好處，此是人生惟一大道理，亦是人生惟一大學問，有待我們各人在各自的實際人生中去參究、去體悟。

（四）

臨了，讓我再講宋人另一小說故事：一解差押送一和尚，同在途中，有一晚，和尚設法灌醉了那解差，私自易服脫逃。待解差醒來，身上穿了僧衣，頭上戴了僧帽，一時糊塗，大叫說和尚猶在此，而我（解差）卻走失了。

此一故事，同樣指點出人生一真理。

今天的世界，大家為著物質生活而忙迫，大家盡心一意去奉侍此肉體，因此一切生活祇都粧點在外皮上，更不知有人心真生活所在，我姑名此時代為我走失了的時代。

這世界中，到處見有一個個的人，其實都是以外形肉體為主，在其生活中，卻覓不到一個真吾，即是為人生之主的心，這可說是心走失了，或說是我走失了。

在此茫茫人生大海中，興風作浪，發號施令的，全為著有關於外面物質方面的，而人之真心卻絲毫作不得主。

作為我之真吾之心，實際上早都墮落而為奴，為物質生活之奴。更可悲的，連此奴之存在這一層，也已為人們所遺忘。

人之生活，都祇見了物質，卻不見有心。

有志救世的惟一最緊要的，祇該先求回此心，把它來放一恰好處。

要使人人知有一真吾，人人有一真主人公，安居在自己家宅內，先把自己家門以內安排妥貼，自己得救了，再來整理外面，如此始是正辦。

我上面所講，或許太抽象，但具體的一切，正待我們在各人之實際生活中去證認，這責在我們之能反身內求。

（五）

中國文化傳統講人生道理，最主要的便是講這一層。

諸位若瞭解得此大意，再來細讀中國各時代各派重要思想之著述，都可迎刃而解。諸位若聽此講演，覺得有意義，要更進一步來探求此中一切更深道理，自然會更重視中國文化傳統之內蘊。

談人格平等

昔人問孟子，天下烏乎定？曰定於一。孰能一之？曰不嗜殺人者能一之。今天西方帝國主義殖民政策正在退潮，世界日趨於分離，誰也不能來一天下。但天下總須定，烏乎定？曰定於人類之平等。

依照中國人理想：一家人平等謂之家齊，一國人平等謂之國治，天下人平等謂之天下平。但人類有許多事實上問題，根本不可能平等。

論功業，功業不可能平等。一個政府，同時不能有兩元首。一個軍隊，同時不能有兩統帥。同一機會，為此一人佔了，那一人即無望。機會有限，建功立業，祇屬少數人有份。

論財富，同樣不可能平等。在千萬貧人中產出一富人。所謂平財富，祇是一理想，到頭所能平者極有限。而且平財富，易於叫大家窮，難於叫大家富。

不僅功業財富，不可能有平等，即體力強弱智力高下，天地生人早就不平等。

但人總是人，大家是人，人與人間理該平等。

近代西方人所倡之平等，祇在法律上。有法律上之平等，同時有機會上之自由。平流競進，法律以外之不平等，儘多存在。

依照中國人理想，人類平等乃指人格平等言。

所謂人格，乃指人之所以為人之內在價值言。故一提到人格，則不論地位貴賤，不論財富高下。法律祇是消極的。不犯法，不一定有人格。機會祇是世俗的。沒機會，也不一定沒人格。人格祇辨有無，可以不分等次，更亦不要競爭。

此人有人格，便是人，或說是好人。此人無人格，便不是人，或說是壞人。

好人有人格，此事人人能做。孟子說：「人皆可以為堯舜。」

南朝時高僧竺道生說：人皆有佛性，故人人皆得成佛。

明代大儒王陽明說：聖人祇爭成色，不爭分量。

這一理論，演出滿街都是聖人之說。因此說端茶童子也可以是聖人。

陽明困在龍場驛時曾說過，若使聖人來做我，更有如何好做法。端茶童子也可說，若使孔子來代我端茶，他更有如何好端法。不論地位高低，不論財富多少，人生職業中，端茶總還是人做的事。

仰不愧，俯不怍，八字著腳，雖不識一字，也可堂堂地做個人。

此一端茶童子，正可如此自安自慰。

然而這祇是理論如此，而事實上則並不然，毛病則正出在人之功利觀點上。

人人想立功業，人人想獲財利，功業財利未可必得，而各人把自己人格先看輕先丟了。

王陽明《傳習錄》卷二中有一篇〈答顧東橋書〉，其末後一大段所謂拔本塞源之論，正是發揮了此道理。

今天的世界，則正是一個不折不扣百分之百的功利世界。

人人祇就功利著眼，試問人如何能平，又如何能不爭？

儘相爭而仍不能平，則這世界又如何能和，如何能安？

故欲救當前世界病痛，莫如提倡中國文化傳統中所重視的人格理想。

老子曾說，六親不和有孝慈，國家昏亂出忠臣，此話本亦不錯。

我們從另一角度看，也可說在儘不合理想之時代，儘不合理想之社會裡面，仍可有合理想之人格出現。

縱使外面一切失敗，功業失敗了，財富失敗了，甚至法律無可幫忙，一切機會全沒有了，但光明、偉大、充實、圓滿的人格，一樣可以由他完成。

中華民族的傳統文化何以能維持四五千年，歷經危難而仍屹然長在？正為不斷有此等人格在衰亂中在黑暗裡出現。

中華民族的傳統文化，不僅能長時期維持不絕，而且還能不斷地向外擴展，向裡充實，也正為有此等人格不斷在衰亂中在黑暗裡向中國四圍散佈，而中國文化亦因而隨之向外在衰亂中在黑暗裡不斷向內充實。而中國文化亦因而隨之充實。

陸象山曾說：「東海有聖人出，此心同，此理同，南海有聖人出，此心同，此理同，西海、北海有聖人出，此心同，此理同。」

中國人的文化理想，即上面所說人格平等的文化理想，大可推行於全世界，全人群，使四海之內，四海之外，不斷有合理想的人格，最高人格，即聖人之出現。

循至於人人都是聖人，人人在其人格上獲得平等，到那時，便是世界大同，天下太平。

到那時的人類，才能有真安定，有大安定。

而且在人格平等之理論基礎上，並不曾抹殺功業，又不曾抹殺財富，更不曾抹殺法律與機會。何能說此理論便是不合時宜，這祇待於我們自己之努力呀！

談學問

學問浩如煙海。

人之於學問，祇能如鼴鼠之飲河，各求滿腹而止。

但學問底大範圍，我們亦不可不知。

學問可從其對象分四大類：

一對天，一對物，一對人，一對己。

此世界，此宇宙，必有一更高絕大之主宰，而為人類智力之所不能窺測而知者，世界各大宗教則皆從此一信仰上建立。

雖則世界各大宗教說法各不同，要之人類對此至高絕大不可知之主宰，則必應懂得有謙遜心，有敬畏心。

此為人類對天之學所應共有之態度。

在中國文化傳統裡面並無自創之宗教，但其培植人之謙遜心與敬畏心，論其成績，則決不差於世界任何一大宗教之所能。

在此一不可知之最高主宰之下，人與萬物並處。人應懂得萬物所各具之性能。積極方面，可資人類之利用，消極方面，亦可知有所戒備。近三四百年來，西方自然科學，突飛猛進，使人類對物之學有輝煌之成就。

但同時產生了兩流弊：

一、是把對天與對物的界線泯滅了。因於對物有成就，而自信過甚，誤認為祇憑人類自己智慧，便可主宰天地，管領萬物。認為宇宙間至高無上者即是人類，不再認在人類之上尚有一更高而不可知之主宰存在。於是把人類對天之謙遜心、敬畏心都消失了。循至驕矜自滿、狂妄自大，把自己當作至高無上、有己無對，當前人類此一心理，即可貽禍無窮。

二、是把對物與對人的界線泯滅了。對物之學，本為人類福利而起，但少數國家，憑其成就，來欺侮同類，壓迫他人。近三四百年來，西方人之帝國主義與其殖民政策亦與其自然科學之進步並駕齊驅。使自然科學僅利於少數人，而反為多數人之害。又因人類太注重於對物，在其心理習慣上，亦漸把人同樣當作物看。

循至人對人冷酷無情，祇知利用，沒有恕道，將使這世界全變成功利的，機械的。無情無義，人道淪喪。

此為人類對物之學之誤用。

人類處身於天地萬物中，而每一人又必處身於人群中。

因此對天對物之學以外，又有對人之學。

對人之學與對天對物之學不同。其主要特徵在學者與其所學之對象為同類。

對人之學，最主要中心乃學為人之道，即人與人相處之道。

中國文化傳統，在此方面，講究得最透澈。

中國人分人與人相處之道為五倫：一父子，二兄弟，三夫婦，四君臣，五朋友。

君臣一倫近代社會似乎沒有了。其實就中國傳統觀念言，君者群也，我處在此團體之內，此一團體即是我之君。又君者尹也，一團體必有一代表主管人，此團體中之一代表主管亦即是我君。

如此言之，國家即是君，國家之元首亦是君。推而言之，一公司是君，此一公司之總經理亦是君。祇要我處在此國家或此公司之下，也即應有君臣一倫之存在，其他四倫不待言。

要講對人之學，必從此五倫始。

因其是最具體的面對面的人與人相處。從此最具體的面對面的來教人與人相處之道，則首應知有同情，有恕道。

中國儒家稱此人與人相處之道為仁道，仁道即是人道。若不從人與人相處之道即仁道上立本，而憑空來講國家天下事，將會使人無同情，無恕道。人與人間全變成權謀術數與威力財力之運用，不仁之極，而人道遂大壞。

今日世界大病，正在要把對物之學移用來對人。一切對人之學，皆主張運用自然科學的方法，而輕視了仁道與恕道。

把人與物同等看，自會釀成人類之大災害。故要講對人之學，主要又應先講對己之學。己與人同類，不懂得己，如何懂得己以外之人。不懂得對待自己，如何懂得對待別人。祇要把自己為例，平等來對待別人，便有所謂仁道與恕道。懂得了具體的面對面的對人之道，纔始能懂得抽象的對待大群之道，如治國平天下政治學經濟學等。

總而言之，對人之學即是為人之道，而為人之道則自為己之道始。因此對己之學，乃是對人之學之基本與中心。

關於這一層，衹有在中國文化傳統裡闡發得最深切，教人實踐的方法最周到。在中國古書《中庸》裡有一段話說：「盡己之性而後可以盡人之性，盡人之性而後可以盡物之性，盡物之性而後可以贊天地之化育。」這可說是對上述四類學問，即對己、對人、對物、對天之學，在中國文化傳統理想中所定下的一種先後緩急之序。

有人說中國傳統文化，反宗教、反科學、反社會大群，衹顧到自己一身，那真是無的放矢之談，請諸位莫為此等妄說自限自誤。這是我此一講演之最低期望，進一步則待諸位大家自己努力。

人生四階層

世界是一所大學校。

人生是一項大學問。

每人自初生便被送進這所學校，到死始離去。

有許多人並未得在此學校畢業，祇如告長假休學。

孔子曰：「朝聞道，夕死可矣。」所謂道即指人生大道言。所謂聞道，則算在此學校畢業了。

歷史上能提出人生大道來教人的，太有限了。

孔子、釋迦、耶穌、摩罕默德，祇此數人。

今天所講，乃我個人一種暫時的想法，聊以提供大家討論。

我認為人生可分為職業、閒暇、理想與道德之四階層。

職業人生，也可稱為工作人生，或服務人生，或軌律人生等。

職業涵義古今不同；中國古人認為人莫不有職有業，如為父有父職，為子有子職，有職即有業。慈是父業，孝是子業。

近代社會一切以經濟為指導中心，故以偏於生產謀利者為職業。

此觀念甚有病，將來仍應有改變。

今專就目前現狀言，則人生第一大事，首在求得一謀生活命之職業。故我列職業人生為人生之第一階層。

人生第二階層，可稱為閒暇人生，亦可稱為消遣人生，或自由人生，或藝術人生等。

就目前現狀言，職業工作，亦祇佔人生活動中一部分。

此外，有其業餘閒暇的時間。

閒暇時間可由人自由支配使用。

此項自由閒暇人生，至少與職業工作人生，有其平等之重要性。

而且，生活之享受與樂趣，多半寄託在自由閒暇中，不在職業工作上。

更重要的，是人品之高下貴賤，亦多半判定在其自由閒暇的生活方面，而並不專在其職業工作方面。

而且，每一人之職業工作之進退成敗，有時亦視其人之閒暇自由活動而定。

更深言之，人類文化之演進動力，亦常在自由閒暇中，遠勝過其在職業工作中。從來歷史上大人物、大事業，亦都在自由閒暇中產生，很少在職業工作上產生。

因此，每一人固然急需於爭取其一分職業與工作，但既得之後，則更應注意爭取，並善為運用其業餘之閒暇。

就每一社會言，除卻為其社會中各分子發展職業工作外，亦更應注意保留其各分子之業餘閒暇與自由，而設法誘導其善為利用。

但正因此項閒暇，屬於各人之自由，故更應多留餘地，好讓各人好好自為調度；而不應由社會來作強制規定。如何調度使用此閒暇，乃一項極精微之人生藝術，故我又特稱之為藝術人生。

工作人生是粗淺的，藝術人生始是精微的。工作人生是共通的，藝術人生始是個別的。惜乎人們不知注重此藝術人生之一階層，此乃人生一大憾事。

第三是理想人生，亦可稱為創造人生，或精神人生，或未來人生等。

上述兩項人生，職業的與閒暇的，其實還都是眼前現實的。

人生若長陷在眼前現實中，便易起厭倦，成墮落。

欲救此弊，須在現實人生外，另有超現實的理想人生。

上述職業與閒暇兩人生，其本身也應接受理想人生之指導。

現實人生多屬物質的，理想人生則是精神的。

現實人生即在眼前，是具體而肯定的。理想人生則展望到將來，並不具體，並不肯定，而多留著各人心情上之自由想像，與自由創造之餘地。

惟其能超現實，有創造，人生始不斷有進步，不生厭倦與墮落。

而且，有了自由而沒有理想，這樣的自由是空洞的、貧乏的。換言之，此項自由實是要不得。

又若有了眼前現實，沒有未來展望，此一現實亦是淺薄、短命的，僅如曇華一現，易變易動，實是靠不住。

因此，有了第一、第二人生，必須更有第三人生，即理想的人生。

但理想有屬於個人的，有屬於團體、社會，或民族與時代的。最理想的理想，是合此五者而為一。

當前的自由社會，所短在缺乏理想。職業多以牟利為目的，業餘自由多以消遣為目的，祇有實利主義與享樂主義，都屬於眼前具體方面，談不到除此以外更高的人生理想。

就眼前論眼前，不憑藉階級鬥爭的共產主義，似乎是人生的一項理想。因其使人人得職業。

但縱使是不憑階級鬥爭的共產主義，仍是一個團體理想，或社會理想。在此團體與社會中，不許個人有自由。剝奪了個人自由，便是斬斷了理想之根苗。因此，此項理想，最多亦是短命的。共產主義又不許個人有閒暇；剝奪了閒暇，又是窒塞了人生理想的泉源。因此，此項理想，最多也必會是空洞的。

共產主義要求能繼續存在，便不能許人同時有其他主義；有此一理想，便不許人有其他理想，此乃共產主義最不合理想處。

真合理想的理想，應該可以多多益善，可以並行不悖，可以相得益彰。

我們要從舊現實中產生新理想。

新理想產生，舊現實自可改觀。

不必定要推翻舊現實，始可創生新理想。

現在的共產主義，其實並不主要在創造新的，而主要在打倒舊的。這又是共產主義一項不合理想之理想。

但所稱為自由社會的，若非真有新的理想出現，則此項不合理想之理想，仍會流行。當知共產主義乃從舊的自由社會中產生，可知此一舊的自由社會，必然會無奈共產主義何。

以上祇說明了人生不能僅有自由而無理想。無理想的自由，祇是一種不充實的假自由。

因此，第二人生之後，必繼之以第三人生。第四人生是道德人生，或可稱之為真理人生。此乃一種理想與現實，自由與規律，同時兼顧並重的人生。

上述的人生三階層，一職業的，二自由的，三理想的，此三者是歷階而上，層累而升的。人類社會必先有了基本職業，始有自由可言。有了自由，乃始有理想可言。在理想人生中，依然仍有職業與自由。其實所謂理想人生者，祇是賦與職業人生及自由人生以一項新的理想。而非在職業人生與自由人生之外，又另有一項所謂理想的人生，超然獨立與子然存在。

但上述三項人生，有一共同限制，即必須其人生為道德的。亦有一共同目標，亦即是必須其人生為道德的。

所謂道德乃是人生真理。合於人生真理的，始是道德的。無職業非人生真理，不自由非人生真理，無理想也非人生真理。因此，道德人生亦祇在此三者之內，而不在此三者之外。

惟此三階層之人生，則必須以道德人生為宗主、為歸宿。

職業不可不道德，自由不可不道德，理想也同樣不可不道德。

茲再略言理想與道德之不同。

理想可以超現實，甚至不現實；但道德則須與現實相一致，道德應即在現實中。

理想可以人各不同，道德則必具共同性，務使人人可以易地而皆然。

理想有成有敗，有能實現與不能實現。道德則有成無敗，不實現的不得稱道德。

理想可以隨時而變，道德則外形變而實質不變。道德永遠是道德。真理永遠是真理。

人生四大教主，如孔子、釋迦、耶穌、摩罕默德，他們的人生理想，或各有不同；但其從道德出發，以道德為歸宿，則並無異致。

因此，我舉道德人生在理想人生之上，而奉之為人生四階層之最高一階層。

上述人生是一項大學問。

在此人生四階層中亦各有學問。

有關第一階層中的學問，最低淺、最狹窄，可以人人各習一業，乃至互不相通。

有關第二階層中的學問，較廣大，較融通，其所佔地位，實較高於第一階層者。

第三、第四階層中之學問更如此。

有關第三階層中之學問，較之第二階層中者，更廣大、更靈空，遂使人誤認為其中無學問。

人們常認為：謀一職業不可無學問，但處閒暇，則可以無學問。至論理想，則更可無學問。想到那裡，便成為理想。當知閒暇的人生，正如名畫之空白處，畫中山川人物之靈氣，即在此空白處胎息往來。「小人閒居為不善」，皆因其欠缺處閒暇的學問。

惟其不知理想亦應有學問，不知理想亦從學問中來，故遂至不能有理想，卻祇有空想與幻想。空幻則即是虛無。虛無主義的人生，則決非理想的人生。

有關第四階層中之學問，較之第三階層中者，更落實，更靈空。人們更不知道德亦由學問來，遂誤認學問自學問，道德是道德。好像學問是自我追求的，道德祇是在外約束而來的。其實道德更應從學問中來，乃是人生學問中一項最高最大的學問。

此後人類應能注意著重於創造有關第二、第三、第四三階層人生中之各種學問，則人生始能有更進之前途。

如目前之學問，可見於各處大學中之所講究，則最多皆是偏重第一階層者，人生之種種動盪與種種苦難，其種因皆在此。

中國文化之大特點，則正在於知有人生第一階層之學問以外，更知更重於人生第二三四各階層之學問。

第二編

中國文化之潛力與新生

什麼是文化，簡單的說來可以分為兩點：一、文化就是人的生活，人的生活大同小異，衣食住行雖有差別，但均同屬於文化，此就物質生活言。就精神方面而論，信仰，宗教，愛好，文學與藝術等也一樣屬於文化。二、文化也可說就是民族的生命。如我們是中國人，就是中國民族，因為我們的生活方式差不多。而且古今如此，所以民族文化可以說就是民族生命，沒有文化，就沒有生命。

談到生命，就要聯想到生命的力量，生命力量有強弱，以個人論，活到七十八十，就是生命力強，壽短或多病便是生命力弱。世界各民族的文化，生命力最強者為中國文化。埃及、巴比倫、希臘、羅馬的都成古代文化，今已不存在。英法與我相較，如我的明清兩代，美國、義大利則為清朝乾嘉年代，他們好像十餘，廿餘歲的青年，中國則如八十，九十的老年人，而仍能與強壯的青年相競賽於今日之時代，此老年人自可稱為了不起。

講到文化的力量，可說有兩種，其一乃表現於外者，另一為潛藏在內者。中國文化是潛藏在內的。就人的生命言，人會有疾病，有疾病則須請醫診斷，醫生對病人體質診斷，皆認體質強者可以抵抗疾病，弱者不能。一個民族生命力的判斷也要請醫生，判斷民族生命的醫生就是歷史。中國歷史上曾經歷過若干次重大疾病，五胡、南北朝、晚唐、五代、元、清及近代帝國主義等。在這些時期，中國民族患了重病，政治腐敗，社會動亂。可是經過一、兩百年，中國仍舊是中國，中國文化始終是中國文化。以抗日戰爭言，我們在科學，經濟上都遠不如日本，但是八年抗戰，中國仍然存在；中國所以能抗日，乃中國文化的潛力使然。一般人但認為是「祖宗積德」。表現於外的力量也許是很大，但一遭打擊生了病，便一無辦法。如埃及金字塔是埃及古代文化的表現，僅供人觀看，實在是他們的祖宗未積德。

中國古代文化可說是堯舜的文化，便是孝與讓的文化。孝讓是一種最高的道德力量，平時雖不定看得到，在國家多難危急之秋便自然表現出來。

以上所論是中國文化的潛力，以下要討論中國文化的新生。經過魏晉南北朝，而有唐，是為新生；又經過五代十國而有宋，又是新生；再經元朝到明，又是新生；更經滿清二百餘年，及西方帝國主義侵略至於民國，又是新生；降至今日，復逢共產帝國主義，但是今後當然還會有新生。為什麼我們信仰我國文化會新生呢？因有中國文化偉大的潛力在其後。

晚近西方有一種文化悲觀論流行於德英法美。在第一次世界大戰後，德國有一個中學教員斯賓格勒寫了一本書——《西方的沒落》，西方人都公認此書為是了不起的著作。他認為文化一如人的生命，有生老病死，在歷史上，埃及、巴比倫、希臘、羅馬的文化已死去，所有的文化亦皆有一死。也有人認為中國文化已死，有人說中國文化在秦時已死去，唐朝的文化是另一種，這種論調是以西方觀點來看中國，因西方文化是表現於外的，但中國文化是潛藏在內的。以經濟為例，西方人會使錢，以是形成資本主義，中國人有錢卻收藏起來不用。因為中國人重「積」，所謂厚積薄發。

但是近代中國文化之病何在呢？政治腐敗，智識份子淺薄。近代中國之病在此，中國老百姓卻是世界第一等的良民，他們沒有病。智識份子，生逢亂世，潔身自好求退隱，與下層社會相結合，文化將由是而新生。西方人的病與中國不同，西方人不知有「退隱」，其病在下層。哥倫布發現美洲大陸，而當日之西葡帝國已不復存在，其病正在社會。

西方社會講「富」與「強」，中國社會講「足」與「安」，西方講富而不足，講強而不安。中國講安足在人心，知足自心安，富與強表現於外，足與安在人心，知足心安乃生自信。

在中國歷史上，文化有了病，智識份子走的路有兩條，一是向上或向下走，另一條是自中心向四面走。南北朝時，中國智識份子，向南則渡江，朝東北則至遼東，往西北則至西涼。他日復歸中原，文化新生開始。又如在南唐五代，智識份子向長江走，及至宋初，再復歸中原，文化又告新生。今日中國智識份子，也一樣不得不度流亡生活，流亡來美國，或世界其他各地，將來當然要重返故國。也許是上帝安排，英國佔領香港一百年，日本佔領臺灣五十年，但是今天我們中國人可以到香港，到臺灣。流亡在香港，臺灣的中國人，在南洋的星加坡、馬來亞、印度尼西亞、菲律賓等地方的華僑，毛澤東固然沒奈何，殺不到，來到美洲新大陸的華僑自然更不必說了。現在流亡海外的三四千萬中國人，都可以說是中國豪傑之士，在美國的更是福星高照，因此當然應對中國文化負起一部份責任來。

前些天我曾看到一本小書，名稱是《近代歷史哲學》，這是一本選集，是選譯英、法、美、德等歷史家的著作，這一輩歷史家，都是斯賓格勒以後的文化悲觀論者，他們一致都認為西方文化已無出路。但我是一個文化樂觀論者，我信仰中國文化一定再新生，譬如一株樹開花結果，果實落到地上成為新種子，自然又會成長為樹木。諸位流亡海外，重要的是對中國文化要抱持信心，沒有信心就沒有希望，就無法生活。但僅有信心猶不足，還須得做兩種工作。

第一種工作是向外學習別人，今天我們談文化新生，並非要關門拒絕別人的文化，惟有學習人之所長，始有助於我文化之新生。第二種工作是向內向下教人，一百年來我國智識份子中一部份犯了學人皮毛，而又忘卻自己教人責任的毛病。以是，在我們不得不向人學習，而學習外人之時，應勿忘本，勿忘教下層社會的人民，一改過去若干智識份子的毛病。如果智識份子能做到向人學習，向內向下教導時，中國文化自然會新生。

孔教之偉大

大家知道，在全世界人類歷史上，出現了四個大教主——釋迦牟尼、耶穌、摩罕默德和中國的孔子。從他們的降生時間論，耶穌與摩罕默德降生較遲，到今尚不滿兩千年，而釋迦和孔子則降生在兩千五百年以前，尤其是孔子在兩千年前，中國秦漢時代，已有兩千萬以上的中國人信奉他，到今天，有超過四億五千萬的中國人信奉他。因此我們可以說，這四大教主中，信奉孔子教義的，時間特別長，人數也特別多，我們也可說孔子教義對世界人類的貢獻也特別大。

釋迦、耶穌與摩罕默德三人，都是所謂宗教主，宗教必然帶有一種不容忍性，因此信奉耶教的民族，同時便不再能信奉回教，信奉回教的民族，也同時不能再信奉耶教。耶、回兩教遠從創始以來直到現在不斷有衝突。

佛教創始在印度，但自印度婆羅門教復興，佛教即衰微，乃至不再存在了。祇有中國，是一個信奉孔子教義的社會，但在東漢時，印度佛教傳入，即在中國社會盛大流行，就以後的歷史說，佛教是中國的，不再是印度的。

中國從唐以後，回教也流行了，明清以來，耶教又流行了。直到今天耶、釋、回三教，同時流行在中國。

我們雖說信教自由，但在全世界民族間，祇有中國，因其是一個信奉孔子教義的社會，耶、釋、回三教也可同時存在、同時流行，這是孔子教義的偉大處。

再換一方面說，耶、釋、回三教，都有他們特殊的傳教士，又有他們特設的禮拜堂，並有他們種種特定的崇拜的禮節和儀式。祇有孔子教義，不要特殊的傳教徒，也不要特設的禮拜堂，又不要一切特定的崇拜禮節和儀式。但孔子教義一樣能深入人心，和廣泛的宣揚，這又是孔子教義之另一偉大處。

再換一方面說，耶、釋、回三教主要都是講人死以後的事，教人如何進天堂，如何得涅槃，獨有孔子教義祇重在生前教人如何做人，如何做成一理想的人，教人如何處世，如何做成一理想的社會和理想的世界，因此我們說：耶、釋、回三教是出世的，而孔子教義則是入世的。

因此耶、釋、回三教在社會上，都需要他們一種特殊的地位。佛教入中國，即有「沙門不拜王者」的理論，這是說，做了和尚，便不須依照世俗禮節來拜敬帝王。而在歐洲中古時期，羅馬教王的地位，遠超過一切貴族之上。直到今天，羅馬教廷依然還在，依然有它超國際的地位。由於各宗教均需要在社會上有一種特殊的地位，因而也需要一種特殊的組織。祇有信奉孔子教義的，在社會上不需要特殊的地位，孔子教義祇教人在社會上做一普通的平常人，因而孔子教義也不需要一個特殊的組織。但孔子教義，終於和耶、釋、回三教同樣普遍地流行，永久地存在，這是孔子教義之又一偉大處。

我們再說到孔子的家世，孔子遠祖是殷代的帝王，到西周時代，是宋國的貴族，又後遷到魯國，出生孔子。因此孔子出生以前，已有一千年以上的家譜，緜延不斷，在中國歷史上明白可考，至於孔子以後，直到今天，傳了兩千五百年，共七十七代，孔子一家的家譜，依然是緜延不斷，明白可考。

全世界各民族，祇有我們中國的大聖人孔子一家，緜延了三千五百年以上，而且是明白可考的，那不是人類社會中的一個奇蹟嗎？也祇有在中國社會裡，可以尋出這樣一個三千五百年，緜延不絕的家庭，這是中國社會特別偉大之一點，也即是孔子教義之又一偉大處。

再換一方面說，孔子教義因其是入世的，所以他注重在教人如何修身、齊家、治國、平天下，因而孔子的教義，同時像是個人主義的，又像是家族主義的，又像是國家主義的，而同時又像是世界主義的，信奉孔子的教義，可以教我們做成一理想的個人，同時有一個理想的家庭，又同時有一個理想的國家，又同時有一個理想的世界。孔子的教義是從教人做大聖大賢，達到世界大同與天下太平的境界。我們若做成大聖大賢，等於生前即到了天堂，我們若到達世界大同和天下太平，等於人類社會即是一個極樂世界。因此孔子教義，是把釋迦、耶穌和摩罕默德三人所想望於吾們之死後的，即在吾們生前到達了，這是孔子教義之又一偉大處。

孔子教義之偉大，一層一層的說下去，一時也說不盡。但孔子教義是極平常的，人人信奉，人人可做到。祇是教人如何做一個人，做一個理想的平常人，這是孔子教義最偉大所在。我們既生為中國人，長成在信奉孔子教義的中國社會裡，我們應該負一個宣揚孔子教義於世界的大責任。

儒學與師道

（一）

我今天以同一文化傳統，同一職業背景，而來為大家提出此一題。

中華文化傳統，最主要的中心是儒學。

儒學最主要的中心，乃是學為人之道。

唐韓愈〈師說〉，謂師者所以傳道授業而解惑。

授業解惑，固亦師道所宜盡，但其最主要中心，則為傳此學為人之道。

學為人之道而達於最高境界者稱聖人。

聖人為百世師。

孔子則稱為至聖先師。

凡學儒學，其主要目標，即在學為人，學為聖賢，而其道即是師道。

孔子學不厭、教不倦，教學相長，學此道同時亦即可以為人師。

故中國歷史上每一大儒，則無不是大師。

（二）

我曾有一次與日本某教授討論到中國文化對日之影響。某教授告訴我，日本人風俗，父母罵其子女，常有汝不算是人之語，此語舉世各民族皆無，獨中國有之，此即是日本所受中國文化之影響。

我謂即小可以見大，此語中正涵有極深極大之意義。

中國人說人，即見天下一家，人類平等之義。如稱中國人、日本人、歐美人、非洲人、馬來人等，人則總是人，其間更無區別。

但人類雖屬平等，而人之中則自有等級可分。最高是聖人，最低則不算人。

中國古人說人為萬物之靈，因其能受教育，能有修養，能從文化傳統中陶冶，能知為人之道。

孟子說：「人之異於禽獸者幾希。」

可知一自然人，則與禽獸生物，僅有幾希之分別。

孟子又說：「無惻隱之心，非人也，無羞惡辭讓是非之心，非人也。」

後代中國人，乃有不為聖賢便為禽獸之說，此乃中國文化中有特殊意義之一項大理論。

中國父母罵其子女不算是人，即從此一大理論。

因有此一理論，遂見出師道之重要。

（三）

師道之重要，即在傳授此道，解釋發揮此項大理論，教人實踐此為人之道。最低限度，不要淪為不算人。

中國古人又說，經師易得，人師難求。

中國古經籍，主要所講，本即是此項大理論，即講究此為人之道，凡修齊治平皆屬之。但僅能講授經籍，能口說，不能躬行，此衹得稱經師。須能以身作則，由自身來實踐，來代表此項大理論，即此項為人之道者，始得稱人師。人師是師道之最高標準。

人師能以身作則，能行不言之教，此即所謂師表或師範。

為人師表，這是一了不起的人。

（四）

近代中國，儒學衰微，此一文化傳統中之特有精神與其特有理論，日見消失，幾至不復存在。做教師祇是一職業，謀些薪水來活命養家。而且薪水收入較其他職業為微薄，故為教師則常見為是窮窘、寒酸的。

其所傳授與人者，亦祇是些有關各項職業上之知識與技能，不復再教人以為人之道。但各項職業之後面，則仍然有人存在。既為人，則必然有其為人之道。

如從事政治，政治是其職業，但從事此項職業者，其起碼條件必須是一人。從事工商業，其起碼條件，也應是一人。從事教育工作，其起碼條件，即教師本身也該是一人。此項理論，本極淺顯。

所謂是一人者，即指其能知為人之道，能守為人之道言。若從事政治，祇懂做官，不懂做人，則其政事必亂。

從事工商業，祇知經營業務，不知為人之道，則其工商業亦必敗。從事教育，身為人師，其自身並不知亦不守為人之道，試問向彼受教者，何從而能知能守此為人之道。如此則必教壞了向彼受教之子弟與青年。

（五）

今天人類社會，問題愈趨於複雜與紛亂。其主要原因，即在大家不講究為人之道。若要講究為人之道，則同此人類，即應同此道。無古今，無中外，既是同此人，同此道，則人類文化，應可成為一大傳統，大和協。中國古人所謂道一風同，此社會自能上軌道，世界自能轉趨和平大同之一境。其主要責任，則應由為師者來擔任。試問，此一責任何等重大。故中國古人又說尊師重道，又說師嚴而道尊。此道即是上面所說的為人之道。為人師則應與此道能合一不分。為師者即是此道之活榜樣。故重此道則必尊其師。其師獲得有尊嚴，其道才始得有尊嚴。

今天的社會，許多人不知有此道，因此也不要求為師者來任此道。我們當教師的，也多不知有此道，因此也更不想由我自身來任此道。

如是則教師一項職業，終至成為窮無所至，不得已而勉強為之的一職業。

為世界人類著想，為我們教師自身著想，此風非變不可。

請由我們當教師業中之少數有志者能起來提倡，一振起之。

一面請由我們自己努力於此為人之道，一面將此理論隨分宣揚。

否則師道將更為掃地，而人類斯文亦將隨之而掃地。

此乃今天世界人類一共同的大問題，而在我們一向以儒學為文化傳統中心的，似乎更應奮發來求盡此責任。

東方人的責任

今天的世界，是一個騷亂的世界，又是一個變動的世界。

世界處處在騷亂，世界處處在變動。

究竟此種騷亂與變動，將走向何處去，誰也不知道。

今天的世界，已變成了今天不知明天。這不是說得太過分，實在世界已有此趨勢。

所以，我們生在今天的世界裡，應懂得兩個大道理：

一是自救之道。

又一是救人之道。

不能自救，如何能救人。所以第一先該懂得自救，其次纔能救人。

其實一切都得自救，所謂救人，也不過把自救之道教他，讓他也能自救。

今天的世界，主要有兩種人，一是東方人，一是西方人。

今天不僅東方人要自救，西方人也要自救。

東方人不懂得自救，誰也救不了東方人。西方人不懂得自救，誰也救不得西方人。

東方人西方人不懂得自救，不但救不了東方人與西方人，而且會牽連毀滅其他人。

為何要把東方人和西方人分開來說，因東西雙方歷史不同，文化不同，人的個性也不同。

東西雙方，各有長處，也各有短處。

譬如賽跑運動，東方人長於長距離跑，西方人長於短距離跑。

如中國有五千多年歷史，韓國有三千年歷史，日本有二千年歷史，所以說東方人長於長跑。

法國、英國的歷史，不到一千年，美國祇有二百年到四百年，蘇俄不到一百年。

在短時期中看，好像他們勝過了東方；但從長時期看，實在是東方勝過了西方。

短距離跑和長距離跑不同，其事易知。但為何東方人長於長距離跑，西方人長於短距離跑，其中道理卻很難講。

我現在再舉一件比較容易講的來加以說明。

東方人比較看重「做人」更重於「做事」，西方人則比較看重「做事」更重於「做人」。

當然人必需做事，事必需由人來做。兩者不能嚴格做一個分別。但在東方人看來，沒有做過大事業的，也可是一好人，而且可以算是一個上上等的好人。做了大事業，並不算得是一好人，或許是一壞人；而且可以算是一個下下等的最壞的人。今天中國大陸有所謂「批孔揚秦」的運動。

孔子祗是一個教育家，並沒有做什麼驚天動地的大事業；但中國尊之為第一位的大聖人，兩千五百年來為中國人所共同崇奉。

秦始皇帝併吞六國，統一天下，為中國歷史上第一個最偉大的大皇帝，但此下的中國人並不看重他，而且算他是個極壞的壞人。

又如富人與窮人，由中國人看來都一樣。富人中也有好人，也有壞人；窮人中也有壞人，也有好人。

做人要爭一個好壞，不在乎爭一個貧富。

今天中國大陸上的共產主義，稱窮人為無產階級，稱富人為資產階級。好像無產階級都是好，資產階級都是壞。

這把東方人道理來講，萬萬講不通。

所以若照東方人道理，世界上將不會有帝國主義與資本主義之出現。

帝國主義與資本主義，可以在短時期中憑他們的富強來欺侮壓迫人；這是在短距離跑可以勝人，但其事不可久。東方人不著重這一套，祇求大家都做一好人，不爭強，不爭富，在短時期中或許會喫虧，但長時期中，祇有東方人這一套，可大可久，可贏得一趟長距離賽跑之勝利。再換言之，西方人比較看重功利，東方人比較看重道義，這是東西雙方文化上一大區別。今天我們東方人自救之道，首先便該重新振興起我們一向所看重的道義。如此，不僅可以自救，同時也可救人。若我們自己蔑棄了自己東方人的道義，專來模仿學習西方人的那一套功利，爭富爭強，勢必更增加騷亂，其事不可久。不僅不能救人，並亦不能自救。世界人類長此騷動下去，恐怕將會同歸於盡。這將真會如耶穌預言的世界末日將會降臨！

五十年來中國之時代病

中國有著五千年傳統不斷的歷史與文化，這真是舉世莫匹，中國人堪以自傲的。但近五十年來的中國，卻祇有挫敗、屈辱、退嬰、不長進。較以並世列強，祇有自慚自悉，幾使中國人有不敢仰面對人之感。或者因此五十年來中國之不長進，懷疑到中國五千年的傳統歷史與傳統文化，認其不過爾爾，或者根本無何價值，否則何以結局走上近五十年來的現狀，但我可以反問，果使中國傳統五千年全如此五十年來一般的現狀，全祇有挫敗，屈辱，退嬰、不長進，中國早應失其存在，又何來有此五千年的傳統？在我簡單的看法，傳統五千年，是中國人的生命，一切都象徵著中國生命之健全與旺盛。最近五十年，則祇是生命過程中之一時病狀。儘健全儘旺盛的生命，有時也該有病。病的對治正是生命的掙扎。沒有為著五十年的病痛，便要根本埋冤到他五千年的生命本身之理。埋冤生命本身，祇有自殺，自殺決非病的對治。為著近五十年來現狀，而一口罵倒傳統五千年，祇是急躁，祇是淺見。但我們同樣不該仗著傳統五千年漫罵現狀。一個病人到底是病人，你不該斥責他不好好吃飯，不好好工作，不好好運動與娛樂。幸而那病人沒有聽你斥責，否則亦便無異自促其死。我們應該仔細一診他的病徵與病源，好讓我們對症下藥。

甲午之役的中國，早已為蕞爾日本打得一敗塗地，可見中國的病況，不自五十年代始，早在五十年前已是病象襮著了。但我卻認為近五十年來的中國，有其新的徵候，有其特殊的病情，較之五十年前判然不同。五十年來的中國病，讓我暫從康有為與清德宗的一番心情說起。康有為開始活躍於近五十年來之中國政治界與中國思想界。他開始一本本匆促地寫成他的《波蘭瓜分記》與《印度滅亡記》而獻之清德宗，清德宗燈下披讀，心情激越，至於涕泗橫流。於是君臣相應而有當時之所謂新政。據梁啟超《戊戌政變記》所載，當時清德宗所頒新政諭旨，在短短不過三個月的時期中，便有一百數十件之多。梁氏譽之為古今中外，未始前見之盛事。然而我們從歷史的經驗看來，亦沒有像這樣急促忙迫的心理而可以投大遺艱收旋乾轉坤之效者。在當時的康有為，早已唱著全變速變的口號，以為不如此，中國便將為印度、波蘭之續。在當時中國人的心裡，中國早已自儕於印度、波蘭之列，最多亦不過如土耳其。變法祇以救亡，更不敢再有所奢望。清德宗不過是感受此種意見之一人。日暮而途窮，倒行而逆施，戊戌政變以匆促急迫之心情發動，亦以匆促而急迫之心情失敗。從此以下的中國，瓜分滅亡，流為一時之口頭禪，梁啟超特地寫了一篇〈中國不亡論〉，算是鼓勵振作了當時不少全國惶惑頹廢的心神。迨至五四運動的前後，又有所謂中國不亡是無天理的話，在當時居然成為大家首肯認為含有至理的名言。

當九一八事變突起，我時正在國立北京大學教書，九一八清晨北平報紙，披露此項消息，正值星期日，學校方面還沒有什麼舉動。翌晨星期一，我從西直門附近坐車到北大紅樓上課，一路便見到一隊隊大學生中學生與小學生，手裡揚著旗幟，口裡呼著口號，繼續不絕，而沿街壁上也已貼滿了種種標語。我叫車夫緩緩徐行，好讓我一路聽他們的口號和看他們的標語。迨到北大課堂，我的一班學生卻照常仍來上課。他們說今天不用講什麼，願我對此突起的瀋陽事變發表一些意見。我當時便說，此事正在發端，我同你們一樣受著甚深刻的刺激，但我此時卻感無話可說。而我所要說的則是今天一路四十分鐘內所聽見看見的一般學生們的口號和標語，這是北平智識青年對此事極自然的心情反應之流露，我禁不住要說幾句話。當時大家便渴望要聽我的意見。我說：我一路所見所聞，北平學生界的口號與標語，最奇怪的，有他們不約而同的一致的情緒，與態度。讓我挑選一句話作為代表，譬如說：「寧作刀下鬼，不為亡國奴。」這十個字已足十分代表出我一路所聽所看標語與口號之總意見與總態度。我覺得偌大一件事，在北平青年智識界中其精神上的反應，祇是一種消極的悲涼的反面的，退一步的情緒與心境，我沒看見或聽見一些屬於積極奮發正面進一步的話。換辭言之，我似乎祇看見青年們理智的，在利害上打算，卻沒有看見青年們熱血的，感情上的奮發。外面是慷慨激昂，裡面卻是淒涼慘澹。理智不準確，因而情緒也不健全。瀋陽是中國的土地，日本何得無端攫取，中國青年似乎不覺其可憤慨或可羞恥，中國青年似乎不認他為一種侮辱與輕蔑，而祇認其為一種危險與壓迫。這是我們智識青年平日心境與情緒之自然表白。此非小事，實在值得我們深刻的反省。這明白是一個大事件之開始，正有待於我們之出力搏鬥。而不料在此事情端倪剛露的時候，便已有一種亡國的陰影浮上了你們的心頭。若說你們自心內感並不如此，在你們一定感到非用此等痛哭流涕極而言之的辭句，非用終極亡國的刺激，將不足以喚起社會鞭策國人求其一致奮發。然而大家試想，若有一個人僅為避免餓死而振作，試問此等振作前程何在？一個國家僅為避免亡國而奮起，試問此等奮起，其前程又何在？我們現在且就以往中國歷史的經驗言之，像此瀋陽事變般的遭遇，或是更艱險更重大的，在中國已往，早不知經歷了若干次，儘多驚風駭浪，無害於中國之屹然長存，何致便痛哭流涕要說亡國將臨。萬一日本到達一相當階段而自己停止了，明白表示他並不急急要亡中國，萬一而中國人自己感覺到目下的情勢尚不到亡國的境地，那時的智識青年是否便心平氣和消沉下來呢？

我的一番話不幸而言中，九一八以後數年間的北方青年，據我所知，到底是消沉了。七七事變之後，我追隨學校到長沙南嶽，在廿六年十二月的一天，在南嶽聖經學校的一片草地上，北京大學的學生開了一個北大成立三十九週年的紀念會，同時作為一個送別會，因有好幾個學生要出發到前方去，要出發到西北延安去。當時大家的心裡，似乎全都在說，首都淪陷了，亡國的惡運，真快要降臨到我們的頭上了，我們再不能安心留此讀書了。我那時禁不住又在這草場上說了一些話。我的意思並不反對青年們決意上前線去從軍，祇反對他們對國家前途的那種消極悲涼專在反面退一步的看法，我祇要解除他們那種急躁的淺見，我說戰事正在展開，國家前途不是就此完了。青年報國有他無限的前程，安心留後方讀書，並不是沒有意義。若謂國家淪亡迫在眉睫，而茫然上前線去，（茫然二字是那日一位同學用的話）一旦看到國家並不真是淪亡迫在眉睫的時候，那時又不免要自生悔心，自生動搖，我們應該把握住自己，正使國家真個亡了，我們還有我們努力的方向。

在南京淪陷到武漢淪陷的一段期間，一輩大學青年之情緒緊張，我們與青年長日相處的人，今日一反想，依然如在目前。至少在我心中，是留下了一種極深刻的影像。然而一到武漢淪陷之後，似乎智識青年們的情緒便漸漸變了，大家漸漸看到中國還不致於亡國，而且漸漸的大家認為中國已確有了最後勝利的把握了。但是在此期間，全國智識青年的情緒與心境，卻亦未見其活躍，未見其懽忻與鼓舞，未見其對新的將來有所抱負與期待。讓我鄭重說一句，這幾年的中國青年，似乎轉而又消沉了。這不是沉著，實在是消沉。本來刺戟我們鞭策我們的祇是一些消極，悲涼，反面，而退一步的想像，我們並沒有積極的，快樂的，正面的，進一步的雄心與熱情。現在反面的鞭策與刺戟漸漸消失，正面的鼓舞與期待尚未開始，我們的意境自然是祇有消沉。

以上的一番話，我並不著意在指摘青年，祇求藉此指出近五十年來中國的時代病，而把智識青年們作為當前的實例，亡國與餓死，兩重陰影，常是壓迫在我們的心頭，進一步則為出身救國，退一步則為安心找職業謀生。這已是近五十年來病態中國下之標準人物，已是站在中國社會的最前線，值得我們的稱揚與禮敬。上面述說的智識青年，便是榜樣。沒有雄心，沒有熱情，沒有勇氣，向積極正面作進一步樂觀的盼望。對國家前途祇求其不滅亡不瓜分，不為印度、波蘭之續。根本沒有想到龍飛鷹揚，稱霸稱雄。這一個國家自卑的情緒影響到個人的人生方面，亦按比例的自卑自賤。近五十年來的中國人，無論在政治、學術、軍事、工業一切人生的各方面與各部門，實在夠不上說有雄心，有熱情，他們亦如對國事般，祇求做到適可而止。他們似乎用的自我批評的理智的成分太多了，而自我尊重的情感的成分則太嫌稀薄了。他們並不想做第一等人與第一等事。至少在世界的場圍裡面，他們是謙讓不遑的。救亡與謀生，是這一時代最高的想望。模倣與鈔襲，是這一時代最高的理論。從此一種自卑心理上面直塌下去，便招致了中國目前種種的病態。

一個老太太戟手指面的教訓他的兒子，說你再不奮發為人，你便祇有流為乞丐，轉為餓莩，這樣的教訓，在他兒子的眼前祇有漆黑，在他兒子的心頭祇有冰冷，漆黑與冰冷中間，培養不出光明與熱烈。一個人常常惦念到失業與餓死，他到底將不免於失業與餓死而止。人世間的一切光明與熱烈，早已沒有他的分。近五十年來之中國，常要惦念到印度滅亡與波蘭瓜分，康南海之大聲疾呼，與清德宗之涕泗橫流，這是五十年來中國病上加病之新徵候。這五十年來病上加病的中國，至少可以告訴我們一個真理，抹殺了你自己，便不配再有出路。抹殺了你自己而再求掙扎，全是白費力。抹殺你自己，便祇有消極，悲觀。從反面退一步著想，全是冰冷與漆黑，沒有光明，沒有熱烈。最後的結果，祇有直塌下去。要再確立你自己，便祇有轉身向你自己的本身找求，這是惟一積極正面可樂觀而進步的一條路。幸而數十年的病魔糾纏，到底掩塞不住數千年生命大源之澎湃與洋溢。正在此五十年代病上加病的中國，內部新生命之健康力量早已逐步的好轉與前進。孫中山先生倡導的三民主義與辛亥革命，這是一個元氣淋漓的，這是惟一的能從積極正面樂觀而進一步的方向來指導中國前途的。直到目前的對日抗戰，這並不僅僅是一個救亡圖存，這是一個寓有甚深革命性的抗戰，對於世界場圍有其甚深之革命性。這是從三民主義與辛亥革命的內部精神裡直接流貫而來。這是從中國傳統五千年生命本源裡面產生的新力量，這是自我確立，不是自我抹殺。這才是復興中國一大火種。星星之火可以燎原，久病的中國，漆黑冰冷的中國，快有他的光明與熱烈，我們祇希望將此火種在每一個中國人的心頭燃燒起來。

五十年代中之中國思想界

中華民國這五十年，可謂走上了一個歷史劇變的時代。不僅中國本身如此，即整個世界同時也走上了一個歷史劇變的時代。照理，在此時代中，該激發思想，要求有思想家出現。而不幸這五十年來，在中國，竟無一個思想家可覓。在中國思想史上，這一時期，將來會衹留一空白。空白尚好，更不幸的，還塗上了許多污點，有待此後人來洗刷。

所謂思想，最先必能提出問題，次之是經過縝密精詳的討論，然後纔得一明確肯定的答案。不論任何一個思想家，該有如此的三階段。即或衹有第一階段或僅到第二階段也可以。而就整個時代言，必有此三階段之進程。而此五十年來，似乎連第一階段也還未走上。即是說：究竟我們這時代，問題在那裡，還沒有人來提示、來指出，而為此五十年代中人所接受。

好像此五十年來，言論作為，都有著很多劇烈的爭論和變動，然而這些衹是所謂運動或潮流，風起雲湧，不斷掩捲著全時代，但亦衹是運動與潮流而已。在此運動與潮流之內部，則並無一項思想在領導。率先是幾個人之武斷偏激的意見與意氣，追隨之以大群眾之盲從與附和。其興也驟，其衰也忽。衹是些歷史事變，寫不進思想史的章節中去。

首先要提到在此五十年代中之所謂新文化運動，大部分衹是中國社會在感受外來影響，追隨世界潮流，而並沒有形成為一個思想問題或思想系統而出現。即如他們所舉最大最主要的所謂賽先生與德先生，科學與民主兩運動，也衹是表示許多人的共同意見、共同態度，憑藉著幾個標語與口號而宣揚散播開來，始終未能在此方面深入而嚴肅地轉成為一個思想問題而存在著。

在正面則是感受外來影響，追隨世界潮流，在反面則是對中國固有文化之唾棄與抨擊。如打倒孔家店，線裝書扔毛廁裡，廢置漢字，和全盤西化等，此等也衹是標語、口號。全是一種偏激的意見和態度，並不曾轉變成為一種嚴肅的、深細的思想問題來討論、來爭持。在當時，這些衹求形成為一個社會運動，所以都憑藉著感情和意氣來轟動一時視聽，希望群眾之接納，而並未訴之於深細嚴密之思想系統，來剖析其問題之內在性和其向前之深入性。

與新文化運動相輔而前者，有新文學運動。新文學運動衹為新文化運動作工具。如云哲學關門，打倒玄學鬼，禮教喫人，隻手獨打孔家店的老英雄，打倒孔家店，線裝書扔毛廁裡，德先生賽先生，這些傳誦一時，發生莫大影響的，都不是學術性的，不像是有思想訓練、思想修養的人所陳述。他的一套思想，祇是取法於《水滸傳》、《西遊記》，作為容易為大眾接受的淺顯而輕薄而又像是新鮮而生動的，可以使人不訴之於理智，不考慮於縝密與精詳的思想步驟，而立刻便得瞭解而容易賦予同情的那些不正當的並加以文學渲染的宣傳語句。嚴格說來，那些既不是思想，也算不得是文學。單就文學角度來衡量，還是像魯迅的孔乙己、阿Q之類，比較算得是近乎文學的。消極的、反面的、打倒的宣傳與運動，總勝不過積極的、正面的、建設的。輕薄的、俏皮的、尖酸的標語與口號，總勝不過大力的、憤慨的、堅強的。五四新文化運動之後，繼之以共產主義運動，正為同樣是宣傳、是運動，同樣是標語、是口號，而後來居上，則亦勢有宜然了。

正因這五十年來，努力從事於宣傳工作的多了，從事思想工作的，便相形見絀地少。就社會大眾言，總是歡迎接受宣傳的，一句標語，便是一項真理，淺顯明白，易於流傳。以多自證，以同自慰，便成定論。思想則有根據來歷，有層次曲折，有輕重分寸，有先後步驟，所提出的問題，未必人人遽認為是一問題，所提出的結論，更不易使大家瞭解此結論中所涵蘊之真義。抑且成為一個思想，往往急切不易得結論，更不易得一項全稱肯定的結論。抑既是打倒孔家店，打倒封建社會那一套標語廣播到全社會，這些是不需再思想的，而且也並無確切內容的。祇要你所不喜歡的，便可分別歸入孔家店或封建社會之兩大系統之內，而儘你自己的努力去設法打倒。在如此般的所謂學術風氣、時代思潮之下，很難有健全而純正的思想態度浮現到社會的顯明面來。

或說上所指摘固有理，但此五十年來，也有不少埋頭在學術界的，不能一筆抹殺了。此話誠然。但不幸此五十年來的學術界，亦有不少，而且可說是佔著大多數的，卻還是追隨結集於此兩大系統之宣傳標語之下而努力。若我們說一句或許是過分嚴酷的話，此五十年來之思想界，可說是思而不學的。此五十年來之學術界，則可說是學而不思的。正為此故，乃能沆瀣一氣，互相呼應，來形成此五十年代之種種的悲劇與惡果。

關於宣傳共產主義方面之所謂學術研究，此不具論。關於宣傳新文化運動方面所引出之學術研究，亦可舉出一句標語來作為此方面研究工作之中心，此即所謂以科學方法整理國故。其實此一標語之內涵，已是一種極狹義的武斷。此一標語之言外之義，已經包括有哲學關門、舊文學成死文學、及中國文化歷史傳統全不如人，亟須全盤西化等意見在內。否則若把此標語稍加改變，說成以科學方法整理中國哲學，以科學方法整理中國文學，及以科學方法整理中國歷史文化傳統云云，將全成為不通之語。正為此故，若有人試在學術研究方面來重新闡述中國哲學思想，或宣揚中國文學精義，或發揮中國歷史文化傳統之意義與價值，在彼輩都可認為是一種落伍不前進的、反動的不科學。因此，在所謂以科學方法整理國故之標語之下，最好不觸及哲學、文學及歷史文化傳統，而祇分散著當作一堆堆材料來研究。而其研究所得，亦決不能對中國以往的哲學、文學及歷史文化傳統有積極的、正面的、不該被打倒的擁護態度。

因此，我們不得不認為此五十年來之文化運動及其學術研究，乃沆瀣一氣，互為桴鼓者。一方是思而不學，一方是學而不思。在此項所謂思想潮流之下，決開不出真學術。在此項學術風氣之下，亦決引不出真思想。

但上所云云，究竟像似太嚴酷了。我們決不能說此五十年代中，無思想、無學術。惟此種思想與學術，乃被擯於社會之一角落，乃被壓於社會之隱暗面。若要說代表此五十年代之思想與學術者，則斷斷在彼不在此。說不定，過些時，那些宣傳標語為人厭棄，下面又重新走上一個真有思想的時代。到那時代，他們重新來敘述這一時代之學術與思想，或許他們會另具眼光，另作批評。在他們那時，或許會提出此五十年代中曾有過那些那些的思想來。但此是以後另一時代的事，在我們這五十年代中，要來敘述這代表此五十年代的，則祇好說僅有些對群眾宣傳的標語口號而已。也祇好說僅有些對群眾所求發動的某些運動而已。若要說代表此五十年代者，定必有一種或一種以上之思想，則祇好說代表此五十年代者，祇有一種專好發起運動製造標語的思想了。

近五十年中國人心中所流行的一套歷史哲學

黑格爾的歷史哲學，並不是根據人類客觀真實的歷史而形成其哲學，乃是根據其主觀玄想的哲學來歪曲歷史，強求證成。他所想像的人類歷史發展的最高頂點及其最後階段，便是日耳曼民族與日耳曼精神，而且在他想像中，這一階段早已來臨。他這一套理想，奮發了德意志，引生了希脫勒，招致了近代日耳曼民族之厄運。

黑格爾、馬克斯、列寧

馬克斯深受黑格爾思想之影響，但馬克斯是一位無祖國的猶太人。他對日耳曼民族和日耳曼精神並不感興趣，因此他的一套歷史哲學即唯物史觀與階級鬥爭的歷史哲學中所欲證成的人類歷史發展的最高頂點及其最後階段，卻為世界性的無產階級專政，而在他想像中，也認為這一階段早已來臨。

全世界無產階級聯合起來奪得政權這一番玄想，不如黑格爾的日耳曼民族與日耳曼精神之易於獲得確定之支持與表現，直要到列寧、史達林蘇俄革命完成，纔又把馬克斯那套哲學加以一番修整，即此種無產階級崛起之領導責任，落到大斯拉夫民族的肩上。這是黑格爾與馬克斯兩人的歷史哲學各自變質後之合流。

打倒中國以前的歷史

最近五十年來之中國，雖沒有出過像黑格爾、馬克斯般的歷史哲學家，但在一般知識分子的腦際，卻浮現出一套共同的歷史哲學，好像在說，必須打倒中國以前的歷史，纔能謀中國當前之出路。至於未來的理想呢？這在近五十年來在中國所流行的那一套歷史哲學是和已往歷史同樣沒有地位的。中國知識份子，似乎祇想接受別人領導，他們的理想也便即是我們的理想。我們要接受他們理想，服從他們指導，纔該先推翻自己已往的歷史。這一套哲學，並不由三十年來的中共所提出，三十年來之中共，祇是在此一套哲學中撫育長大。

大家知道，中共今天是在毀滅中國史，改造中國史，但已往的歷史是否真能毀滅，真能改造呢？毀滅一民族的已往歷史等於毀滅一個人之已往記憶。若使此人對其自身已往記憶真能毀滅，那非死亡，即是狂易，狂易不治，仍然是死亡。沒有歷史，便將沒有民族。這祇能合於馬克斯，不能合於列寧、史達林。馬克斯承用了黑格爾的那套歷史哲學而去掉了他的日耳曼精神，列寧、史達林承用了馬克斯的那套歷史哲學而又添進了他們的斯拉夫精神。今天的中共，正好承用了列寧、史達林的那套歷史哲學而承認了斯拉夫，取消了中國民族。這是不待雙方變質的自然合流。

沒有第三條路

取消中國歷史，取消中國文化，實是五十年來中國知識界本有的一種模糊想像，若真要做來，便該取消中國民族。今天中共才始正式嚴刻執行，卻因此又激動了中國人之惶惑與反抗。但我們面前並沒有第三條路，若要反對中國已往歷史已往文化，便不該不反對中國民族精神之存在，若要愛護中國民族精神，歷史文化即是民族精神之最真實最具體的表現。

我們愛護歷史，並不牽涉到歷史之價值問題，祇指歷史之客觀存在而言。我愛真我，我之所以為我，以其有對我已往之記憶。記憶便是一種存在，若說存在決定意識，則正因我有已往記憶存在，才始能有我之意識。我之已往記憶不存在，即無從再有我之意識存在。若我有術能把自己已往記憶任意歪曲塗改，來一新我，則其術必是一種魔術，其人亦必是走上了魔道。

中國此五十年來之知識分子所以極端鄙視中國歷史，因為先鄙視了中國文化。若把歷史比擬記憶，則文化正猶其人之品格。就目前世界人類學文化學者之通常意見，則民族與文化間，很難說誰優誰劣，誰得誰失。所以文化學者之研究中心，依然著重其客觀真相，而求比較異同，並非在估定價值，與批判是非。若必估定價值與批判是非，則各民族自己的本位文化厥為對此民族最相宜最有價值之文化。正猶如個人間之天賦與個性，實在就其本人論則為最有價值者。決不能專憑某一人之天賦與個性而抹煞其他一切人之存在。如此則必將追隨黑格爾，惟有亞里安血統與日耳曼精神，才始為天之驕子，應該征服一切而獨享其存在之尊嚴。再不然，則必如馬克斯不認有個性，不認有人格，而一切由經濟階級來決定。再不然，則如列寧、史達林，祇有大斯拉夫，始為人類此後新歷史之惟一領導者，其他民族祇有向其學習與一面倒。

百年以前史黃巢、李闖

此五十年來之中國知識分子，何以對自己文化如此鄙薄，其最後根據，則為中國近百年來在世界地位上之比較的窮與弱。此早已是一種變相的唯物論。務求抹殺自己來模倣他人，則此刻對證下藥，列寧、史達林的一套哲學，無怪要風靡一時。

最近五十年來中國人對自己歷史之不瞭解，對自己文化之不信任，寧為一無可否認之事實。又經此幾年來中共之澈底掃蕩，澈底侮蔑，我們對此憤慨的也該有一反省。對將來之前途，也該有一警惕。中國人究竟該不該知道一些中國史。若該知道，則該使我們知道些什麼？現在的中共，祇要人知道中國近百年史，不要人知道百年以前史。百年以前史，依他們目前意見，祇要你知道黃巢、李闖。我想大陸人民對此那一不憤慨！然而我們該回頭想一想，中國史上除卻黃巢、李闖，究竟有那些人物該先叫中國人，人人知道呢？我想提出這一問題，恐怕急切是得不到結論的。目前的中共，祇認中國史上兩千年來的一切文化是封建社會的文化，所以該推翻，該破壞。但我試問，若此兩千年來的中國文化，並非祇是所謂封建文化，又是什麼一種的文化呢？我們也該有一答案。若我們說，此兩千年來的文化，祇是一種愚弱貧病的文化，祇是一種太監、姨太太、鴉片烟、麻雀牌、纏小腳、扶乩及其相類似的種種之文化，祇是相當於西洋中古文藝復興以前所稱黑暗時期的文化，則中共今天的措施，似乎也未可厚非，我們不該憤慨，該反省，該警惕。

空話無濟於事

若認為中國歷史還該知道，中國文化還該瞭解，這不是一句空話所能濟事。我們存心破壞它，侮蔑它，已有五十年的經過了，我們該如何補救，這該是關心中國前途者一值得注意的問題。

存在決定意識

存在決定意識這句話，我是贊同的。但我對這句話所贊同的意義，卻與目前唯物史觀共產主義者對這句話所推展引伸的意義恰恰相反。我認為人是第一存在，人的意識最多祇是第二存在。沒有人，決不能有人的意識，因此，祇能由人來決定意識，不能由意識來決定人。而目前的共產主義者卻偏要用意識來決定人，換言之，他們要把意識來決定存在。他們目前所推展引伸的，恰恰和他們自己主張的那句話含義正反。

人是一個存在，資產階級也是人，無產階級也是人，就第一存在而論，同樣是個人。既有人的存在，於是而始有人的意識。階級祇是人的一種意識，無論如何，最高祇能說它是第二存在。先有了人，纔始有階級，不是先有了階級纔有人。深言之，沒有人的階級意識，也就無所謂階級。

我信仰存在決定意識，我可以要此意識或不要此意識，但卻不能根據此意識來許此人存在或不許那人存在。階級鬥爭是把意識來決定存在，不是由存在來決定意識。

但這並不是共產主義者獨有的毛病，從古到今，人類犯此病的太多了。有色人種無色人種同樣是人，同屬一存在。在此存在下始有有色無色之意識產生。若使沒有人存在，那有有色與無色人種之意識分別存在呢？但有些人，卻想把意識來決定存在，祇許有無色人種，不許有有色人種。

信仰宗教和不信仰的，同樣是人，同屬一存在，在此存在下始有信仰與不信仰之意識分別。但信仰者卻不許不信仰者之存在，於是有宗教流血之大悲劇。

共產主義亦成為一種宗教，便祇許信仰共產主義者存在，不許不信仰共產主義者存在。信仰共產主義便信仰有階級，便信仰祇許無產階級存在，不許有產階級存在，這正如回教徒不許耶教存在，耶教徒不許回教存在一樣。也如耶教徒中新教不許舊教存在，舊教不許新教存在一樣。

先有了人的存在，始有國家意識，但也可以天下一家，這始是存在決定了意識。若祇許這一國存在，不許那一國存在，則又是想把意識來決定存在之謬誤觀念。人類悲劇，皆由此最大的謬誤觀念產生。

父與子，是一種人與人間關係之存在；有父子關係即人倫存在，始有父子意識之存在。階級也算是一種存在吧，或是貴族與平民階級之對立，或是資產與無產階級之對立。同是一種人與人間關係之存在。因有階級存在，遂始有階級意識之存在。但祇能由存在來決定意識，不能由這一存在意識來否定另一存在意識，不能單憑階級意識之存在來否定父子人倫意識之存在。現在則祇許人有階級意識，不許人有父子意識，要人在階級意識下來取消父子意識，這依然要想由意識來決定存在之另一姿態。而況父子關係是天生的，階級對立是人為的，要用人為的來決定天生的，這又是想把意識來決定存在之一例。

國家要求人死，人有樂生之心，而在國家要求下不得不死，此本是人道中一悲劇，不是人道之正常。人有孝父母愛妻子之心，國家要求人離父母拋妻子，去為國死，這又是人道中一悲劇，不是人道之正常。非正常者，到底不可久，因此戰爭決不能持久，終必轉歸於和平。國家也最多祇可要求人死，不該更要求人不記念他的家。目前的共產主義者要求你為階級而死，更不許你為家而悲，說這是溫情主義，祇許複雜的人類僅有一種關係之存在。這不是由意識來決定存在是甚麼呢？

人是第一存在，祇該由人來決定意識，或否定意識，意識最高已是第二存在，有了人始有意識，祇該由人來判決該意識之應否存在，不該用意識來判決人之應否存在。戴東原所謂意見殺人，即指的用意識來決定存在，而那些人卻認此為天經地義。

人理論是屬於意識的，有是也可有非。人是一個存在，人便是人，不能同時又說他不是人。人同樣是人，所以人該存在，即人人該存在，而人的意識有不同，因此不同意識可以同時存在，或把此種不同意識漸求其同，卻不該把此一意識來否定其他一切意識，並否定其他一切意識背後的真實存在──「人」。

所以孔子教仁，佛陀教慈悲，耶穌教博愛，祇有這一意識，祇有這一教訓，可與人之存在同存在。馬克斯教人從事階級鬥爭，祇許這一階級存在，不許那一階級存在，又不許階級鬥爭一意識之外有其他意識存在，即不許人在這一關係之外有其他關係之存在。在目前，馬克斯的階級鬥爭論似乎也將成為一宗教，但斷不能成為與人類存在同其存在的宗教，此層決無疑義，祇把存在決定意識一真理來判斷，即可瞭然。

人的存在是第一的，人的一切意識與理論之存在是第二以下的，祇可有一生二，不能容許二滅一。一滅了，二即不存在。二滅了，一還是一個一。凡用一個理論來分別人類，在人類的整個存在中，劃分界線，要求此存彼滅，這一要求永遠必然要失敗。

毛澤東的悲劇

人人說中共刻意要全部改造中國史，這是不容懷疑的一件事。馬克斯的唯物辯證法，本來是一套變相的形而上學，即就西方歷史論，便該全部改造。何況經過列寧、史達林，已把馬氏理論，大大改頭換面，現在又經中共把這一套所謂馬列主義硬裝進中國來，試問若不把中國史全部改過，如何說得通？

讓我舉一個最近所見到的小小的例來說吧！兩月前，有一個剛滿六歲的小女孩，她跟隨她老祖母由無錫到香港，我在她小書包內，發現了她在國民小學所讀的兩冊教科書，一本是國語第五冊，一本是常識第五冊，這都是小學三年上期所用的書。那本國語，講述到古今中外五個人物，共佔了八課。第一課是毛澤東，那不用說了。隨後有朱德和陶行知，那是現代的三人物。接著的是該輪到歷史人物了。那便是李闖王，一連三課，最後兩課是列寧和謁列寧墓。再說到那本常識教科書，那更有系統了。說到中國史的，最先是陳涉、吳廣，其次是黃巢，再次是李闖王與張獻忠，一連四課。

我們常說：一部二十四史，從何說起？卻想不到真個會從李闖王說起。從新文化運動以來，我們常說要對已往舊歷史重新估定價值，卻想不到陳、吳、黃、李一流，現在是中國史上最先值得有教育價值的歷史人物。中國四千年的歷史人物典型，是從陳勝到李自成，中國全部歷史的文化意義，便是他們所謂的「農民革命」。今天的中共政權，便是承接這一傳統，從陳勝、黃巢、李闖、張獻忠而到毛澤東、朱德。這是這一政權內心清算最坦白的自我檢討之真實供狀。試問這一個東方的大革命，若使要期求成功，如何不要把中國歷史從頭改造？但我們試再問，若使中國歷史不可能從頭改造，這一政權，又如何能站得住？

現在的大陸處處在努力清算、坦白、搞通思想。但活人的思想可以算清，可以迫他坦白，可以威脅他搞通。困難的是死去的人，你何法再清算他，叫他坦白，逼他搞通呢？更困難的，是死人和活人的邊界劃不清，頭緒割不斷，馬列主義講歷史，主張發展到後一段便來否定前一段。但實際上，歷史永遠成為歷史，無可否定。你若要站在某階段來否定已往的歷史，無異是讓已往的歷史來否定你的現階段。史達林似乎懂得這一點，所以他依然要回到大斯拉夫主義，依然要提出蘇俄偉大的民族英雄大彼得，依然要承繼帝俄時代一向的向外侵略精神，依然要收復他們在東方損失的既得權益，而逼出《雅爾達協定》，一切的一切，仍沿著帝俄歷史路線而前進。毛澤東究竟不能承當馬、恩、列、史的直接繼承人，中國人的血統究竟不是大斯拉夫的血統，但毛澤東究竟也還和史達林一般，不能全部否定了中國人的已往歷史，而一筆不提，他一時還不能直從馬、恩、列、史一線下來創出一部未來的新的中國史，那是還需要無限悠久的時間的，於是他不得不還提到中國的舊歷史，於是不得不在中國的舊歷史裡尋出陳涉、吳廣、黃巢、張獻忠、李闖王來作他的歷史傳統，來奠定他在中國歷史傳統裡的應有地位。讓我們平心而論，李闖王是究竟抵不過列寧的。中國大陸這一代的小孩們，他們在中國已往歷史人物裡，祇知道一個李闖王，在全世界歷史人物裡，祇知道一個列寧，那中國人天經地義應該跟著蘇維埃，應該永遠做他們的衛星國，而毛澤東應該做史達林的義子兒皇帝，也就無可有爭辯的餘地了。

在共產極權之下，是不許有思想自由的，思想由智識而來，沒有智識，自然不會有思想。祇許你有一種智識，自然你也不會有那一種智識以外的另一種思想。因此要不許你有思想自由，必做到不許你有智識自由，纔是澈底。人人知道共產極權賴藉鐵幕而存在，但這一鐵幕，不僅是政治的，更主要是文化的、智識的。放進了智識的鐵幕，自然同時也就是放進了思想與政治的鐵幕。此刻中國大陸六歲上下的小孩子，他們對中國歷史，祇知道一個李闖王，充其量是李闖王同時還有張獻忠，以前還有陳涉、吳廣與黃巢。他們對世界歷史，祇知道一個列寧，充其量是列寧以下有史達林，列寧以前有馬克斯。要把中國人從張獻忠、李闖王發展進步到列寧、史達林，那纔是毛澤東、朱德對中國民族中國文化最偉大的抱負與貢獻！

若使歷史可以否定，死人可以清算，毛澤東的偉大理想，也許有成功之一日。無奈史達林不作此想，今天不在否定大斯拉夫與清算帝俄歷史，而又不許毛澤東不否定中華民族、與不清算中國史，那纔是毛澤東的悲劇。

他的悲劇的前影，便是他刻意從中國歷史裡提出來的陳涉、吳廣、黃巢、張獻忠與李闖王，似乎毛澤東在此上也許有先見之明吧！

注：此文寫在二十幾年前，直到今天，毛澤東還在清算孔子，清算宋江，要把一部中國史澈底清算，我在二十幾年前寫的這篇舊文，實在仍感有一讀之意義。

中國共產黨和中國史

中國共產黨很早便有一個偉願，他們想把中國史從頭改寫，把中國史裡一應人物及其作為全依照他們的見解，來重新批判其中的是非功罪。他們在延安時，早已著手來寫他們的新中國史，一到他們掌握到全國政權，他們對此事更不放鬆，更加著緊。首先是對全國各級學校裡的教科書，尤其是歷史教科書，都得通體改造，而擔任那些課程的教師們，也得認真學習，把他們從前的一些知識和見解痛快洗滌，澈底翻新。這是他們絕大的一個計劃，絕重要的一番抱負，決不是可以等閒看過兒戲視之的。

不錯，中國史應該從頭改寫，中國歷史上一應人物作為的是非功罪，應該重新批判，重新估量。你若真個搞通了馬、恩、列、史、毛一套的思想，你若真個懂得一面倒，你自然也瞭解他們來改寫中國歷史的用心和其重大的涵義。我試本著他們的立場，來和你稍微談一些中國史，談一些中國史上人物作為之是非功罪。我想中國史上第一個值得我們推尊頌揚的大皇帝，首先應該輪到秦始皇。因為秦始皇懂得用政治來統制思想，他能焚書坑儒，但秦始皇依然不夠偉大，因為秦始皇目空一切，他還不懂得向外國皇帝靠攏學習，他還不懂得一面倒，他想關起大門，做中國的大皇帝，這是秦始皇之不夠偉大處。

中國史上第二個值得我們推尊頌揚的大皇帝，我想應該輪到石敬瑭。石敬瑭纔始瞭解到一面倒的建國方略，他能拜耶律阿保機為親爸爸，他能在耶律阿保機馬前下跪，接受兒皇帝的寶號。但石敬瑭也復依然不夠偉大。何以故？石敬瑭本身是一個外國佬，他以外國佬的身分在中國做皇帝來尊奉另一個外國皇帝作他的乾父親，作他後臺的保鏢者，這是他不夠偉大之第一點。若使石敬瑭本身是一個中國人，而肯拜認外國父皇稱子稱臣，那纔是更偉大的象徵。第二點，石敬瑭之不夠偉大，在於石敬瑭僅知一面倒而不懂得思想統制。秦始皇偉大在這一邊，而石敬瑭則偉大在那一邊，他們各祇能偉大到一偏一側上。

中國史上第三第四個值得我們推尊頌揚的大皇帝，我想應該輪到黃巢和李自成。他們是農民革命的倡導者，他們開始懂得清算鬥爭，由恐怖大屠殺、大流血的場面下獲登皇帝之寶座，這是他們倆較秦始皇、石敬瑭之偉大處。但他們倆仍還不夠偉大，何以故？他們倆似乎全不懂得思想統制，又不懂得一面倒，這且不說，他們倆祇能在未登寶座以前來屠殺千萬億兆的人民大眾，他們倆來不及在既登寶座以後來餓死千萬億兆的人民大眾，這該是他們倆的終身憾事，這也是他們倆之不夠偉大處。

現在臨到中國史之新頁了，中國出現了一個毛澤東，他將集秦始皇、石敬瑭、黃巢、李自成之大成。他將兼有他們之偉大而再超越。他開始以黃巢、李自成的姿態出場，恐怖、大屠殺、大流血、清算鬥爭而獲登寶座，接著對內是二十世紀新型的焚書坑儒，無所不極地用他的政權來箝制思想摧殘教育，對外又是二十世紀的另一新型的兒皇帝，在本國政權未定的緊要關頭親身去國外拜見父皇，奉表祝壽。再接著是他的新經濟政策——「國外封鎖，國內敲剝」，第一年便是八百萬乃至八千萬的勞苦人民大眾在大饑荒的邊緣掙扎而犧牲。他負起改寫中國史的重任。以往的秦始皇、石敬瑭、黃巢、李自成，在已往的中國史上，全是些失敗者。或及身而敗，或身死即敗。他將不再是一個失敗者，他將在唯物歷史哲學的辯證的必然理論下而成功。以往的秦始皇、石敬瑭、黃巢、李自成，全是些被咒罵者，他將不再被咒罵，而開始被歌頌。在一面倒在人民民主專政的重壓下而被歌頌。由他的被歌頌而歌頌到秦始皇、石敬瑭、黃巢、李自成。由他的成功，而秦始皇、石敬瑭、黃巢、李自成，在舊歷史裡翻身。秦始皇、石敬瑭、黃巢、李自成雖在已往中國舊歷史裡失敗了，在當前改寫的中國新歷史裡卻同樣地成功了。明白言之，秦始皇、石敬瑭、黃巢、李自成之成功，並不是他們自身之成功。秦始皇、石敬瑭、黃巢、李自成之被歌頌，並不是他們自身之被歌頌。他們全將由於今天負起改寫中國新歷史者毛澤東之成功而成功，毛澤東之被歌頌而被歌頌。他們之偉大全將由毛澤東之偉大而偉大。再明白言之，中國舊歷史之改寫，也全將由毛澤東之偉大之成功之被歌頌而改寫。

你若問毛澤東何以能如此般偉大，如此般成功而被歌頌，如此般由其一手而輕輕便能改寫了中國傳統五千年的舊歷史，你若提出如上的問題，我請你先去搞通馬、恩、列、史一套的思想，我請你去學習蘇維埃的革命史。我明白告訴你，毛澤東實也仍不夠偉大，他是依照著馬、恩、列、史的一套思想而偉大。毛澤東實也並未能成功，並未在被歌頌。成功而被歌頌的，祇是馬、恩、列、史的一套思想與人物。毛澤東也不能來改寫中國史，改寫中國史的祇是馬、恩、列、史以及蘇維埃。在毛澤東的偉大之成功與被歌頌的將來，也不會有新的中國史出現，能出現的祇是一部翻版的俄國史，改寫中國史的工作，祇是把俄國史來塗滅了舊的中國史，舊的中國史塗滅了，再把新的翻版的俄國史來冒牌偽裝頂替而勉強呼之曰新中國史。然而在毛澤東手裡，若果真能完成這一番奇怪的工作，也就夠得偉大，夠得成功，夠得被歌頌的了。

不過歷史究竟是一種客觀的存在，它有它的力量，有它的作用。我們祇能說：由中國五千年來的歷史形成了今天中國四億五千萬國民的心理。中國共產黨憑其一時的幻想，要來扭轉歪曲中國當前四億五千萬國民的心理，那不是一件輕易隨便的事。若要憑中國共產黨一時的幻想來從頭改造中國舊歷史，那豈止是愚公移山，精衛填海！然而無論如何，毛澤東已經成為中國史上的一個人物，他將與秦始皇、石敬瑭、黃巢、李自成一體寫進中國史，他將由中國史來批判來衡量其作為的是非功罪。這一層，毛澤東和中國共產黨似乎也懂得，因此他們不得不先下手為強，趁他們及身得意的時候來趕緊改寫中國史。這無異在告訴我們，一部中國史已經在無形中用一種重重的壓力壓在他們的心頭，使他們不得不如此幹，這裡便是中國共產黨和毛澤東的前途的一片絕望的悲哀。

讓我告訴他一個極平常極淺易的道理：你儘可向活人清算，你儘可向活人鬥爭。但你千萬不要清算到死人身上，向死人去鬥爭。活人向死人清算，向死人鬥爭，是絕不會成功的。現在的中國共產黨已經清算到中國以往五千年來的死人群中去，已經在向中國五千年來的無量數的死人作鬥爭，那可白日見鬼，有力無使處，非至大禍臨頭，是決不會有別的下場的。

極權政治與自由教育

人類所以需要有教育，不僅為的是傳授智識與訓練技能，更要的，該是為的真理之探討。而探討真理，則絕對必需容許思想之自由。

人類探討真理所經歷的路程，那是極曲折、極艱辛，又極漫長，而似乎必然將無止境的再向前。已往人類對於宇宙人生一切真理之逐步發現，都由於歷久積累與不斷改進，而始有今日之成就。但我們依然相信，人類前途有其繼續演進的永久的將來。我們決不會承認，目前人類，已把握到宇宙人生的一切真理。同時，我們也不會承認，目前人類已然獲得了關於宇宙人生的若干真理，乃是某一時期某一人之獨特智慧之成果，而可無待於人類長時期多方面的智慧之共同參加其工作。而且我們也決不會承認，目前為我們所共同認為是真理的，再不會經後代人之改進或變動。

因此，如何來鼓勵和指導後一代的青年們，繼續探討宇宙人生一切真理，這是人類教育上一項至高無上的使命。

就教育論，一項真理，必將首先得承認，即是人類後一代的智慧能力，決不會一定不如前一代。換言之，當前受教育的青年們，他們的智慧能力，在其將來之所能成就，決不會一定不如對之施教育的成年們。中國最大教育家孔子早說過：「後生可畏，焉知來者之不如今？」唐代韓愈的〈師說〉裡也曾說：「弟子不必不如師，師不必賢於弟子。」這本是一項淺近易明的真理。而此項真理，實為主持教育事業者最先應該承認的。若我們對此一項真理不承認，則人類將來，將不會再有所進步，而教育僅為人類保持一現狀。而且這一現狀，決然會隨著一代一代逐步墮落與降退。這決不是人類文化歷史演進的真相，也決不是人類教育的理想與意義。

根據上述，所以人類教育，必該是民主的，又必該是自由的。

何以說人類教育必該是民主的？這因人類直到今天，對於宇宙人生各項真理，就其已發現者言，其間尚有許多的異見。在我們，實不能確切決定誰獲得了真理之正面，誰獲得了真理之全部。而且我們又不能確切決定今後的人類，直到無窮將來，再不能對我們今天所認為是真理的，有所改進與變動。因此，我們在教育上，傳授真理，也祇能如傳授知識般，祇好把我們今天所自認為真理的，乃至與我們抱相異見的，同樣當作一項知識來傳授，我們該讓向我們來受教的青年們知道，所謂的一切真理，還有待於今後繼續的探討。還待於他們的智慧與能力之參加工作。這即是教育上的一種民主精神。

何以說人類教育必該是自由的？因真理必然是自明的。無論我們確切認為是一項不疑的真理，但若要求別人之承認，便得靜待此項真理在其人之內心發生一番自明的現象。因此，我們要把我們所自認的真理，當作一項知識來傳授，我們又得傳授我們自己如何明白得這一番真理的經過。如是則傳授知識也等於是訓練技能般，該把我們如何獲得此項真理之方法與由來同樣傳授人。而最後，則祇有靜待別人受教者之內心自明來接受。故傳授知識與訓練技能兩項教育工作，其最高綜合，仍歸宿到探討真理的一項目。

直到今天，人類還不能違反上述的這項教育真理。而不幸，竟有幾許掌握極權政治老不放手的野心家，居然敢於公然來違反，這即是今天在蘇俄與中共統治下的所謂教育了。

他們好像說，人類一切真理，祇有給馬克斯一人發現了。在馬克斯以前，誰也不曾發現得真理。換言之，在馬克斯以前，人類文化歷史上一切所說的真理全非真理。然則馬克斯又如何獨自突然地發現了真理呢？這且暫不論。他們又好像說，從馬克斯以後，一切人類直到無窮將來，將再不能出一個等於馬克斯的人，更不論是超於馬克斯的人。因此他們也不許有一個人的思想異於馬克斯。人類真理則祇有馬克斯一家，人類思想，則祇有依照著馬克斯那麼想。因此一切教育，有關於探討真理這一項，則祇有歸宗到馬克斯。

若在某一人的腦子裡，藏有一些異於馬克斯的思想，他們便用一套洗腦方法把你那一套異於馬克斯的思想先洗滌乾淨，再把馬克斯思想來灌輸。

若在那一人的腦子裡，洗又洗不淨，灌又灌不透，那一人便是一個反動者，那是對馬克斯思想的反動，那一人便沒有再在此世界生存的權利。那是一種不民主而無自由的極權的教育。

但我們禁不住要問，馬克斯同樣是一個人，他的那套思想，又是如何而來的呢？馬克斯學哲學，必曾讀過黑格爾的書，為何我們再不讀黑格爾？馬克斯學經濟，必曾讀過亞當司密斯的書，為何我們不許讀亞當司密斯？馬克斯必曾讀過耶穌《聖經》，為何我們再不許讀耶穌的《聖經》？馬克斯必曾學過異於馬克斯的，而再來他自己的一套。為何我們再不許也學些異於馬克斯，而也有我們自己的一套呢？

而且人類中間出生了一個馬克斯，便抹殺了在他以前的一切人，這且不說了。又須抹殺在他以後的一切人，直到人類的無窮將來，我們都無端地斷定了，此後人類再不能另生一個勝過於馬克斯的人，而且也不能再生一個相等於馬克斯的人，試問這項斷定，是不是真理？而且我們縱然崇拜馬克斯，若果遍讀馬克斯的書，在馬克斯本人，實在並沒有明白主張過這真理。然則又是誰在主張這真理呢？

史達林和毛澤東，似乎在主張這真理，那麼，在馬克斯以後，豈不還有人在繼續發現馬克斯本人當時所未經發現的真理嗎？既如此，史達林、毛澤東，也同樣是個人，他們能在馬克斯以後，發現馬克斯本人當時所未經發現的新真理，為何其他別人便絕對地不能呢？

若使我們承認了，在馬克斯之後，還有人能繼續發現馬克斯當時所未經發現的真理，則我們的教育，還該再回到民主和自由的路上去。

教育事業的對象是青年，必得尊重青年，纔算尊重了教育。青年為何該尊重，因青年代表著人類之下一代。我們必得信仰，人類之下一代，可能勝過於人類之上一代。我們至少該希望，人類之下一代，可能不低劣於人類之這一代。至少能相等於人類之這一代。如是而教育事業纔始有其意義與價值。如此則我們又要問，縱然我們是崇拜馬克斯，信仰馬克斯，而我們憑何真理來壓低我們的下一代，即來向我們受教的青年們，硬認為在其中，絕對沒有一人該異於馬克斯，能勝過馬克斯，而必須讓他們經受那種洗腦的教育呢？而且我們又得問，馬克斯在當時，因於他主張了一番和他以前及和他同時人所不同的思想和理論，而我們今天，在崇拜他，信仰他，尊之若聖人，但又為何不許我們這一代的青年，也如馬克斯當時一般來探討他們內心自發所認為的真理，而必然祇許他們尊奉馬克斯，否則便是反動，連他們在這一時代要求生存的權利而都該剝奪呢？

讓我們再退一步講，人類真理祇有此一家，即是馬克斯所主張的。但時代是不同了，馬克斯生存的時代已過去，我們生存在和馬克斯不同的時代，如是則馬克斯的思想至少總該有一番新發揮，一番新解釋。但人同樣是個人，誰該來發揮，解釋這不同時代的馬克斯真理而具體應用到這一時代呢？所不幸的，在蘇俄以前祇是列寧和史達林，現在該輪到馬林可夫了！而在中國大陸，則祇是毛澤東。我們且再問，列、史、馬、毛幾位和別人之間的不同，究竟在那裡呢？豈不是因於他們掌握了一個政權嗎？但政權不即代表了真理，一個政權的領袖，不即是真理的發現者，也不即是真理的判定者。若把政權代替了真理，真理可當政權之奴役，那便是我們所謂的極權。在極權政治之下，是不許有真理，也不許有教育的。在極權政治之下的所謂真理與教育，祇是掌握此種極權政治者所運使的一種騙人的工具，而一般受教育的青年們，則命定為運使此種工具所必然應有的犧牲。

人生真理中，有時也得有犧牲。但我們必該強調下面這一點，即祇該由於其人之自動，即出於他之自願而犧牲。不該單憑任何一方之自認為真理，而強對方作犧牲。即或多數方面認為是真理，也不該強少數方面作犧牲。根據人類文化歷史悠長的演進，探討真理，是何等地曲折而艱辛的一條漫長的路程，儘有時，多數方面未必是，少數方面未必非。而且真理必該是自明的，因此誰也不該憑他所謂的真理來追迫不認此真理者作犧牲。若憑真理逼人作犧牲，那他所憑的真理，早變成了強權。逼人作犧牲尚不該，而況是騙人作犧牲呢？極權政治是逼人作犧牲的大兇手。極權政治下的教育，則是一個誑人的大騙局。

為多數犧牲少數，若果出於少數人之自願與自動，這還是可認許的。但人生真理中，絕無為著目前現實而犧牲將來的真理。真理探討，在人生工作上，是一無窮的。試問將來那能自動自願的為目前作犧牲呢？青年則代表著下一代，代表著將來。若我們專對目前現實的利害打算上，認為是真理了，我們硬想把這項真理，十足灌輸給青年，甚至把青年的頭腦，也裝進鐵幕中，不僅把人的思想封閉進鐵幕，連人的見聞視聽也封閉進鐵幕，不許他們接觸到在我們所認為是真理以外的一切探討真理的思想和言論，又不許他們有自由思想和自由選擇之餘地，更不希望他們有自由創見與自由懷疑之可能。把代表著下一代的青年們所應有的自由探討真理的熱忱和勇氣打消了。把他們所能有的自由探討真理的智慧和聰明窒塞了。如是則真理將成為一死局。人類直到無窮的將來，祇要依照這樣的一種教育法，將使此後人類永遠不會再發見新真理。祇要是違反了自由主義的教育，其結果必然會如此，必然會扼殺了真理的生命。真理扼殺，則人類將永遠無前途，那不是為了目前而犧牲將來嗎？然而我們的目前是短暫的，人生決不能片刻停止在目前，有將來纔始有目前之存在。因此，犧牲將來來照顧目前，決不能成為人生一真理。

而且不許有自由思想的教育，在其立場上，早已抹殺了受教育者的尊嚴。他們絕不為受教育者留一或許能超出於其所受教者之餘地。人類因於出了一個聖哲如馬克斯而永遠把真理的再發見斬絕了。如是般的教育，轉輾相受，祇有一代不如一代地後退。人類的將來若果是無窮的，試問這樣一種的教育，是否也會隨人類之無窮而無窮呢?若果這樣的教育，真能隨人類之無窮而持續，試問那時的人類，將會墮落到怎樣一個情狀呢?而這一類的問題，則為當前的極權主義者所絕對不顧慮。

因此我們說，扼殺了青年的自由思想，即是扼殺了下一代的人生探討真理的道路，扼殺了下一代探討真理的道路，即是扼殺了下一代的人生。而這一代的人生便成為短命，將無前途可言，亦即無存在可言。

然而，青年們的內心，則永遠是純潔的，青年對真理的嚮往，則永遠是熱忱而具有勇氣的。青年們若得為真理而努力，他們是永遠慷慨，永遠無所顧忌的。目前青年們所面對的現實，不容掩飾，有許多的混亂，錯誤，甚至是黑暗與罪惡。人類距離到達全部真理的光明境界，還是如此其遙遠。而不幸竟來了一批出賣廉價真理的偽善者、狂熱者，在他們認為，宇宙人生一切真理，已全給一位聖者無遺漏地指出了，而且是獨特無二，祇此一家，已包攬了宇宙人生一切最高而無誤的真理，雖經那位聖哲之發現，卻還待於後人之證實，為要證實該項真理之必然是真理，必然是獨特無二，包攬無遺的真理，則有需於我們之努力與犧牲。青年們經不起這批偽善者與狂熱者之麻醉與煽惑，儘有勇往直前來為這個聖潔的任務作犧牲，供驅遣的。這正是人類青年之可愛處，而也正是這些偽善者與狂熱者之罪大惡極處。

說到這裡，我們得回就自由教育一面再說幾句話。本來為人類繼續探討真理，是教育最大的宗旨。惟其探討真理，是如此般一條曲折而艱辛而漫長的路程，因此不得不儘量提倡自由思想，把這項工作，直放遠到人類無窮之將來。又不幸而在自由主義的教育之下，有些人，則把探討真理的最大宗旨，其先或許為的是慎審，而終於擱置一旁，而忽略了，遺忘了，陷於目光短淺，專注意在傳授智識與訓練技能的兩個項目上，如是則不免成為專為職業功利智識技能而教育。這樣的教育，實在經不起偽善者與狂熱者之敵對與挑戰，而況還有一套極權政治在後面作全力的支持與脅逼。這真是當前人類文化一絕大的危機。然而我們在教育上，還是不能放棄自由的精神，人類探討真理的路程，儘曲折、儘艱辛，儘是漫長無止境，我們還得盡我們的耐心與堅忍，來挽回此狂潮。這真是當前站在自由教育陣線上的人，一個艱巨而決不該逃避的大責任。

我們該知道，當前所面對著的是一個人類探討真理的態度和路向的大鬥爭，離開了探討真理，一切智識傳授和技能訓練，將無法在此項鬥爭中獲勝利。而在我們手裡，此刻還沒有一個十分無疑問的絕對共信的真理，而一切混亂錯誤黑暗罪惡，正又在四圍迫促著我們，非向探討真理的路程上急速邁進不可。否則那些偽善者、狂熱者，將依然有他們一套的引誘與煽惑，依然不斷來向我們挑戰。縱然說他們的那一套，決然非真理，而在他們口裡，確是高呼著真理，而在他們心裡，也有些人是真認為是真理的。我們若不能在真理上有真探討，僅在傳授智識與訓練技能上認為已盡了教育之事，則將會供給那批掌握極權政治的野心家們以不斷的大批犧牲品，來自願供獻上他們的神臺，來作扼殺人類下一代走向真理道路的血祭。這真是當前關係人類文化進展前途一個大問題。我們不得不誠懇希望站在自由教育陣線方面的教育家們，來更深刻地注意這問題。

如何研究中國史

（一）

因對中國史的觀點不同，而所謂「如何研究中國史」的見解亦復相異。鄙意研究中國史的第一立場，應在中國史的自身內裡去找求，不應站在別一個立場，來衡量中國史。

設一淺譬：如有一網球家與足球家，兩人興趣不同，成績亦殊。今為網球家作傳，自應著眼於其網球技術之進展上，而與為足球家作傳的應有節目，斷難肖似。近人好以西洋史學家講論西洋史的節目來移用到中國史上，則殆如以足球家傳中之節目移用於網球家也。

所謂從中國史自身內裡找求者，今請先設一極似空洞而實為客觀的目標，即研究中國史應先注意到中國史在那幾方面是變動了。所謂變動，即是歷史上劃時代的特性，前一時代與後一時代絕然相異處。從此等相異處可以看出歷史之變態與動向，再從此等變態動向裡論求其係進步抑退步。竊謂如此研究，乍看雖似空洞，結果必較合客觀之真相。故我謂研究中國史，應在中國史的自身內裡找求，更應在中國史前後的變動處找求。

（二）

若從上述意見，我覺中國史之進步，似乎不重在社會經濟方面而重在其政治制度方面。若論經濟狀態，中國社會似乎大體上是停滯在農業自給的情況之下，由秦漢直到最近，二千多年，祇有一治一亂，治則家給人足，亂則民窮財盡，老走一循環的路子，看不出中國史在此方面有幾多絕可注意之變動與進步。然從政治制度方面看，則實在有其層累的演進。

（三）

中國史政治制度上的演進，由鄙意看之，約略可分為三階段：

一、由封建到統一。

二、由軍人政府到士人政府。

三、由士族門第到科舉競選。

秦漢統一，是中國史上第一大進步。自此以下，直至今茲，統一是中國史的常態，分裂和割據是中國史的變態。近人常好說中國至今還未脫封建社會的性質，此種理論和看法，祇好說是西洋史學家的理論和看法，中國史學家向來祇認秦漢以前為封建時代，統一政府的產生，便是諸侯封建之消滅。自政治組織上看，實是中國史上一極大轉變，亦可說是中國史上一絕大進步。

西周以來，依照宗法血統而為封建，那時社會顯分兩階級，一貴族，一平民，然其界線至戰國即漸趨毀滅。秦人尚首功，(其實當時東方各國亦有此制)軍人躍起而為新貴。至漢代定制，非劉氏不得王，非有功不得侯，而所謂有功者，大體祇是軍功。(此看《史記．諸功臣侯表》即知)而且當時皇帝以下的丞相，照慣例非封侯階級不能擔當。故漢初政府，一面固可說是一個平民政府，其實亦是一個軍人政府也。直到漢武帝用董仲舒、公孫弘，設立五經博士，又為博士置弟子員，每年考課，得補郎吏，又定地方守相逐年察舉屬吏之制度，而公孫弘徑以士人為丞相封侯，打破漢代以前非封侯不拜相非立軍功不封侯之慣例。此為漢代政制上一大轉變。直至漢宣以下，朝廷大臣，幾乎全屬儒生，非通經即不能拜相，即拜相亦不安其位而即去，軍人政府漸漸轉移為士人政府。從此以下，組織中國政府之主要分子，即以屬於士人者為常態，以屬於軍人者為變態，至以宗族組織政府如西周封建制度者則再難出現。此可謂是中國史上之第二大轉變，亦不妨謂是中國史上之第二大進步。

東漢以下士人逐漸得勢，以累世之傳經而變為累世之公卿，遂漸次造成一種新階級，即歷史上所謂門閥是也。門閥在政治上之地位，雖不能父子世襲，而迹近父子世襲，政治地位落到幾乎限定的幾個氏族手裡，幾乎可以說是古代貴族之變相的復活。然而其勢並不久，隋唐以下，遂變為公開競選之考試制度。此種制度，雖歷代均有改進，而大體未變，直至清末，有千年以上的歷史。由士族門第轉到科舉競選，可以說是中國史上之第三大轉變，亦可說是中國史上之第三大進步。

（四）

何以上述三種轉變，我要說他為三種進步呢？因為此種轉變，實在不能不說是一種合理的轉變。合理的轉變，自可稱之謂進步也。何以稱其為合理的轉變？竊謂由此三步之轉變，可以看出中國史上一種共有之趨向，即可說是中國史上一種不斷的進步。其趨向是何？簡言之，曰，王室與政府逐步分離，平民與政府逐步接近也。請先論王室與政府關係之轉變。

（五）

西周封建，宗廟血統的親疏，即是政府官位的高下。那時王室與政府，可謂二而一、一而二，朕即國家，殆無分別，整個天下便是姬姓、姜姓的天下。秦始皇雖說統一中國，然而自宰相以下與嬴姓家庭即無關係。秦始皇確是中國有史以來第一個大皇帝，但秦始皇的家族，較之周武王、周成王的家族，在政治上的地位相去遠了。何者？武王、成王的子弟莫不分土封國，秦則除皇帝外其家屬無異於庶人也。秦始皇得天下，本來多靠東方遊士的力量，秦始皇得天下後，至多亦祗能奪下呂不韋的政權交付與李斯等手裡，不能徑把天下私諸一家。漢承秦弊，封建與郡縣並行，非劉氏不得王，非有功不得侯，姓劉的政權與附會姓劉的一輩軍人朋分。然而不久同姓王繼異姓王而盡，封侯世襲的功臣，在政治上的地位也逐漸低落。到漢武帝以後，便漸漸有一個政府的勢力常和王室抗衡。當時的所謂內朝與外朝，即是從這個局勢下產生。東漢的外戚和宦官，祗是代表王室勢力之一面，名士黨人，則是代表另一個勢力，而在政府裡逐漸得勢。東漢末年，可以說是王室勢力一落千丈，士族門第則從東漢的名士和黨人的集團裡培養出來。所以魏晉南北朝，外戚宦官不再當路，王朝雖屢屢變換，政府還可一線相承。從這一點看，魏晉南北朝在大體上還是走在王室和政府逐漸分離的路上。隋唐以下，政府和王室之界線益見清明，除皇帝外，皇帝的家屬及其私人，照例在政府的組織上並不能有任何地位和特權。所以隋唐以下，公開考試，士人以白衣為公卿，並無門第大族，而王室之權，轉變較古代為減削。這不能不說是政治組織上的進步。

以上說的是王室與政府逐漸分離的一點，下面再說平民與政府逐漸接近之一點。

（六）

照理，中國史自秦漢以下，變成一個極大的統一政府，和以前小國寡民列土分封時不同，人民的地位應該和政府格外隔離了。而實際卻不然。秦漢以下，平民參政的門路逐次開展，平民參政的權益逐次確定。自兩漢的察舉制到魏晉的九品中正，自魏晉的九品中正制到隋唐以下的進士科舉。總之是平民參政的機會逐漸加增與擴大，普遍到全國各地，在一個公開的規制之下，合標準的即可加入政府為其一員。而王室家族及其私人，轉有種種限制，使其不能在政府裡得到勢力和權位。不注意到這一層，即絕對不能瞭解中國史。

（七）

讓我們再從此推開一步，看一看中國史上的農民商人和兵士。春秋封建時代，貴族武裝起來，農民則受其統治。到戰國，貴族階級墮落，武裝漸漸懈弛，而農民卻漸漸地因貴族的需要而武裝起來，又因軍功而走上政治的高層。直到秦漢，兵役依然為農民所人人不可避免的一件事，然而農民亦衹有從軍始有走上政治層的希望。及武帝改制以後，政制逐漸轉變，農民和兵役亦漸次分離，從唐代的府兵制直到宋代的雇兵制，當兵漸漸成為一種志願的職業，而與農民分離。農民可以畢生乃至累代不見兵革，隨其一家生計狀態之上昇而漸漸學習文學參加考試以圖上進。至於商人，因中國地大物博，得天獨厚，自秦漢以下，既走上統一的路，國外貿易幾乎不感需要。至於國內，則因政制的關係，所謂「遺金滿籯不如傳子一經」，自東漢時已然。理想的政治，始終是所謂「不患寡而患不均」，所以重農抑商。商人受到種種限制，祇要稍有生計，自然而然的走上文學經書的路上去。故《史記》、《漢書》裡記下的貨殖、游俠諸色人物，漸漸在社會裡融化而全變成儒林、文苑、獨行、隱逸諸門，社會上的心思氣力，大部分不去用在經商和從軍上，而祇用來講究經義文學。這其間，政治與社會互為影響，因中國之環境，而漸次造成中國的社會政治和歷史文化之傳統之特殊性。

（八）

我上面所講，雖嫌空洞，而大體已指出中國史之特徵。所以中國從來雖無近代的交通、嚴明的法律、龐大的軍隊，與夫一種特殊階級的勢力，而自秦漢以下，居然能統治這樣大的土地，這樣多的人口，而不斷地擴大，與永久的緜延。

若使中國社會不受別一種文化的侵迫，中國社會自身仍自有其進境，其趨向則大體如上述，王室與政府逐漸脫離，平民與政治逐漸接近，不講富強而惟求和平，於文學、哲學、藝術、倫理諸方面亦追隨前進，而中國民族逐次擴大。四圍的民族，祇要能接受中國這一套文化的，自然也能走上中國民族所走的路子而與中國民族相安於無事，如朝鮮安南等即其明例。

所以看中國史，並沒有如西洋史一般如火如荼的宗教戰爭，掠奪海外殖民地的戰爭，革命大流血，階級鬥爭等等，而自有其生命與進程，並非二千年如睡獅，祇在朦朧打瞌睡也。

（九）

我根據上述意見，希望有志研究中國史的，多注意於其歷代政制的演變上。但我們要研究政治制度，不可不連帶注意到其背後的政治理想，我們要研究某一時代的政治理想，又不得不牽連注意到其時一般學術思想之大體。所以我希望有志研究中國史的，應多注意於中國歷代學術思想之演變。與制度學術有關係的，我又希望能多注意於歷代人物的活動。學術制度人物三者相互為用，可以支配一時代的歷史。

（十）

治史雖在知往，然真能知往，自能察來。中國的前途，在我理想上，應該在中國史的演進的自身過程中自己得救。我不能信全盤西化的話，因為中國的生命不能全部脫離已往的歷史而澈底更生。我認為照上面所述，中國最近將來，其果能得救與否，責任仍是在一輩社會的中層知識分子，即是歷史上一脈相傳的所謂士人身上。中國的將來，要望他們先覺醒，能負責，慢慢喚起民眾。所謂全民政權與階級鬥爭等等的話，似乎與已往歷史及現在實況相去皆遠。祇因滿清末年行省督撫擅權的局面不能革除，直至今日，中央統一的政權還未鞏固。祇因八股的病害而把推行一千年來的考試制度一手勾消，遂使近二十年來政府用人絕無客觀的標準。如此之類，祇求中國政治能改革近代之實病而走上軌道，則科學建設自有希望，到其時中國自有出路。乃知中國已往文化，並不是全部要不得，並不是定要全部毀滅已往文化始得更生也。

歷史與時代

（一）

歷史是永恆的，時代是剎那的。由剎那積成永恆，在永恆中包涵了剎那。

歷史是一個常，時代是一個變，由積變中見有常，在歷史的常之中包涵了各時代之變。歷史由積變而成，若時代終有不變，則不見有歷史，然歷史也不僅有變，若僅有變而變中更無一不變之常，亦不見有歷史。故歷史有變亦有常，有常亦有變。常與變同時而俱存，一相而兩顯。而史學則為一種由變見常，由常識變之學，單看歷史中某一個時代之變，不僅不見常，亦不見有變。所見祇是一現實。現實固無不變，若專就其變處看，則時代短暫成剎那，而現實恍惚成幻滅。故專憑歷史中某一時代之變，將無法認識歷史之常，惟有在積各時代之變而形成的歷史之常的中間，卻可以叫人明瞭各時代之變之內在意義乃及其所以然。

因此我們該從歷史來瞭解時代，不該從時代來估量歷史。

讓我們具體地說：若你單憑最近四十年來中國時代之變，你決無從判斷四千年來之中國歷史，但你在四千年來中國歷史之不斷演變中，卻可幫助你瞭解最近四十年的新中國。

同樣的理由，你不該單憑一百年或兩百年來的世界演變來推測從頭的世界史，但你可從整部的世界史之不斷演變中來更明瞭最近一百年或兩百年的新時代。

（二）

何以說不該憑時代來估量歷史呢？

無變不成歷史，治史學者首貴識有變，然變的因素則極複雜、極錯綜，從多方面錯綜複雜的相互關係中引生出各時代種種之變。變之來臨，因其極複雜、極錯綜，由多方面的關係所促成，遂不易為囿於某一時代之某一方面某一角度之短暫與偏狹的理解所把捉，於是遂祇有求助於史學。

歷史由積變而成，在此積變中自成條貫，自有系統，此種積變中之條貫與系統，用近代人術語說，當即稱之為文化。文化乃超時代而存在者。時代是現實的，而超時代者則是精神的。精神並不能脫離現實而存在，但亦不為現實所拘縛。精神乃貫串於現實之中，包絡於現實之外，超越於各時代現實之不斷之變之上，深浸於各時代現實之不斷之變之裡，而見其有一種條貫與系統，無以名之，姑名之曰精神。此一時代之現實，可以大異於前一時代之現實，而此一時代之精神，則仍將無以大異於前一時代之精神。故現實乃剎那性者，而精神則是永恆性者。凡屬歷史必具有某種精神之存在。

由於歷史精神之潛存力量而始有歷史上時代精神之出現，由於有新的時代精神，而始有歷史上真的時代之變。由於積累各時代之變之內在精神之自有其條貫與系統，而我們指稱之為是文化。我們該從歷史來認識此種文化精神之內在潛力，一切時代之變，其背後則必有此種文化精神之內在潛力在操縱，在主宰。

（三）

斯賓諾莎說：「人類應以永恆的目光來觀察過去之世變。」此言誠是，然試問此永恆目光，何由得之？斯賓諾莎乃一泛神論者。彼之所謂永恆，殆歸屬於上帝，於神。吾儕之所謂永恆，則將歸屬於人類，歸屬於人類之歷史與文化。

吾儕當轉換斯賓諾莎的口氣的語法，我儕當謂：「人類應從過去世變中來尋求來獲得其永恆的眼光。」

永恆是一種真理，永恆是一種精神，永恆亦是一種力量。此種真理與精神與力量引生出種種時代之變，而此種真理與精神與力量則不源於上帝與神，而源於人類歷史所積累形成之文化潛力。

時代變了，時代的現實變了，歷史將隨而變。但已往的歷史則不可變。由必不可變的已往歷史，進入必不可不變的時代現實，而於是有新時代，有新歷史，有新精神，有新力量。

若僅有一不可不變之時代現實，而更無一不可變的歷史精神，則人生將祇有剎那，不復有永恆。剎那剎那變滅，將祇見為虛幻，不見為真實，祇見有轉化，不見有生長，祇見有命運，不見有人生。

人生脫離不了命運，但命運不就是人生。因命運變幻無常，而人生則始終一貫。命運積累不成為歷史，必於命運中投進生命之努力，而始有歷史。所謂歷史精神者，即由此一貫的生命力量投進不斷變幻的命運中而造成。

因此，歷史是奮鬥的，歷史是前進的，然若昧卻歷史的潛存力量，忽視了歷史的傳統精神，即歷史積變中的條貫與系統，則時代現實永遠是一個變，將不見有奮鬥，不見有前進，不見有力量，不見有永恆。此種變則必然是剎那的，是幻滅的，至多則是一種自然的變，而不是人類歷史之變。

（四）

小孩新生，他祇知有現實，不知有歷史。墮瓦擊頭，放聲大哭，成為他當前莫大的刺激與打擊。年事日長，經驗日增，歷史的認識亦漸增強，對於墮瓦擊頭一類偶然意外的事變，將決不如幼年時之易受激動。他自知如何來應付。

嬰孩的生命，局限於一分一秒之現實刺激。少年生命是逐步增長了，他將以日計，不復以分秒計。一日之得失憂樂，超越了他從前一分一秒之得失憂樂。成年人以年計，在歷史文化中生活的人，將以時代計。一百年幾十年的得失憂樂，代替了他以前一年一日一分一秒之得失憂樂。

沒有歷史文化意識的人生，是嬰孩的人生，是未成年的人生。他的得失憂樂將限於當前，限於現實，他將永遠為命運所支配。在急劇轉變的時代中，他將無法獲得其奮鬥向前所應有之潛力。此種潛力，則必於歷史文化之陶冶中獲取。

（五）

在歷史上有所謂革命的大時代，但一切革命，全都是憑藉歷史潛存力量來革時代現實之命。全都是憑藉歷史永恆真理來革時代環境之命。斷沒有憑藉時代現實轉回頭來可以革歷史文化的潛存力量與永恆真理之命者。祇有永恆可以轉變剎那，剎那轉變不過永恆。離去永恆之剎那，則是幻滅。離去歷史的時代，亦同樣是幻滅。

時代現實在長時期的歷史轉變中，祇是一剎那。不要把我們的心靈局限於當前剎那之感受中，我們該從歷史的永恆中汲取我們的信心與勇氣。當前的不調和，有待我們來解決。當前的坑塹，有待我們來跨越。當前的禍難，有待我們來克服。我們在歷史上的任務，是把剎那消融到永恆中去。剎那融進永恆，才有此剎那之存在，否則剎那祇是剎那，祇是幻滅而已。時代須融進入歷史，始有此時代之存在，否則時代祇是時代，時代亦祇是幻滅而已。

你千萬莫謂憑藉當前的時代，可以推翻已往的歷史。人人有一個當時的時代，若時代可以推翻歷史，已往的歷史，早經推翻，不待到我們的一時代。

每一時代，祇能延續歷史，在歷史的不斷進程中，繼續加入創新與完成的工作。對已往歷史模糊與輕蔑的時代，那必是一黑暗悲涼的時代。刻意要對已往歷史革命的時代，那必是一狂妄與痛苦的時代。

革命的真對象是時代，不是歷史，革命的真力量，從歷史文化的潛存傳統來，不從時代當前違反歷史的短暫現實中來。那是歷史真理，亦是革命真理。

（六）

因此，時代革命是真革命，歷史力量是真力量，祇有運用真力量，才能完成真革命。對歷史革命，是一種不可能的偽革命，限於某一時代的力量，是一種短暫而不可恃的假力量，運用不可恃的假力量，來求完成一種不可能的偽革命，將見其無往而不敗。

唯物辯證法，著眼當前現實，來否定歷史傳統，如此則歷史將不因時代而持續，歷史將轉為時代所否定。

時代否定了歷史，將成為一種短命的時代，剎那否定了永恆，將成為一種無意義的剎那，否定以前，即無異幻滅了現在。否定復否定，幻滅復幻滅，積不出一永恆來。

歷史的永恆中，可以包含革命與否定，把歷史作為革命對象，把歷史當作否定的前階段，將連革命與否定亦不存在。

一切存在者始得是歷史，一切存在必得在歷史中存在，始是真存在。

歷史無可否定，唯物辯證法的歷史觀，卻是一部否定又否定的歷史觀。此乃剎那幻滅的歷史觀。故否定歷史，決然是假革命，而非真革命。

我們應該有勇氣來接受對時代革命之真要求，但我們不該接受對歷史革命的偽觀念。

無限與具足

論美學者，率主有無限之美，有具足之美，竊意人生亦具此兩型。大體西方人想像，人生乃屬無限，而中國人想像，人生則見為具足。時間與生命之關係最密切，請論雙方對時間觀念之區別以為證。

西方人想像時間殆如一直線，自無限不可知之過去，跨越現在，而達無限不可知之將來。其回溯過去，自人類歷史上窮生物學地質學而至天文學，過去無限終達不可知之境界。其順推將來，亦自人類歷史迄於地球冷卻，生物滅息，乃至於太陽熱力消失，而天體渺茫，終不知將來之何所屆。故過去一無限不可知，將來又一無限不可知，人之生涯，則在此無限不可知之歷程中放射其電光石火之微明。莊生有言，我生也有涯，而知也無涯，以有涯隨無涯，殆矣，已而為知者，殆而已矣。竊謂此義亦可反言曰，吾知也有涯，而生也無涯，惟其以有涯隨無涯之終止於殆則一也。

雖然，於此有一問題焉，若曰過去無限不可知，既知其無限矣，何得謂不可知。既謂其不可知，又烏從而知其為無限乎？其於未來也亦然。抑且過去不可知，未來不可知，又烏從而判別此不可知者之為一為二乎？中國人對時間之想像則異於是。過去不可知，未來不可知，同為不可知，則會歸於一域，復何分過去與未來？故中國人之想像時間，乃一球體而非線狀。茲圖之如下：

西方人之時間觀

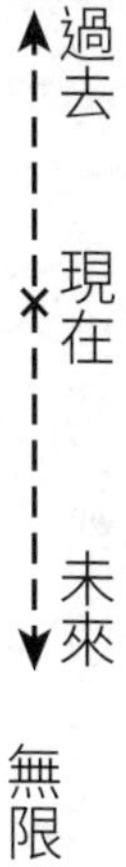

中國人之時間觀

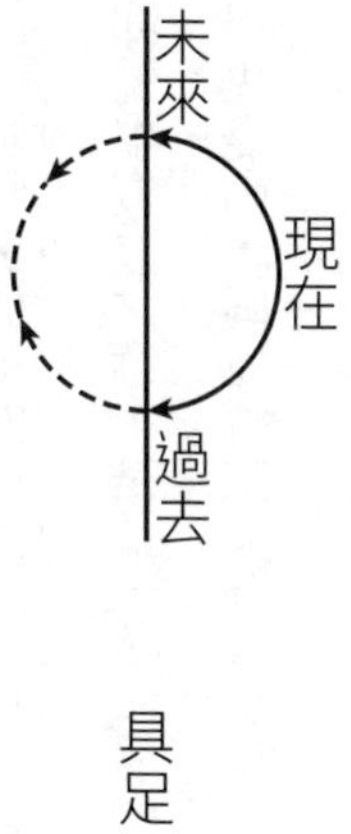

人生既為一球體，其生命之可知部分，乃此球體之浮顯於人類知識線以上者，其生命之不可知部分，則此球體之沉隱於人之知識線以下者。其在知識線以上者，中國人稱之曰陽，在知識線以下者，中國人稱之曰陰。陰陽本屬一體，其分別則在人之知與不知而已。大易稱之曰陰陽，老莊則稱之曰有無，曰天地萬物生於有，有生於無，天地萬物復歸於無。此所謂有無者，乃指人之有知無知言。現在，人之所知，過去未來，則人之所不知，不知者無名，既屬不知，則亦不可以名言陳說也。夫既不知而無名矣，又烏從而辨其為過去與未來乎，又烏從而辨其為過去之不知與未來之不知乎。故在中國人思想中，乃無過去未來現在三世之別，在中國人思想中，則僅曰一陰一陽之為道，又曰通乎晝夜之道而知，又曰善我生者所以善我死，曰死生有無為一體，如是而已。故在中國人思想中，則三世合一，更無輪迴，亦無超脫，故曰此乃一種現前具足之人生觀也。儒家哲學則注重其浮顯之陽面，故大易首乾而曰天行健，君子以自強不息，此乃一種尚動的哲學，乃一種生之哲學，亦可謂是尚神的哲學也。道家則注意其沉隱之陰面，故六十四卦以坤為首，而題名曰歸藏，歸藏者，即歸根復命之意，是乃一種尚靜的哲學，亦可謂是一種死的哲學，即尚鬼的哲學也。尚神者主於引生變動，尚鬼者主於歸藏安息，此儒道兩家之異點，然其為一種現前具足之人生觀則一也。

既為一種現前具足之人生觀，則較之無限向前之人生，其一動一靜之別，判然自顯。故深而言之，凡屬中國人之人生觀皆一種尚靜的人生觀也。《論語》兼言仁知，而曰仁者靜，知者動，仁者乃人心之根極，深根寧極，則仁體自顯。《中庸》則曰明與誠，明屬動，誠屬靜，明誠循環相生，此即天人合一，一陰一陽，動靜互為其根之說也。故動靜之分別，由後來宋儒之理論言之，則人心所意識者莫非動，而所體會者則莫非靜。動屬表象，靜乃根極，即流行即本體，是則即動即靜，動靜一如，流行屬於生界，本體屬於化界，而生死仍屬一體，故以成其為現前具足也。若自道家言之，則為一氣之流轉，此種流轉，亦可曰天運，亦可曰物化，在儒家則稱之曰命，生生化化皆一氣之流轉，此種流轉，永無寧息，浮顯者轉而沉隱，沉隱者轉而浮顯，如一大圓球，自繞一軸而永遠轉動，此軸係何？曰即人之知識線是也。其浮顯於人類知識線之上面者，則為生為有，其沉隱於人類知識線之下面者，則為死為無。死生有無，循環無端，其實則屬一體，此非現前具足而何？

自佛教入中國，而中國人開始接觸一種無限向前之新人生觀。凡佛教所言，六道三世之輪迴永無休止，此即一種無限向前之人生也。然中國人不之悅，轉而曰生死即涅槃，煩惱即菩提，此則一陰一陽，近於中國現前具足之人生論，故中國人特喜之，而禪宗為教外別傳，遂大盛於中國，此由無限之美轉而為具足之美也。故曰不思前不思後，乃父母未生前本來面目，又曰前後際斷，一念無生，此皆現前具足，截斷過去未來，而以當下一念為人生之歸極，此當下之一念，即人生之浮現於知識線以上之陽面部分之緊湊的一剎那也。又曰一念無生，念念不住，是即以此現前可知之一念融入沉隱於知識線以下之人生陰面之無限繼起的萬念而合為一體，一即一切，一切即一，有知無知，合為一體，動靜不分，仍是一種現前具足，然而已融匯儒道釋而一之，與大易之健，《中庸》之明已不同，與道家之必歸藏於人生之陰面，專向於一種死的哲學者亦不同，禪宗之人生，實欲抹去此知識線而混淪擒捉此人生之大圓球於一握之間者也。是亦一種現前具足之人生也。

歷史會重演嗎

歷史會重演嗎？這是近代人常愛提起的一問題。從粗淺的一面看，歷史是人造的，新人換舊人，這一代的人，早不是前一代的人。而且這一刻的我，也早不是前一刻的我。人的生命一去不留，再不復返，歷史那能重演？秦始皇死了，再不會有一個秦始皇，漢武帝死了，再不會出一個漢武帝。

但我們若從深處細處看，歷史是永存不滅的。譬如是前一時期的生命，依然保留在後一時期的生命中，有它影響與作用，生命雖是一去不返，但同時又是永存不滅。我們必得同時把握此兩種意義，纔能明瞭得歷史的真相。

試舉臺灣為例，日本人佔據臺灣經過了五十年之久，臺灣重歸祖國，日本人佔據臺灣，已變成歷史陳迹了。但若不明白日本人五十年佔據臺灣的歷史，亦將不會明白今天臺灣之現況。今天的臺灣，有許多是日本人佔據臺灣五十年來歷史的陳迹。例如房屋建築、道路交通、農田水利、工礦實業、教育措施、社會風俗、人情習慣、觀念思想，處處是日本人佔據五十年來的歷史，同時即是今天臺灣的現況。可見歷史即是現實，現實即是歷史。不懂得歷史，將不懂得現實，不懂得現實，亦將不懂得歷史。

再舉一淺例，天天看報紙，每一條新聞，都是最近當前的現況，但同時也就有已往的歷史，這兩者不可劃開。試把你所知道的一切已往歷史全部忘卻，譬如是一位火星中的旅客，初次漫遊到這地球來，縱能認識新聞紙上的每一個字，縱能瞭解新聞紙上每一句的文法條例，亦將完全不明白那些新聞是在講什麼，所講的內容，究竟有什麼意義。

同此設想，你若在清晨醒來，生命依然活著，記憶卻全部遺忘了，你將不認識你的父母、妻室、子女，將不知道這是你的家庭，連你的名字也忘了，已往的一切全不記憶，你將不知你自己究竟是一個什麼。走出大門，將不知道在如何一個社會中，將不懂得什麼是你的國家，什麼是你的世界。換言之，你將不懂得什麼是你的生命。

我們若懂得這一個道理，可見歷史便是生命，生命便是歷史。失去已往歷史的知識便是失去了現實當前生命的知識。生命好像天天往新的路上跑，永遠向前。但生命卻是挾帶著舊的一切而新生，挾帶著一些過去而向未來。若把舊的一切全拋了，那是死滅，死滅並不就是新。若把過去一切全抹殺了，那是虛無，虛無並不就是新。把歷史一筆勾銷，即無異把生命斬截了，那裡能勾銷了歷史而希望得一個新生命之理？

日本人把臺灣回交中國，便把他們五十年來佔據臺灣的歷史同時也全移交與中國了。中國人接收臺灣，便把日本人五十年來佔據臺灣的歷史也全部接收了。不接收這一段歷史，無法接收臺灣，要接收臺灣，便得把它已往歷史全部接收。惟其歷史永存不滅，所以歷史纔不可能重演。若我們能把日本人佔據臺灣五十年來的歷史拒絕承認，一筆勾銷了，我們自可重演前清光緒乙未年《馬關條約》割讓臺灣以前之舊歷史，但那豈不是笑話？豈不是夢囈？

可憐我們這一代的中國人，連這一些淺顯易明的道理也糊塗了。祇想向新，便把舊的全丟了。祇想向前，恨不得把已往的一刀兩斷。我們要擔當復興中國，要把中國創造成一個嶄新的新中國，卻先把中國舊歷史全忘了。譬如你想刻意把你創造出一個新生命，便先決心把你的舊生命從全部意識中驅逐淨盡，那非變白癡，非變瘋狂，又能變成個什麼呢？

今天的中國人，知道中國已往歷史的太少了。一個家庭中，無端跑來許多生客，男的女的、老的小的，一堆堆，七張八嘴，他們全無歷史關係，卻想組織新家庭，那是斷不可能的事。即使臨時勉強組織成，也決非理想幸福的家庭。這是人人易知的。現在是好好一個家庭，父母不承認子女，子女不承認父母，丈夫不承認妻子，妻子不承認丈夫，把已往家庭歷史全推翻，那是一個白癡集團，一個瘋狂集團，決不可能成為一個理想幸福的新家庭。

家如此，國更如此，難道在人人腦中把國家舊歷史毀滅，把國家舊歷史改換便能隨心所欲創造出一個新國家嗎？

新國家一定從舊歷史中產生，正如新生命一定從舊記憶中建立一般。你必須瞭解得現在，纔能希望到將來。但你求瞭解現在，千萬不該忽略了過去。否則這一代早已不是前一代，歷史又斷不會重演，死人早都死了，我們好好活著的人，來理會已往幾十百年死人的事幹什麼？豈不是歷史知識該從人類知識中連根拔去麼？

物與心與歷史

祇要在人文圈子之內的，一切由心決定了物，不可能由物來決定心。

讓我舉幾個淺顯的例：如衣服，若使人無求溫暖心、求輕軟心、求華麗莊嚴雅觀心，天地間縱有麻、絲、棉、毛，也不會有衣服。衣服之質料、式樣、顏色，一切由人心之欲望、智慧、趣味，改造自然物而來。

又如建築，若使人無求安居心、無求舒適心、無宗教心、無藝術心，天地間縱有泥土、木石，也不會有房屋。房屋由人心而創出，房屋必求能副人心之所欲。人心決定了建築，建築不能決定人心，泥土木石更不能。

舉目田野，山川林樹，美哉乎自然。然試設想，洪荒以來，便有此自然否？此一切自然，均經人心陶冶，均受文化支配，均為人心所決定。若使人心無欲望、無智慧、無趣味，一任自然，則自然全將改觀。

如上所述，心決定了物，非物決定了心。而此所謂心，亦非剎那現前之心。剎那現前之心，如禽獸、如嬰孩、如草昧渾沌，雖有心，但決定不了物。能決定物的心，乃歷史心、乃文化心，乃人心之經過長久時期所積累演進而成之心。今日之人之心，乃由禽獸、嬰孩、草昧渾沌，經閱長時期歷史文化之陶冶之演進。其所欲望，已非禽獸嬰孩時之欲望。其智慧，其趣味，亦非草昧渾沌中人之智慧與趣味。

人心境界愈高，人心能力愈大，其控制決定物的程度亦愈深，此之謂文化。文化史是一部人心演進史。抹煞人心，將無歷史，無文化。馬克斯唯物史觀，謂物質決定了一切，生產工具決定了一切。石刀石斧亦由人心而決定，電氣原子能亦由人心而創出。唯物不能有歷史，唯物不能成文化。

一百年前的馬克斯，蟄居倫敦一小屋中，他所注意研討的，是當時的《工廠法》，是當時工廠出品之市場價格與工人勞力之關係，在經濟學上，自成其一偏之見，若論人類文化演進之大原則、大條理，則馬氏所見實未為允。

馬克斯的唯物辯證法導源於黑格爾的唯心辯證法，黑格爾又導源於康德，康德哲學則從西方中古時期之神學演出。宗教神學，舉世一切，創造自上帝，回歸到上帝。世界末日審判，則人類歷史全部否定。宗教已抹煞了人心，故有文藝復興由靈返肉。但人類之肉體心，若不經歷史文化之陶冶之演進，則依然是禽獸、嬰孩、草昧渾沌、剎那現前心。

近代西方心理學其對象正為禽獸、嬰孩、草昧渾沌、剎那現前心，故以生理闡心理，以物理探心理，以禽獸嬰孩心之發展比較來講人類心理，而忽略了人類由歷史文化所演出的悠久高尚的心境界與心能力。把一切高尚悠久歸諸上帝，以偏克偏，由靈返肉，卻不料轉落到唯物的路子上。唯靈的是神學，唯物的是科學，祇有唯史惟人文的纔能坐落在人心上，成為真正的心學。

近代西方行為派的心理學，主從人的行為來看心，路途較準，但人的行為，也不該單由當身肉體看，也不該單由剎那現前看，當從一切歷史文物之演進上看。如上舉衣服、建築、自然林野風景，全是人之行為，人之心境界與心能力之表現。若從此看人心，始可見到人類之歷史心與文化心。

歷史心與文化心，中國人向來稱之曰性。這是中國傳統文化中所特有的看法，也是中國傳統文化中所特有之創見。共產主義違反人性，更重要的是它違反了人類的歷史心與文化心。

西方人根據上帝，根據宗教神學來反對馬克斯，中國人應該根據人性根據歷史文化來反對馬克斯。中國人講人性的正宗是孟子性善論，是世界惟一獨有的中國文化結晶，是世界惟一獨有的為中國人所發明的人文真理。

天地之大德曰生，人生之最高真理曰仁曰愛。瞭解得仁與愛，始是瞭解得人之歷史心與文化心，始是瞭解得人性，始是瞭解得中國傳統文化之真精神。由此來看馬克斯的唯物史觀與階級鬥爭，真是如土委地，謋然而解了。

自然人生與歷史人生

人生可以分著兩大部分，一部分是自然人生，另一部分則是歷史人生。

自然人生，指六尺之軀，百年之生命言，亦可說是物質的人生。這一人生最真實，但同時亦最虛幻。餓，真實感到餓，飽，真實感到飽。痛，真實感到痛，癢，真實感到癢。所以說最真實。但餓，可以變成飽，一時飽了，前時的餓全消失，全不存在了。有了後一時的飽，便沒有了前一時的餓。若說後一時的飽是真實的，前一時的餓便變成不真實，變成虛幻。而且後一時的飽，還是要變，變成又後一時之餓。若使又後一時之餓是真實，那前一時之飽又變成不真實。自然人生永遠在變，變到最後，逃不了一死。死了，一切完了，一切不真實，一切虛幻。一切感不到。生前的餓與飽，痛與癢，種種好像是真實的，死了全不真實，全成虛幻。人生一切平等，平等在有一死。大家一樣是死。種種差別全成無差別，種種得失全成無得失，種種苦樂全成無苦樂，種種計較全成無計較。

人生譬如做夢，不可捉摸，不可認真，醒了，全完了。人生譬如演戲，袍笏登場，鑼鼓喧天，有貴有賤，有歌有哭。戲完了，鑼鼓停了，袍笏卸了，貴賤歌哭全不是那會事。若使是上帝創造人類，為何把人如此作弄，如此調遣？我們實在忍不住過這樣的人生，於是有所謂真理的人生在人心中浮現。這一種真理的人生，便是宗教的人生。宗教人生之最大真理，認定真實人生不在生前，而在死後。但死後早已非人，早已無生，把真實人生移到死後去，這是宗教真理。宗教真理，似乎既不自然，又不真實，它所想像而追望的，在非人界，在無生界。我們是要塵世的人生，不要這非人的無生的天國。

人生逃不了自然，但終於跳出了自然，那便是歷史的人生。自然人生免不了變滅，會全成虛幻。祇有保留在歷史上的那一部分人生，不再變滅纔是真實不虛，纔是最真理的人生。

人死了，一切完了，還有什麼保留在歷史上的呢？我們再進一步問，什麼纔叫做歷史呢？難道文字記載，便算得歷史嗎？若是文字記載便算得歷史，難道人的生命可以在文字記載中保留嗎？難道人能在文字記載中生活嗎？這顯然不是，文字記載並不是歷史，歷史是人事之本身，文字記載祇記載了那些人事。人死了，人事並不死，依然存在，祇因人事存在，所以有歷史。

什麼叫做人事呢？我問你，此刻在做些什麼事，你不能說我在做飽的事或餓的事。飽與餓祇是自然，非人事。你也不能說你在做生或做死，當知生與死，也祇是自然，非人事。活並非你在做，正如死並非由你做一般。飽並非你在做，正如餓並非由你做一般。非你做的事，和你不相干。我問你此刻在做些什麼事，你告訴我在喫飯。那對了，喫纔始是人事。人非喫不飽，非喫不活，但飽與活不是你的事，喫纔是你的事。禽獸動物也懂喫，但祇不自覺，人之喫是自覺的，有計劃的。這一種自覺與計劃，纔始是精神之開始，纔始是文化之開始，也纔始是歷史之開始。神農與后稷，纔始當得是歷史人物了。他自覺地在想喫，他有計劃地在謀如何喫，他生前做了些事，死了，他的自然人生完了，但他的事業並沒死，並沒完。自覺地想喫，有計劃地謀算如何喫，這些事，祇要有人類，會永遠存在，永遠有人在自覺地想喫，有計劃地謀算如何喫。人類的歷史，也可說是一部自覺地想喫，有計劃地謀算如何喫的歷史。歷史不滅，這一部分的人生便不滅。祇有不滅的，纔是真實的。若使神農、后稷再生，他看見人人盡在自覺地想喫，人人盡在有計劃地謀算如何喫，神農后稷必然快慰地想或說：你們此刻在想的與做的，正如我當年所想與所做。那豈不是你們此刻活著，正如我活著一般嗎？你與我的自然人生物質人生是變了，但你與我的精神人生文化人生則並未變。

喫是人生一大事，但並非人生惟一一大事。喫了能飽，能活，但飽了仍必餓，活著仍必死，到頭仍必一場空。人生第二大事在傳種接代，趁未死前，生下新人，我死了，他可繼續活下。雌雄交配，禽獸動物也懂得，但禽獸動物仍是不自覺地在做那些事，到人類始能自覺地做，有計劃地做，於是有男女之愛，有婚姻之禮，有夫婦的制度，有父母子女的關係，於是遂有了家庭組織。家庭組織是文化人生，是精神人生，並非自然物質人生。若專為自然物質人生打算，有雌雄交配已夠了，何必畫蛇添足，在男女交媾之外增添上一段愛情，形成一番禮節與一套制度呢？當知雌雄交合是自然，非人事，男女相愛繼之以夫婦好合，纔是人事，是精神文化的開始。

伏羲與周公，因此也做了歷史人物。因他們做了人生一大事，在自覺地講愛，有計劃地講禮。此後的人生，永遠要自覺地講愛，有計劃地講禮。若使伏羲、周公復生，他看見後世人，都在組織家庭，都在認真像樣地做夫婦做父母，伏羲、周公自必很快慰地想與說，你們想做的，正是當年我所想做，你們活著，正如我活著一般。伏羲、周公的自然人生物質人生是完了，但伏羲與周公的精神人生與文化人生依然存在。

孟子說：「食色性也」，又說：「飲食男女，人之大欲存焉。」但喫與男女，屬自然，算不得人事。從喫上產生出種種智與為，從男女配合上產生出種種愛與禮，從耕稼畜牧上產生出種種勞動與作業，在夫婦婚配上產生出種種組織與制度。人類文化，人類歷史，全從此兩大欲，兩大自然上產出。人類的精神生活，也全從此兩大根苗上培植。孔子生平，祇講得一個道理，即仁與智交融，仁與禮相協的道理。教你如何喫得飽，教你如何男女配合得滿足無憾，教大家如何活，教大家如何在死以前趕快叫新人來替你活。孟子便把孔子這番道理再細發揮，再大擴充。若使孔子復生，看見孟子在想在說，孔子必大快慰，他必想與說，你活著正如我活著一般。我的自然的身體是死了，我的人文的精神依然存在。存在在那裡。存在在人世間，存在在人事上，此即存在在歷史上，此即孔子孟子的歷史生命，所以孔子孟子也變成了歷史人物。

人類文化，愈演愈進步，人類精神，愈後愈發皇，人類的歷史，也愈變愈複雜，但推本窮源，祇從這幾個大本源上來。我們說到這裡，更將一說真的自然人生與假的自然人生之分別，以及真的歷史人生與假的歷史人生之分別。

自然人生須與歷史人生相配合，纔是真的自然人生。若自然人生接不上歷史人生，那祇是一種假的自然人生，那祇是禽生與獸生，還是自然，但說不上是人生。因人生必然是歷史的。換言之，必然是事業的。餓與飽，生與死，此是自然，但非事業，是禽獸，但非人生。

如何說有真的歷史人生與假的歷史人生呢？從前東晉時桓溫有一句話，他說：大丈夫不能流芳百世，亦當遺臭萬年。他好像認為祇要名字記載上歷史，無論是香或臭，總是歷史人物了。那是他的錯誤。當知祇有流芳，纔是真的歷史人物，遺臭的算不得是歷史人物，祇是假的歷史人物。何以呢？我在上文已說過，事業不滅，纔是歷史生命。被發揚被繼續的是歷史，被打倒被推翻的不是歷史，祇是在歷史上的一點黑影。歷史是生命的，是繼續向前的。不能繼續向前便不是生命，便不是歷史。若是歷史上祇是些不能繼續向前的事，那便是無生命的歷史，便是假歷史，假歷史終必消失，終必成為無歷史。

桓溫在東晉時，起先有志北伐，想要恢復中原，復興華夏，換言之，他想流芳百世，若他一意這樣做，無論事業成敗，他永遠是一歷史人物。他後來所志不遂，便改變態度，想篡位，想自己當皇帝，換言之，他是在想遺臭萬年了。他這一想法，無論沒有成，縱成了，他依然算不得是一歷史人物。讓我舉近代史作例。孫中山先生是真的歷史人物，因他具有歷史的生命。何以說他具有歷史的生命呢？因以後人還得繼續孫先生的想法與做法。這便是他的生命已變成了歷史的生命。至於袁世凱便不是一個真的歷史人物了，他的想法與做法，後人不僅不繼續，而且還要打倒推翻它。他的生命，不能成為歷史的生命，他即非真的歷史人物了，若使他的生命也成了歷史生命，那歷史也將會短命，甚至無生命，所以袁世凱決非歷史人物。同樣道理，岳飛是歷史人物，秦檜算不得歷史人物。單單名字記載上歷史，不就是歷史人物呀！

把名字記載上歷史，並非即具有歷史生命，即便當不得真的歷史人物。反過來說，有很多人，他確具有歷史生命，祇沒把他名字記載上歷史，但他依然還是一歷史人物。明白得，信仰得這一個道理的人，纔是具有文化生命精神生命的人。若一個民族中，抱有這種信仰，具有這種智識的人多，便是這一民族之文化精神發展到最高度，而他們的歷史，在那時，必然是十分燦爛光明，而他們的人生，在那時，也必然是十分莊嚴快樂。

我們把握到這一個道理，纔能來讀歷史，纔能來講人生。

歷史問題與社會問題

一切人事問題，有些應該用社會問題的眼光來看，有些則應該用歷史問題的立場來看：這兩種看法不同。近代的西方，他們的歷史時間比較淺，他們的智慧，比較更多注意在自然方面，因此，他們對種種人事問題的看法，會把歷史問題和社會問題時時混淆了。

幾個錯認問題的例子

即如最近，美國在第二次大戰時期，有一兩百萬人，想逃避兵役，某大學的教授們，化了五年時期來研究此問題，他們運用調查分析統計種種方法，想把此問題研究出一答案。若用我們東方學者的意見來說，此是一個歷史問題，而他們誤當作社會問題來研究，這是不易獲得深切而恰當的答案的。

又如最近，美國社會，屢次發生了幼童殺害家長和親屬的事件，那些事件，卻祇能說是社會問題，若誤認作歷史問題看，便會引出甚大的誤解。

馬克斯與列寧的錯誤

遠言之，在馬克斯當時，他僑寓倫敦，寫他的《資本論》，那明明是一個社會問題，但馬克斯把它誤認作是歷史問題了，於是纔大膽提出他的唯物史觀和階級鬥爭的理論來。他太重視了他那時這一項的社會現象，他想把此暫時呈現的一番現象，來擴大說明全人類歷史之全進程，那自然會錯誤的。

在馬克斯當時所目擊心痛的那一項現象，其實則祇是一個社會問題。社會問題有社會問題的解決法。從馬克斯揭示出這一問題以後，在英國、在德國、在美國，在發現此問題的各地，都能先後陸續想出許多解決辦法來。可見這是一社會現象，並非歷史大趨。而馬克斯自己，卻把此誤解了。

列寧運用馬克斯主義來創建蘇維埃。列寧的長處，正在他能針對他當時的社會現象，運用種種精密而切實的手段來對付。他把社會當作一間科學實驗室，他的種種政治活動，竟像是一位科學家，關閉在實驗室裡做不斷的試驗。他一時的試驗，不能說他無成功。但他誤認為他當時解決了一些社會問題，便是解決了人類的歷史問題。

馬列主義的信徒，常自誇說他們是科學方法的。他們的大錯誤，在把社會問題作歷史問題看。流弊所及，祇重手段，抹殺人性，不把人當人，祇當作是機械。他們祇用心在如何發動運用此機械，來求他們所希冀的，可能表現的效能。他們也解決了一些在他們當前的社會問題，但他們不曉得他們已違背了整個人類的歷史大趨。

中國學者的錯誤

近幾十年來的中國學者，在無意中，感染了西方那一套誤解，也時時把社會問題和歷史問題相混淆。即如民初的新文化運動，在當時，他們所列舉的一些社會現象，那是真實的，他們大聲疾呼，求改革，求打倒，在當時，何嘗沒有一些摧陷廓清之功。但他們同樣有一大錯誤，他們也誤把社會問題當作歷史問題看，因此，他們纔大膽提出打倒孔家店，線裝書扔毛廁裡，廢止漢字，澈底改造中國文化，全盤西化，種種的口號。祇為新文化運動所犯的毛病，正和共產主義者馬列信徒的毛病，一色一樣，同是把社會問題和歷史問題混淆在一起。因此，一輩人，極易從新文化運動轉移到信仰共產主義那邊去。

人類歷史的大趨勢

社會問題和歷史問題，有其相通處，但也有其相別處。若把社會問題誤認為是歷史問題，此其貽禍之大，在前舉兩例便可見了。但若把歷史問題誤認作社會問題，一樣有大毛病。歷史問題之背後，卻是一個人性問題，人性要向那一方向走，便成了整個人類之歷史大趨。這一大趨之總過程與其總成績，便是人類的文化。這一大趨是無可違逆的。祇因人事太複雜，種種時代、種種環境，會把此人性暫時隱閉起，而引生出種種反常的現象，和種種反常的問題來。此種種現象與問題，均有待我們之解決，而人類也自能有種種方法來解決它，但有一大前提，即是莫違逆了人類之歷史大趨。此項解決，纔算是真解決。否則，解決了當前問題，會引生出許多更大更困難的問題來。

而且，若誤解人性，把一時的社會現象，認為是人類歷史大趨了，則如幼童槍殺家長，豈不是荀子性惡論的上好真憑實證嗎？而階級鬥爭，得奉為人道中之天經地義，張獻忠李自成之徒，也無怪今天中國大陸的共產主義信徒，要推尊他們為人類歷史進程中之先知先覺了。

莫把歷史引入歧途

但反過來說，若把歷史大趨，認為祇是些社會現象之更端延續，如此，則將認為人性可以唯心所欲地另塑造，文化祇是人類應付一些現實問題的技巧之累積，歷史一幕一幕地展開，恰是社會之一幕一幕地轉變，人類可以有方法地由控制社會而創造新歷史。人類可以一意向前，而已往歷史，則如曇花一現，對現實社會更無牽制與影響。這一項人類野心，卻仍將把人類歷史引入歧途，招致無限的禍害。

馬克斯把一時的社會問題誤作為人類全部歷史問題看，列寧則是根據了此種理論來改造社會，進而想改造世界，改寫人類此下的新歷史。

歷史學與社會學之別

近代人類文化的大病痛，在乎人文科學追不上自然科學而脫節了。若我們把歷史學來作基本的人文科學看，則社會學正是人文科學裡面實際應用的一部門。我們將從歷史學的根據，來尋究出人性問題、文化問題，而開示出它的許多基本問題和基本性質來。因此，歷史學將是原理原則的、規律的、道義的，而社會學則衹限於當前各項問題之實際應用上，始終將是功利的、方法的、隨宜應付的。

當代英國史學家湯恩比，似乎他也衹認為人類歷史僅是一些社會現象之繼續，因此他不免把人類文化都歸納到環境刺激與各種的因應態度上。如是來看歷史，無怪他面對著當前的一些牽涉到文化歷史的大問題，仍將感到無軌轍可循，則衹有使他乞靈於宗教信仰，來領導人回頭走上那一條陳舊而微茫的道路，來作人類向前，渡過此難關的惟一指針了。

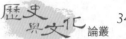

中國歷史教學

（一）

談到歷史教學，應能雙方兼顧，一是歷史本質，一是初學歷史者對歷史之瞭解力，如是，始能收歷史教學之功效。

歷史本是各時代的人事紀錄，因此講授歷史，可分三階層遞次升進。一以事件為中心；二以人物為中心；三以時代為中心。此三階層，乃一切歷史之底層基礎。學者必先瞭解此三基層，纔能瞭解歷史之最深意義。

第一階層的教法，講歷史如說故事。學者對此最易發生興趣。如讀《三國演義》，讀者心中必會先知道有諸葛亮舌戰群儒、借東風、火燒赤壁、以及失街亭、空城計、斬馬謖等種種故事。如讀《水滸傳》，讀者心中必會先知道有林冲火燒草料場、武松景陽岡打虎、醉打蔣門神、宋江潯陽江酒樓題詩等種種故事。歷史一如小說，若歷史故事全不知道，他如何能知道得歷史。

第二階層的教法，便進了一層，事件以人物為主腦。讀了《三國演義》，讀者心中漸漸知道有董卓、袁紹、曹操、劉備、諸葛亮、周瑜、司馬懿等諸色人物。此等人物，逐漸在讀者心中，鮮明活躍。必待瞭解了此等人物，纔始更能瞭解此等人物所幹的事。但更應注意者，我們是先由他們所幹的事來瞭解他們的人。若於他們所幹的事全不知，也將無法瞭解他們那些人。

第三階層的教法，便又進了一層。我們由這些人，這些事，獲得綜合影像，而瞭解到那一個時代。如讀《三國演義》，到赤壁之戰，讀者心中必會舒一口氣，覺得緊張局面過去了，時運有轉變了。讀到關羽走麥城，失荊州，便覺前面一片黑影，希望消失了。讀到五丈原諸葛亮病終，便覺時代沒落，一切都完了。此是時代瞭解。

綜合了對於歷史事件之知識，抽象出人物瞭解；綜合了一切事與人之知識，抽象出時代瞭解；這是對於獲得歷史知識所必需遵循之步驟。繼此以往，纔始可能有更多更深之瞭解，但必需有上述三階層為之作基礎。

（二）

如此教歷史，自能使學者感到興趣。雖若卑之無甚高論，但就歷史教學之功能上言，卻已可有甚大效驗。首先可使學歷史而養成他懂事，其次使他知人，又次使他知有時代，有世運，開拓心胸，使學歷史者在不知不覺中接觸了人生之大局面。

解事不易，知人更不易，論世尤更不易。若教歷史，能使學者成一曉事之人，進而能知人，能論世，歷史教學之功能，到此境界，已可無憾。

曉事，先使知成敗得失；知人，先使知賢奸忠佞；論世，先使知盛衰治亂。此等皆是大綱大節，既具體，又客觀，有時代公評、有歷史定案。使我們在大體上不得不接受，不得不承認。

近代中國人講歷史，卻易犯有許多毛病。試拉雜數說。有一種毛病，是忽略歷史本身而泛濫地放縱到其他方面去。如講漢代史，把漢代的大事件、大人物、時代之大轉變等，尚未交代清楚，卻廣泛地講述漢代經學、漢代文學、漢代藝術等。當知學術史、思想史、文學史、藝術史，皆涉專史範圍。學者不僅當知歷史，並當通文學，纔能講文學史；通藝術，纔能講藝術史。如讀《三國演義》，讀者自能知道曹操之為人，卻不易懂得曹操之文學造詣；讀者自能知道諸葛亮之為人，卻不易懂得諸葛亮之學術立場。

（三）

又一種毛病，好籠統抽象搬弄許多歷史上的專門名詞來闡說，卻使學者先墮入五里霧中。如講魏晉南北朝史，學者於王導、謝安之為何等人物，曾幹過何等事業，在他當時曾發生了何等影響，全不知道，卻專對他們來講述王謝門第。試問初學歷史的如何能接受，如何能瞭解？

更大的毛病，卻是專把現代流行的一些新名詞來講舊歷史，如封建社會、專制政治等。猶憶二十餘年前，我曾到北平師範大學去講秦漢史。據說那學期師大開此課，已有兩教授，一開講，學生便質問秦代開始究竟是封建社會結束了，抑正在開始，此一問題，把兩位教授困住了，相繼憤而辭職，遂中途強邀我去承乏。我一開講，先要求學生，且聽我講過秦代歷史之大概，再來討論此問題。待我講述了幾堂，結果學生也不再提出此問題了，大家願意照我所講的次序講下去。譬如你講《水滸傳》，聽眾自情願你把梁山泊的人物故事，不斷講下去，卻不情願憑空來討論《水滸傳》當時的社會形態乃及政治背景等。待你把《水滸傳》的人物故事講完了，他明瞭了此等實情，自易使他自己去推想和闡悟當時的社會形態和政治背景。

另一種毛病，即是講歷史總喜歡講背景，如所謂歷史背景、時代背景、社會背景、政治背景、思想背景等。當知講背景，必須提出一主體。必依附於此主體，纔始有背景可言。一切背景，仍須從此主體顯出。若我們不明瞭孔子其人，如何先來講孔子之背景。空有了一切背景，仍顯不出這一個主體來。必先有了這一個主體，纔能依此主體來描繪其一應的背景。

（四）

更有一種毛病，近人講歷史，一開口總喜歡講文化。其實文化那一題目，是很難講的。從前人學歷史，必先讀正史中之本紀與列傳，纔進而讀志與書；必先讀《資治通鑑》，纔轉讀到《文獻通考》。類如政治制度，社會經濟等項目，比較屬於專門史範圍，並不如普通史之易於瞭解。如若文化史，更是新興的一種研究。更專門、更抽象、更複雜、更綜合，初學歷史的，如何能接受與消化。

讓我簡括的說一句，一個不曉事、不知人、不識時的初學，絕難和他來高談學術系統、思想派別、文學流變、藝術境界、社會形態、政治組織、時代背景、文化精神等，種種複雜錯綜的觀念，種種專門抽象的理論。若我們先後輕重倒置，如此來講歷史，最多祇增多了學者們的意見，卻並未給與學者以知識。

（五）

歷史的教學和歷史的研究不同。我不反對研究歷史的人在此諸方面作專門高深的研究，但在教初學歷史的人，應使先知道一點普通歷史，卻不該廣泛牽涉到這些複雜而高深的題目上去。其實此兩事，不僅並行而不悖，抑且相得而益彰。教歷史的，修養愈高，深入淺出，學歷史的自能心領神會，循序漸進，忽不知其已然闖進了歷史複雜高深的境地。

讓我們千萬莫認為曉事、識人、知時，是些平常容易的事。在我們自己沒有確實自信的研究所得，在我們沒有深知灼見，獨特造詣以前，讓我們且把歷史上已往大事件、大人物、時代治亂盛衰之大轉變，依照著已往時代公評，歷史定案，忠實地傳授些知識給學生。學生得此基礎知識，自能循序漸進。至少在曉事、知人、論世的教育功能上，已有莫大貢獻了。縱使我們自己對歷史有一番特創的新見，也不該傾囊倒篋而出之，我們該為初學歷史的人設身處地，俯就於他來循循善誘纔是呀！

（六）

或疑如此教歷史，是否會使歷史教學與時代潮流相隔絕？我想，歷史教學的功能，若真能達到使學者有曉事、知人、論世之修養，此則決不會與時代潮流隔絕。或疑如此教歷史，是否會使歷史祇有些故事、人物與時代，而陷於散漫無系統？我想，凡講述歷史故事與人物之選擇，指陳時代之轉變，在教者心中本該有一個系統作底，也決不會散漫無系統。一切主要的任務，還是落在教者自身對歷史之認識與修養上。要之，就歷史教學論，則總必就於上述之三基層作中心，則是無可懷疑的。

從西方之大學教育來看西方文化

諸位先生：今天我本所要講的題目是「對西方文化及其大學教育之觀感」。我想這個題目太大，不好講；所以改講：從西方之大學教育來看西方文化。

我們在討論文化問題時，應具兩種心理上的條件：一是平等；一是客觀。我們對於一切文化皆應有平等觀與如實觀。我們應知世界上各種存在著之文化必各有其價值，不然如何得以存在？我們第一步應懂得承認它應有的價值，第二步是來認識它，其價值何在？究竟是一些什麼價值？此方為我們應有之態度。

任何一文化有長處，亦必有短處。在我們求認識、討論某一文化時，首應認識其長處；不必多注意、或挑剔其短處。世界各文化當互將長處調融發揮，如此方可有一新文化出現。即使要批評某一文化之短處，亦應自其長處去批評。例如：批評一音樂家，應自音樂上去批評，不應批評他不善於運動。其次兩種文化相較，必有異同。我們應注意其相異處，不必太注意其相同處。

我們研究或討論文化問題，應具此二條件，然後方能希望有新文化出現。不應主觀地認為人家的不好，自己的纔好；但是反過來像我們五四時代之認為人家都好，自己都不好，或如今天共產黨澈底奉行馬、列主義，認為其他一切全不好，則皆荒唐之至。

我今天特別側重講西方的大學，並由之來看西方文化。

講到西方大學，我們不得不承認西方大學之偉大。此可分兩點來講：一是其歷史之長；一是其規模之大。

像美國的耶魯與哈佛，英國的劍橋與牛津，它們的歷史皆較其國家政府為長。美國耶魯大學建校已有二百六十餘年，哈佛更超過了三百年；但美國開國卻尚未及二百年。英國之牛津、劍橋，則在西方中古時期即已建立。此乃我們應注意之第一點。

第二點是西方大學規模之大。如上舉四大學皆以其學校為中心，而成一「大學城」。其大學本身即成為一很像樣的城市了，此外乃附帶於此大學而存在者。這種情形在我們社會上不容易看到，此亦可算為歐美大學之特點。

如此歷史悠久、規模宏大之大學校，卻都是私立的，在他們背後，並無政府或公家在支持。

他們開始時，僅是少數幾個人，附帶著少數學生，那是小規模的、一個小團體。此少數創辦人，亦並不是有名的偉大人物，衹是抱有某些理想的一些普通人。先是成立了一個個不同的學院(College)，後來才合併在一起，稱做大學。University 一字之本義，即是將一切合成為一個。此等大學在開始時是私人的，後來可稱為團體的，乃是私與私間相結合而成為一集團。西方大學開始都是私立的，是社會中一社團。而此一社團，其事業可維持下來一二百年，甚至五六百年。不僅不破敗，抑且更進展。這是一件了不得的事。此種社團，其活動維持較諸國家政府尤為久遠。國家政府變了，而大學仍然繼續存在。此種情形，衹要我們一讀英美國家歷史即可知。這一點，我們平時不注意，衹看到如此一個像樣的大學，卻不問其如何地來的。

其次我們應知者，厥為西方大學開始時乃是宗教的；略讀西洋史的人，皆可知此一事實。中古時西方之修道院、禮拜堂與大學，乃三個性質極相近的。西方人之所謂教育，乃從教堂中分出。英國牛津劍橋，每一學院即有一禮拜堂，禮拜堂是此學院之中心，附近四周圍著許多建築。直至今日，仍保留著他們幾百年前的古舊原貌，並無多大變化。我最近至牛津時，校方因英女皇要來參觀，而其校舍建築石砌的牆壁皆因年久表面已呈剝蝕狀，他們乃始將其石牆外面之風化層加以刮磨，重加粉飾。牛津、劍橋中人，每以其所保有歷史悠久之古老建築為榮。現牛津城設了一汽車廠，遂將此大學城一半變為工業城，牛津教授們覺得甚為討厭，又在增建新學院時，校方有兩派意見爭論著：一派堅持保存古貌，一派主張參用新式，彼此爭持不下。美國耶魯大學之建築，亦都是中古式的。其新建築尚未到一百年，但亦模仿古老式樣。西方人看重古老氣氛與其舊的傳統，特別在大學中表現尤顯。

我在哈佛時，居住在該校之貴賓室。那是一個二層樓、八間房之小型建築。他們說：此屋極有歷史價值。貴賓簽名簿上，極多世界上著名人物。此建築最近曾依原樣，從街道那邊遷到街道這邊，耗資甚鉅，而仍完全保留其古樸的式樣，毫無改變。若使拆舊建新，至少可省一半經費，且可更是摩登好看些。在西方，人們甚注意歷史傳統，至少在大學方面是如此；但中國今日則祇知新的有價值，舊的全不要，正可成一極端對比。美國大學中尊重歷史傳統，又可於下述一事看出：哈佛為了遵守學校原來規定，至今不准男女同校；乃於大學內另辦一女校，以變通辦法來收納女生，此種情形亦可謂是甚可笑的。我們應知西方大學，乃自宗教開始。故於大學傳統上，有其宗教精神。其後方漸發展成為今日之大學。近代中國大學自開始時即與西方大學不同，故無法講歷史傳統。

西方大學，第一有其悠久的歷史，第二由私人自由結合而來。由於後者，故歐美大學皆保有一自由傳統。一自由之集團，不依附於政府，不依附於社會任何一部門，乃獨立於政府及社會各社團之外，而自成一社團。

另一方面，西方大學，是極重職業的。讀西方教育史，可知西方大學在初期時最要有：神學、哲學、法學、醫學等科。前二者可在教堂中服役，後二者可以走出教堂作謀生用。青年們進入大學時，先有一宗教信仰；走出大學後，又有一專門職業，職業則必將是專門化的。教授在英文中是Professor，這是專家的、職業性的，亦是一信仰的。為一信仰發言，或宣誓、決定，亦名為Profession。故西方接受大學教育之青年，乃是一有信仰、有職業者。關於此信仰與職業之知識與技能之傳授人，即稱為Professor。一般青年人跟從聚居，遂成為College，後遂逐漸合併成為一大學。自此處，吾人亦可瞭解西方文化之某種特點所在。

西方大學中，因其規模宏大，致使一人進入大學，乃至無法瞭解此一整個的大學。某一人驟然走進大學，其首先注意者，厥為此大學之建築；其次所看到者，乃其裡面之設備。如規模宏大之圖書館、博物館、科學館、實驗室、體育館等，凡此種種，皆極像樣。觀其學校之建築與設備，便可知此一事業決非能於一短時期內建成。但諸位須知，彼等僅是一集團，集團中人常在變換，而此事業卻不斷在進步。無一人能完全懂得此學校，但此學校各院科系俱全；能不斷在各方面發展。此決非一人之事，亦非一人之計劃可成；此一事業乃屬於一團體，而此一團體之歷史則綿延久遠，乃出人想像之外。

我們可再看西方大學之規模，各個學院、學系之分張與配合。自其建築、設備、規模觀之，皆極複雜，何以能合成一大學？則我們非進而研究其組織不可。若無一健全之組織，即不可能有此分張發展之成績。

西方人喜講法律、制度，我們應知制度是死的，要尊重、遵守此制度，此制度方可發生效力。故在制度之背後，我們必要講及其精神。我對西方大學之看法，乃是從其建築、設備、規模來研究其組織，又將其組織與其歷史配合起來而尋求其精神。我認為如此乃瞭解西方大學代表西方文化之所在。

在西方人或自認為極平常，但自我們視之，則見為不平常；反過來說，亦有中國人自己認為是極平常者，而在西方人眼中則認為不平常。我們研究文化，該從此等處著眼。我現在來講他們的精神：前面已說過，今天西方大學從歷史淵源言，是由一種宗教精神、與自由組合、與職業訓練三者配合而來。最先是私人的，私人結合成為集團，集團更擴大成為事業。此事業乃由集團所推動而主持，而此一集團乃創始自幾百年前，並可延續至幾百年後。今日其集團中人，已非昔日之人，集團亦成為一抽象名詞。私人在此一事業集團中，地位微乎其微；每一人乃是屬於此一集團、事業者。此是私人參加了此一事業，而決非此事業是我的、或我們的。

我在耶魯領受其名譽學位時，一美國友人某教授，大聲對我說：「你今天是耶魯的人了。」此在美國乃極普通一句話。然此話涵義，正見我是此事業的，而事業不是我的。

許多人講文化，都說中國文化向內，西方文化向外。此處所說彼等所看重者，乃在其事業，而決不在某一私人。亦可說是向外的。

在美國，工人階級每月可得工資四百至五百美金；大學教授可得八百至一千美金，僅多一倍。中國抗戰前，在北平的一個大學教授，四百銀元一個月；用一僕人月薪不過四元，相差幾一百倍。這亦可解釋為：中國社會有尊師重道的精神。美國大學中任何發展，儘先皆在建築、設備上，而決不用來增加教授們之薪金。此一精神，亦可說是他們看重事業不看重人。

我們又說西方人是個人主義者，但亦可說西方人主要是在其事業、集團中服從，而自盡其職責。此亦是一種個人主義。

西方人在學業中之地位，亦正如其在事業中。每一教授所治之學則祇是學海中之一滴。各人祇埋頭在各人的一門專門知識上，故每一教授在其大學全體之事業與學業之分張展開之大組織中，真是微乎其微，各人祇自盡各職。此亦可謂是一種個人主義。

西方大學對於整個政府或整個國家，有時似乎並不很關心。而學校對於每一教授們之言行，亦多認為是私人行動，與學校無關。此仍然是一種西方精神。中國留學西方的雖多，然上面所指出的西方精神方面，似乎未能學到。

今日英美大學最大之變，乃在其自宗教變而向科學。理工科方面貢獻日大，而宗教精神則日見淡薄。於此情形下，科學日益專門化。但對於人文學科方面言，我認為在西方大學中頗為吃虧。如文學、史學、哲學等，都是不能太嚴格區分的，愈分愈狹，則所得愈淺。昔梁任公嘗提倡「窄而深」之研究。其實人文學科窄了決不能深。自然科學，愈分而愈精；人文科學不同，自然科學是前人之成績，可學而接受之；而更自此向前。文學、史學、哲學、以及繪畫、音樂、雕刻諸藝術，都不能說通曉了前人的，接受了以前成績再前進。人文學科祇求能懂得，慢慢地吸收、消化、匯通，卻並不能繼漲增高。進入大學學人文學科的學生，最理想是懂得前人的，卻並不能定要他再進一步，超過前人的。物質世界可以日新月異，精神世界則否。西方大學將人文學科與自然學科等量並視，是會出毛病的。

尤其是進入研究院讀博士學位，必須寫論文，而此項論文，必求其有新貢獻，此一觀念，實不妥當。自然科學可以常有新發現；人文學不然。既是分門別類太狹了，又要求新發現，在鑽牛角尖之下所得的發現弊病實大，對社會會毫無幫助。

最近美國有一團體曾廣泛調查了五十個大學的學生，來做一關於他們所有世界地理常識之測驗，答案用百分比來統計。結果發現了今天的美國大學生，連美國五十個州都弄不清，他們對世界地理簡直可說毫無所知，非僅對東方，即對西方亦然。此見大學中各科系皆專門化了，便易造成普通常識之缺乏。在美國民主政治之下，而其最高知識份子，常識日見低落，可謂危險之至。

又有一關於美國學生英文程度之測驗，結果亦發現有逐年低落之現象。此因美國大學中並無一普遍加深語文訓練之課程，故其一般的英文水準亦日漸下降。此種不注重通才，祇注重專家的大學教育，結果造成了許多沒有一般性常識的青年，以及沒有高瞻遠矚眼光的領袖人才。此乃西方大學之短處。然此種短處何以不在西方社會中顯現其嚴重性？此乃由於西方社會賴有四柱支持，即：宗教、法律、科學、民主政治。一個青年在學校中隨便學一點專門知識，進入社會後，另有一軌道，讓他們依從。在學校中儘可自由，一進入社會即有此四大柱子在範圍著。至於所謂領導社會前進的領袖人才，美國大學似乎是漠不關心的。祇待他們在進入社會後自己表現。

諸位應注意，在我們則並無如西方社會中之宗教、科學、法律與民主政治那四大柱。西方大學教育，乃由西方歷史在西方社會中產出，來教育其本國青年者。今天中國青年至美國後，多能發現美國缺點而大肆批評，此種情形，與前不同了。不僅中國人如此，其他所謂落後國家之青年也如此，或許他們對美國之批評比中國青年更甚。此輩青年返國後，他們所學得的專門精細的科學，或許無施用之處。而在人文學科方面，也多不能適用於他本國的真實問題上。此乃大堪注意的事。

倘使諸位到外國讀人文學科，最好先在國內多讀幾年書。先有了一個自己的根柢，到國外始知別擇。今天在美國幾間著名大學中，欲一去便得全部獎學金是不容易的。中國留學生去美國，每藉暑期幾個月假日來做工，以補助其日常生活費用之不足。我認為若將在美國暑期之辛勞工作精神與其所耗時間，能在國內發憤讀書，所得成績也絕不會定差於到美國去留學。另一方面，我希望準備出國之中國青年，應懂得到外國該學些什麼？我在美國時，曾遇見許多新亞學生，他們多請我勸告在香港的同學們，切勿急於想出國。這意見是很對的。

由於西方大學教育本非為中國社會而設，故昔日中國留學生返國後，多肆意批評中國社會。但今天中國留學生在美國長期居留了，又多批評美國。且中國人在美國，還多聚居在一起，生活上雖然改頭換面，實際上還是中國那一套。此乃由於東西雙方文化不同，美國文化之長處未必都能配得上中國的情勢。至於我們是否應有一理想的教育環境來培養自己的青年，這是一個我們值得研究的問題。

前幾年我到日本去，日本友人曾告訴我：他們的貧窮子弟多喜研究科學，蓋於離校後可謀一職業；至家庭富有者，便可多學文學、史學、哲學等。在中國適相反，一般的中國青年都對人文學科提不起興趣。這事大可注意。我以為倘有興趣學人文學科，與其赴美國，倒不如往西方人文科學肇始處之歐洲英、法、德諸國。不過亦有一位歐洲老留學生對我表示：中國學生素來自由散漫，應該令其赴美國學習他們的緊張生活，來西歐便連這一點希望也沒有了。總之，祇要自己能學，即到任何一國皆可，在本國亦何嘗不可。若自己不能學，一味依賴他人教，則西方大學並非專為適合教導中國青年。固然西方文化長處甚多，但短處亦不少。

在日本，青年出國的較少，且在國外所得之學位，日本政府亦不予承認，非重行考試不可。此亦一可資模仿之點。

諸位若有欲出國留學而機會不許可者，應先學習在國外留學生之工作勇氣與刻苦精神。有此一勇氣與精神，何處不可找工作？何處不可求學問？至學人文學科者，則更不妨在國內好好地多讀幾年書，那一樣可以充實自己的。

一所理想的中文大學

一所理想的大學，同時該具備兩項性質，一是其共通性，另一是其特殊性。所謂共通性者，亦可說是世界性，所謂特殊性者，亦可說是其地域性。

今天的世界，就物質生活、商業經濟交通等方面言，可說世界已是一個，不容再分割。但就民族文化、歷史傳統、宗教信仰、語言文字、社會風俗習慣等而言，則此世界仍是四分五裂，暫時無法融成為一個。

一所理想的大學，應該面對著此項現實來發揮完成大學教育所應具的理想與功能。

關於自然科學理工醫農種種方面，原理原則全是共通的，科學無國界，但一所理想的大學，應該就於此等共通的知識而應用到各別的地區上，發展出各別的，因地制宜的，各種不同的實際應用來。

若使一所大學，關於理工醫農種種自然科學方面，僅能追隨著世界共同水準，而沒有注意到各地的特殊需要與其特殊發展之可能性，則此一所大學，依然有其不夠理想之所在。

關於人文科學——文學、藝術、歷史、哲學、政治、社會、法律、經濟等等科目，其內容遠與自然科學方面者不同。各民族各地區，相互間各有相異之傳統，甚至互不相曉，互不相習，因此，在今天的世界，關於此一方面之知識傳授，與夫人文陶冶，很難有一種共通的尺度與共通的規範。而且也不應該有一種共通的尺度與共通的規範的。

每一個民族，各有他們特殊的語言文字，各有他們特殊的文學、藝術之愛好，各有他們的宗教信仰，與夫哲學觀點，各有他們的思想方法，各有他們的歷史傳統、人生習慣，與夫政治社會種種不同的現實情況。一所理想的大學，正貴在此方面具備他的深厚的特殊性。

但世界已然是一個不可分割的同一的世界了，人類在其本源上，及其性質上，也本是同一的人類。人與人之間，有其共通性，將來的世界，正該在此共通性上努力發展。一所理想的大學，在此方面，正負有其更重大的意義與使命，正該在人文科學方面，大量發揮此項重大的教育功能，使全世界各民族，各文化傳統，能日趨調和合一，民族與民族間不再有隔閡，文化與文化間不再有衝突。一所理想的大學，正貴由其特殊性的人文教育，而到達一種共通性的世界精神與世界理想，這毋寧是今天的大學教育所應負起的一個更偉大更重要的責任。

在人文教育的立場上，我們再不應該祇顧到各自的民族性和地域性，來加深各民族之隔閡，和各地區之分離，而該朝向一個世界之共通性上去發展，此種需要與趨勢，誰也不該否認。但就教育功能言，必然將注重其特殊性，纔能到達一種共通性。換言之，祇有在個別的教育上，纔能到達一種共通的理想。若我們抹殺了此一特殊性之重要，單獨舉出某一種尺度和規範來施教，來求此項共通要求之到達，則在人文教育方面必然會失敗。

舉例言之，如把教育英國人的尺度和規範來教育中國人，定要中國人去專一學習英國的語言文字，去愛好英國的文學藝術，去依循英國的哲學觀點和人生理想，去熟誦英國的歷史傳統，去模倣英國的政治制度，如是等等，當然是違背著教育方法的，因而也不能期望其有應有的教育功能之收穫。

因而一所理想的大學，在自然科學方面，應該具備世界性的共同水準，而又該注意到個別的應用上。在人文科學方面，應該保持個別性的特殊內容，而又該注意到世界性的共同理想。

我們根據上述的這一個觀點而來討論到一所理想的中文大學，則下述諸點，自值得特別注重。

關於自然科學屬共通性方面的，此處不擬詳論，關於人文科學屬特殊性方面的，在我認為，一所理想的中文大學，若真能完成其使命，實對於當前的大學教育所當擔負的世界性的共通理想，可能有其更特殊的貢獻之所在。

不僅中國文化有其悠久的傳統，有其深厚的個性，在將來多采多姿的世界人類一個共通的新理想新文化之產生與完成上，一定有其偉大之貢獻，尤要者，在於中國的文化傳統及其教育理想，自始即深蘊有一種共通的世界性之存在。

中國古書中《大學》一篇，在修身、齊家、治國之目標之上，早已舉出平天下一個更高的目標，可見中國人理想上的大學教育，自始即著眼到世界之共通性。

我們可以說：直到現在，世界各民族的教育目標，依然多注重在個人觀點，乃及國家民族觀點上，祇有宗教教育，比較能有一種以全世界全人類為其教育對象之抱負與精神。所不幸的，世界各大宗教，因其許多附加上的東西，如宗教儀式與教會組織之類，而使宗教與宗教間的隔閡，更勝過於國家民族間的隔閡。似乎國家與民族之間，有時尚可因於實際的利害關係而調和，而結合。而宗教與宗教之間，則一時更不見有融和與結合之功能。

祇有中國的文化傳統，其看重人文教育之功能，更勝於其看重宗教教育。而其人文教育之傳統理想，一向希望能把個人與國家民族，此兩觀點，調和融化在天下觀點之下，而期求以全世界全人類之共通理想為其教育理想之對象。因此，祇有在中國社會，一向主張以人文教育來代替宗教教育之功能。而同時，也祇有在中國社會，對於宗教信仰之容受量也是最寬大，可以有許多種不同信仰的宗教同時存在，而不見有衝突。遠從一千四五百年以前，佛教傳入中國，此後有回教、有耶教，相繼傳入到中國社會，直到最近，此諸宗教，並不曾與中國自己傳統的人文教育精神有過嚴重而不能相處的衝突。而此諸宗教，在中國社會上，亦各有其信徒與地位，在其相互間，亦不曾有過不能相處的嚴重衝突，此乃是一種歷史的現實。

中國這一個國家，其土地之廣大，人口之眾多，在幾個世紀以前，現代科學尚未發展，因於地理交通之種種阻礙與不便，在中國人想來，中國一國，已經占有了這個世界上主要的絕大部分，因此，在中國人的觀念中，國家和天下是兩個相距不太遠的觀念，由國家觀念稍稍向前展擴，便是天下觀念。而且中國人還相信，天下不平，斯國亦不治不安。中國人之所以能長久維持此一廣土眾民之大國之存在，亦可謂即基於其傳統的人文教育，其理想的對象自始即能注意到人類世界之共通性這一面。

因此，中國人的教育理想，由個人到家庭，到國家，到天下，由此以上，則是天與人的關係了。在這中間，中國人卻恰恰不太看重到民族的一觀念。似乎從中國人的理想看來，民族相異是可以把文化和教育的功能來使之融和合一的。在世界全人類之上，在中國人觀念中，還保留著有一個天。中國人的終極理想，則是天下太平，世界大同，而達於天人合一。因此，在中國人的想像中，民族界線，不該是一條不可泯滅的界線，而信仰衝突，亦不是一種不可解消的衝突。

由於上述這一觀點，在我認為，一所理想的中文大學，如能在人文學科一方面，盡量發展其固有的特殊性，卻可同時到達現在世界的大學教育所應到達的，在此一方面的共同理想與共同責任之新需要。再換言之，中國已往傳統的那一套人文教育的理想，在我認為，是有許多重要之點可與此後世界新教育所應追求的共同理想，有其遙相符合之點的。

當然，如我上述之一觀點，非從中國文化之全體系中來詳細闡發，非從中國的哲學思想、人生觀點、與夫教育理論之各方面來詳細闡發，而單單如我上文之所述，或許不易得別人之信服與瞭解。而且近百年來的中國，因於西方新教育思潮之湧進，也從未曾對其自己傳統的教育精神與教育理想有所注意。在中小學方面，一意灌輸國家思想與民族觀念，在大學方面，則個人主義的色彩極濃重，雖對自然科學方面，有意追隨世界水準，但亦忽略了因地制宜的特殊應用。至於人文學科方面，則完全失去了應有的個別性與獨立性。

但無論如何，將來真有一所理想的中文大學出現，應該能對符合世界理想的一種人文教育方面有特殊的貢獻，則是必然的，而且也是相宜的。

文化復興中之家庭問題

近年來總統提出文化復興一大題目，這真是我們國家民族的百年大計。但要一不成為口號化，二不成為法令化，三不成為形式化，此須我們全國上下來分層共同負責。總統既已揭示了此一大方針，尤應是我們中層黨政文教各界，對此方針該作深入的研究，纔能領導全社會切實遵行，蔚成風氣。

所謂研究，應分兩方面。一是有關各項學術思想的，一是有關各項現實具體問題的。此兩項，不可嚴格分開，但可分別注意。我今天，祇就現實具體問題方面，選擇一項與人人有密切相關的家庭問題，來略述私見，請在座諸位先生之指教。

猶憶十六年前，我初次去美國，飛機第一站到夏威夷，耶魯大學的雅禮協會請了當地一位教會中學的校長來飛機場迎接，他為我們夫婦安排了一所旅館。我們每日，祇在旅館進晨餐，外出後必至夜始歸。在晨餐時，隔座有一位美國老太太，對我們似很注意，因餐廳上祇我們夫婦是中國人。但我們和那老太太，幾個早晨沒有交談。有一晚，那中學校長夫婦請客，我們又遇見了那老太太，乃知她是這校長的母親，席間和我們談了許多話。她說，她和她兒子分別了已六七年，此次特地從紐約來看她兒子。我們夫婦席後先回旅館，適有一友人在樓下客廳相候。坐談少頃，門外車聲，那校長扶著他老母進來，在客廳旁電梯口擁抱相吻，那老母即獨自進入電梯上樓去。

我們看此情形，甚覺驚奇。一是那校長並不送他老母上樓。一是那媳婦獨留在門外車中，並不陪送她婆婆進旅館。翌晨，在早餐時，那老太太便來和我們長談，知我們快離開夏威夷，她說，她兒子還要請她到家中喫頓飯，她須待此後始離去。我們又很奇怪，老母遠道而來，她兒子為何不請她住家中。老母來已多日，為何她兒子還未請她到家喫飯。在我心中，深切感覺到中西家庭之相異。

耶魯大學一畢業生，在新亞教英文課兩年。在我去耶魯時，他亦回了美國，任康橋一某教會牧師之職。我和他很熟，常問他有關他的家庭事。他說：他父親是油漆商，他祖父係美國一大富翁，現在單獨在南部一安老院中，請一護士陪伴。他亦能獨立，祖孫三代，分居三處，經濟上亦互不相關。我說：將來你祖父辭世，你們父子，應可分得一大筆遺產。他搖頭說不然。大概祖父身後遺產，會全歸其護士所有。我們父子，也從來不想到此事。我問他，此刻是復活節假期，你為何不回家看父母。他說：他極少回家，偶一回去，也祇宿一兩宵即走。我又問：從前我們在中國大陸時，提倡遲婚，大家必舉美國為例。現在你們美國青年男女，似乎都急著要成婚，和今天我們中國風氣適相反。我知道你也急想成婚，究為何故。他說：我們婚後回家，父母便當客人相待。若未婚回家，依然是一子女，怪不好意思。

我因此想到，西方人重視人人能獨立，即在家庭亦然。猶憶民國二十六年前在北京，一冬天的早晨，去至北海公園，見有三四位美國年輕太太結伴溜冰，她們各帶有子女，都祇三四歲，在冰上跌倒了爬起，爬起了又跌倒，但母親們全不理會，祇盡情自己在冰上溜，有時溜到很遠處。待她們興盡，纔各自提挈小孩上岸。這亦是她們在培養小孩們的獨立精神。

我在電影上知道，美國的嬰兒，從其搖籃生活起，即和父母隔離，獨住一室。父母子女，從不在同室中睡，更不論同床睡。我曾住華盛頓幾天，租一私家寓所，每晨看到許多派報童子，據房東太太告訴我，那些派報的，全都是國會參眾兩院議員們的兒子。那時是暑假，房東太太說：即在開學後，他們也可在上學前一清晨跑街派報，賺一些私房外快。

美國的父母們，既如此般培養子女獨立，子女長大了，也自會尊重其父母之獨立。父母不曾憐憫其子女之幼小而減低了他們培養子女獨立精神之用心，子女也不會憐憫父母老病而轉變其尊重父母獨立精神之維持。美國家庭，在其文化傳統之整個體系中，自有其意義與作用存在，我們不能用東方人眼光來看西方人家庭。

但西方人似乎很有興趣來求瞭解我們東方人家庭。有好幾次在宴會席上，旁坐遇到年齡相彷彿的男女，雖屬初次相識，他們每喜對中國家庭問長問短。我又聽人說：梅蘭芳去美國演戲，戲中情節和其道白唱辭，都先譯成英文發給觀眾。梅蘭芳在臺上演〈打漁殺家〉中蕭恩之女兒對蕭恩說，爸爸如何分付，女兒自當遵從。臺下美國老太太們，點頭稱讚，我們有如此般的女兒，那是何等幸福呀！她們之欣賞梅蘭芳，卻更欣賞在此等處。

現在回到我們本國自己的家庭，似乎人人皆知，不煩多說。但我們必該說的，在此民國六十幾年來，我們的家庭，正在逐漸變，而且愈變愈劇。我們來臺後的二十幾年間，似乎變得更快了。此刻祇舉一端言之，目前我們為父母的，似乎更不奢望子女要聽從父母的意見。一片獨立平等自由的呼聲，子女在家中，似乎已躍居了賓位。童蒙初啟，進入幼稚園，小朋友，請，好不好的聲浪，灌耳已熟，回到家中，自叫父母難於侍奉。各家有女傭，彼亦人家之女，也叫主人難於使喚。我家有一肄業中學的工讀生，有一次，內人說了她幾句。她說，我錯了。但你這些話，有損我的自尊心。現在的年輕人，是都知自尊的了。

猶憶我幼時，不僅對父母，即對兄姊，必多陪敬意。在前清時，小學教科書中，有孔融讓梨等的故事。那時我們也知和哥哥姊姊爭多論少為可恥。現在似乎是相反了，祇有兄姊讓弟妹，很少弟妹讓兄姊。於一律該平等的條件下遇有不平等，祇該幼小占上風，長大占下風。

現在的父母們，似乎也不想望子女養老那件事。但在子女未成年前，為子女的求學上進，似乎總願不遺餘力，無止境地幫助，直到子女出國留學獲得最高學位為止。我初到香港，有一次和一澳洲人談話，我說你們地曠人稀，亟待開發，此刻中國大陸難民大批來港，你們為何多方限制入境。他說：你們中國人，初來是一苦力勞工，但稍後他們兒子可成一大學博士，我們不得不防。在西方，那有貧苦人家那樣培植子女上學的。

但父母之恩雖厚，子女之報卻薄。在國外學成獲職，也有不寄老父母贍養金的，也有父母喪亡，竟不回國奔喪的。此亦是東西文化一大衝突。我在親朋中所確切知道和輾轉聽到的就不少，惜乎沒有人來作詳細調查。但即使逐戶登門調查，為父母的也還是隱諱不肯直說。但涉及父母遺產，為子女的絲毫也不肯放鬆，甚至兄弟姊妹間引起了甚大爭執。

文化必得成為一整體。若要保留一部份自己的，取法一部份外來的，此非有大智慧人之深切研究不可。今再說到復興文化，今天我們的家庭單舉父母子女關係一節言，此是現實具體問題，我們該得有研究。今天要復興文化，要尊孔，孔子是最重仁道的。《論語》首篇第二章，孔子弟子有子便說：「孝弟也者，其為仁之本與？」但今天我們該如何般來提倡孝弟和仁道。孔門儒家，又是否不講獨立自由和平等。若使也講到，又是如何講法，又和孝弟仁道，是否有衝突。此就牽涉到學術思想的問題上去。學術思想的研究，和具體現實問題分不開。今天要叫小學老師在學校中教孝教弟，他們應該如何般教法。祇在文字言說上講古人道理，此所謂老生常談，恐終於事無補。

而且小學教師們，何嘗不是為人父母，為人兄姊，何嘗不想要他們的子女弟妹們孝弟，但現在都讓步了，以為時代潮流如此，無可違逆。口是心非的教學生，那會生作用。但若真要西化，也該對搖籃中嬰兒即培植其獨立精神，也要為自已衰老後獨立預留餘地。而且慈孝友恭，也是相對的。父母太過慈了，會相形見得子女之不孝。兄姊太過友了，會相形見得弟妹之不恭。在家不孝不弟，出門獨立自由，此問題不僅在幼年子女與老年父母之相互關係上，而在一輩社會中堅分子成年人如何做人的問題上，家庭變，整個社會亦必隨而變，此事關係不小。

以上所談的家庭，祇就父母子女一倫而言，更要的還有夫婦一倫。須待有了夫婦，纔始有家庭。西方夫婦婚配，仍是男女雙方各自站在獨立平等自由的立場上，仍是站在男女戀愛的立場上。但中國的夫婦一倫，主要不在事先之戀愛，而在事後之和合。其實不僅夫婦一倫重和合，父母子女兄姊弟妹整個家庭，都要和合。整個社會人群相處，依然仍要和合。西方文化尊尚獨立自由平等，但應該要求能走向於和合，東方文化尊尚和合，但亦該能保持和合雙方之獨立平等與自由，此纔合乎人生之大道。

目下的西方，男女關係，已臻總崩潰之階段。由此向前，家庭社會種種關係都會隨而變。變向何處，連他們自己也不知。我們豈能老跟在他們後面。盲人騎瞎馬，夜半臨深池，這不純是一種杞人憂天。曲突徙薪總比焦頭爛額好。我們今天要說復興文化，總該有新研究，纔能有新領導，而開出新風氣。若儘在無研究無領導之下，而不斷開出新風氣，總會是危險勝過了想望，終是要不得。

母親節說母愛母教

全世界各地的人類社會，沒有不知道有母親的，尤其是中國，因於其傳統文化之薰陶，對於母親更所重視，這究為什麼道理呢？因若不知有母親，人類便不成其為人類，和其他動物鳥獸相差無幾了！人類之所以得成其為人類，人類之所以有社會之團結，有歷史之緜延，有文化之創造與進步，其主要原因：則胥在其知有母親。

母親對於人類社會之大貢獻，第一曰母愛，第二曰母教，若使人類沒有愛，人類決不能團結，若使人類沒有教，人類決不能進步。人類生存之意義與價值，主要便在知愛和有教，而愛與教之最偉大最真切者，則為母愛與母教。

母愛是人類愛中之最自然者，又是人類愛中之最真摯，最偉大者，母便是代表著一個愛，凡為母親的，沒有不愛其子女。母與愛是一體不分的，祇要是母親，便有那一分愛；祇要是子女，便會獲得那一分愛，從他沒有出生以前，他早已得那一分愛，人一出生，赤裸裸什麼也沒有，但他早有了那一分愛，那一分愛，無條件地給與了他，不論他將來或夭或壽、或賢或愚、或孝或不肖，總是儘先給與了他那一分愛，連他在睡夢中，那一分愛仍是緊繞著他，他是無時無刻不沉浸在那一分愛之中而生長而成熟，人由愛中生，由愛中長，由愛中成。惟其如此，所以祇要他是人，他總應該懂有愛，惟其人都懂有愛，所以纔會有人類，最先那一分愛，便是母愛了。

母愛是自然的，也可說是生命的，愛便是為母者的生命。人世間祇有母愛，是把全生命來愛的，為母者把她的全生命來愛其子女。她的那一分愛，便成為了她的全生命，她把她全生命融化為那一分愛，無條件、無間斷、無時無刻地來愛她的子女。更沒有人能學得為母之愛來愛人，若你要學那為母之愛來愛人，無論如何，總是不真切，因為也總是不偉大。你若要找尋人世間最真切最偉大的那一分愛，祇有向自己母親身邊去找！

母親的全人格，便是那一個愛，為母的把她全生命全人格來愛其子女，無形中，無意中，便已是把她的全生命人格來教其子女了。中國古訓，有所謂胎教，一個人，在其未出生以前早已在他的胎胞中，受了他母親的教育了。在心理方面，在生理方面，由於母愛之真切與偉大，而母教亦就同樣地真切而偉大了。人在嬰孩期，在幼稚期，最需要母愛之護育，也便最受母教之影響。

人到能離開家門，走進社會，母愛與母教，已經養育他成為一人了。人世間其他一切愛，一切教，都開始在他成了人之後而給與，在其未受到人世間任何愛與任何教之前，便祇有母愛與母教，使人真成其為人。

因此人世間任何一個偉大的人，必有一位偉大的母親，沒有真偉大的母親，不會有真偉大的子女，因此，真偉大的人，必會紀念他的母親，其實祇要他是個人，他便會紀念到他的母親的。祇是他愈偉大，便愈會紀念他母親，便愈會自己知道他自己母親之偉大，母親之最偉大處，是要她子女紀念著而纔見其為偉大的。若子女不知紀念他們的母親，為母親的也不再有什麼其他的偉大表現了。這因母親之偉大，祇偉大在母愛與母教上。母教與母愛之偉大，主要便落在身受此愛與教之子女們身上。若子女不知紀念他們的母親，那母親便更無偉大表現暴露了。

但做母親的，還是無條件地把那一分愛與教儘先給與他的子女了，母親之真實偉大處便在這上面。

人生究竟有何意義呢？你若懂得紀念你的母親，你便會懂得人生意義了。人生究竟有何價值呢？你若懂得紀念你母親，你便會懂得人生價值了。若你還不懂得紀念你母親，請問你和其他鳥獸動物有何分別呢？如此般的你，又那配來追求和討論人生的意義和價值呢？

今天又是一年一度的母親節，讓我們知有愛，受過教育人，大家都來紀念我們的母親，讓我們宣揚母親之偉大，提倡大家都來紀念大家的母親。讓我們在此紀念母親節而來宣揚母愛與母教，那是人類之所以成為人類，人類社會，人類歷史，人類文化，都因此而開始，也因此而上進，那是一個總源所在，母親呀！母親呀！我永遠地在紀念你。

第四編

知識之兩方面

專門知識

大學青年進入大學，求取知識，應該具有兩項目標：一屬專門部分；二屬普通部分。專門知識，是個別的，此人所知，不必即為彼人所知，如醫學、法律、工程、音樂等，每一項知識，供應社會每一項之需要，而形成為各項之職業。一個社會，當然希望人人有職業，人人能對社會有貢獻。但當知：社會並非由各項職業所組成。職業總涵有功利實用性，如醫師遇到律師，工程師遇到音樂家，彼此間的專門知識，無法互相瞭解，祇有在需要時互相利用。如律師病了，須請醫師；醫師建屋，須請建築師之類。當知社會決不能由不相瞭解，而僅相利用之人群來組成。

職業與人

社會並不由職業而組成，祇是有社會，才始有各項職業之需要。社會乃由人群所組成，職業是各別的，而人則是共通的。每一職業，固須一個人來當。你做了醫生，你同時還該做一個人。你做了律師，同時也還該做一個人。當職業有各項職業之專門知識與專門訓練。也該有當做人的一項共通知識與共通訓練。當職業愈專門愈好，做人則愈普通愈好。當職業，可以你不懂我，我不懂你。但做人則必做到互相瞭解，互相明白，互相承認。

普通知識

做人的普通知識，約略言之，可分為三方面：一是道德的，二是藝術的，三是文化的。如言忠信，行篤敬，那是道德方面的。人人該如此，不能一人自外；不能由我獨異。藝術可使人生美化，不可能人人做藝術家，但人人該懂得愛好藝術，欣賞藝術。對藝術有普遍瞭解，共同修養，人生各項娛樂，都包括在此內。道德與藝術，歸納入文化的大項目之內。社會由人而組成，也可說社會由人類之文化而組成。因此文化瞭解與文化修養，乃做人的一項至要條件。每一個人在其社會之傳統文化體系之中而生長，而完成，因此每一個人必該對其所生長之社會之所由組成之傳統文化，有瞭解，有修養。

勿偏一面

上面所說道德、藝術與文化之三項都該是屬於普通知識方面的。從前人，似乎對普通知識方面更重視；但現世界，則似乎逐漸對專門知識方面更重視了。其實，則偏輕偏重皆有弊。當知專門知識，愈專門愈有價值，而普通知識，則愈普通愈有價值。做人做到普通的，是最偉大的。那些知識，人人該知。那些道理人人該學。若我們忽略普通知識那一面，總是做人有缺點，會影響其專門的職業，同樣有缺點。

貢獻社會

近代社會，由於科學之突飛猛進，而專門知識，日有進展；因此而忽略了做人的普通知識方面，社會上會發生壞影響。尤其在中國社會上，此一毛病，近幾十年來，最顯著、最嚴重。我今天特地提出此意見，奉勸諸位，對於各自研修一項專門知識，將來盡力於一項專門的職業，而對社會有貢獻外，更該注重我們在此社會中做一個人的普通知識方面，更該加意進修。否則流弊所及，此一社會中，祇見有職業，不見有人，整個社會，將會垮了。試問我們這些各自專門的職業，又向那裡去作貢獻呢？

物與心

世界是很大的，在此世界上，似乎有千品萬儔，然而簡單地說起來，實在祇有兩樣東西，即「物」與「心」。當世界方始時，尚祇有「物」，根據科學家研究，那時像是還沒有「心」，雖然依照宗教家說是先有心，先有上帝來創造此世界，但此像不足徵信。我們這個地球自太陽系分散出來以後，不知經歷幾何年代，才產生生命，但是生命的起源究竟何在？是從別的星球中飄落來的，抑或在此地球上所有物質中自己化生的？在今日還是一個未獲解答的問題。但先有物而後有生命，則似已有證明，無需懷疑；而且生命必須寄托於物質，若離開物質，即無從表現其生命。到目前為止，我們還沒有發現能離開物質而自行獨存的生命。至於生命是否就是心，這事亦還遽難論斷，但就一般事實說，有生命不一定就有心，例如植物有生命，不好說它有心，但動物有生命，同時也有心。依據這種事實，我們至少可以明白，沒有生命不可能有心，猶如沒有物質不可能有生命一般；心必須寄托於生命，猶如生命必須寄托於物質，不可能先有心而後有生命，先有生命而後有物質，祇在宗教上有此講法，在科學上則並不能證實。最近二三十年來，西方科學界研究原子學，知道所謂物質，也並不是一種物質，而祇是一些原子的活動；或許若干年後，可能創立一種新的宗教，像最近西方有一輩科學家所努力的，所謂科學的新唯心論，但在目前為止，我們殊不可能推翻先有物，後有生命，再有心的常識。

現在有一個問題，就是人的心和動物心是否有不同？若有不同，不同處又何在？我們絕無人承認人心與狗心、雞心相同，就常識判斷，則人心與一般動物心，實在確有其不同處。

剛才說到沒有物質，生命即無從存在，沒有生命，心即無從存在。我們的身軀祇是一種物質，祇是我們生命所憑以活動之工具，而生命本身應該並非即是身體，然則什麼是生命呢？淺言之，我們的一切活動與行為那才是生命。我們必然須運用我們的身軀以表現我們的一切活動與行為，所以說身體祇是生命的工具，我們講話做事，都是生命之一段。但講話做事絕非聽從身體驅使，乃是聽從心靈指揮。依此說來，三者的動作程序又似心最先，次及生命，再次及身體。所以心靈價值實最高，生命次之，而物質價值卻最低。換言之，最先有的，價值最低，最後生的價值最高，但心靈價值雖高，卻無法離開較其價值為低的生命，生命又不得不依賴價值最低之身軀。如是則高價值的不得不依賴於低價值的而表現而存在，因此高價值的遂不得不為低價值的所牽累而受限制，這是宇宙人生一件無可奈何之事實。

現在的問題是心靈能否不依賴生命，生命能否不依賴物質呢？譬如我們停留在這屋子裡，我們不能離開這屋子，我們就受了這屋子的限制，屋子必然要塌，我們能否在此屋子將塌之前先離開此屋子呢？我們能不能讓生命離開身體而仍有所表現呢？這是生命進化在理論上應該努力的一個絕大問題。依我看來，人的心和動物之心之不同處，即在於人的心可以離開身體而求表現。那就是人的生命可以離開身體，即離開物質而表現之努力所達到的一種極端重要之成績。例如這張桌子是物，而桌子的構造、形式、顏色種種就包括有心，因為這桌子是由木塊做成，而經過匠人的心之設計與努力，才成為一張桌子；所以這張桌子裡，有那匠人的心與匠人的生命。換言之，即是那匠人之心與匠人之生命已離開那匠人之身，而在此桌子上寄托與表現了。我們據此推想，便可見得我們今天之所見，所遇，社會一切，便都是人類的心與生命之表現，都是人類的心與生命之逃避了小我一己之軀殼即物質生命而完成之表現。試問狗與貓之心與生命，除卻寄附於狗與貓之軀殼以外，又能有何表現呢？

上面所舉，都是就人造物而言，此刻試再就自然界言，當知五十萬年前的洪荒時代，所謂自然界也並不如我們今天之所見。現在我們所見之自然，山峙水流、花香鳥語、雞鳴狗吠、草木田野，都是經過五十萬年來人心之澆灌，一切景象中皆有人的心在表現，換言之，即是人類生命之表現，即是皆受人類文化之影響而形成。

以上我們說的是人類的心與生命，確可跳出他的身軀而繼續存在。現在我們要問，為何雞狗禽獸的心跳不出身體（物）？而人類能之呢？關於這一點，我們也仍將根據現在人所有之常識來加以答覆。人有腦，狗也有腦，人有心，狗也有心，但人有兩手和十指，狗卻沒有，一切禽獸都沒有；因為人有兩手，所以才能產生工業，才能從石器進化到銅器，又進化到鐵器，再加上煤、電和原子能，而形成今日世界的文明。依照馬克斯說法，從石器到原子能，這一切都是生產工具，生產工具變，社會一切也隨之變，人類一切觀念也隨之變，他是說物決定了心，但我要再三說明，我們的身體也是物質，我們的生命借身體而表現，我們憑藉於身體之一切活動，而使生命向上，前進，所以身體也祇是一種工具，但試問這種工具是否即可名之為生產工具呢？耳用來聽，鼻用來嗅，眼睛用來看，嘴巴用來飲食和說話，人身上每一種器官在生命意義上，都有他的一種用處，每一種器官，都代表人所具有的一種慾望。有慾望後便有所要求表現，因要看才產生眼睛，要飲食和說話才產生嘴巴等等器官，為求支配外物，又產生兩手十指。依照這個道理說，身體實為表現生命之工具，決不可稱之為生產工具。同樣道理，從石器直到原子能實在也都是我們的生命工具，也不可說它是生產工具呀。我們畏寒熱要避風雨和陽光，所以住在房子裡，藉以維持我們適當的體溫。皮膚的功用本來就是保持體溫的，所以房屋就等於我們的皮膚；衣服的功用也相同，所以衣服房屋也即等於我們的皮膚，此乃是我們的皮膚之變相擴大。我們在室內要呼吸新鮮空氣，所以開窗戶，窗戶也就是我們的鼻子；我們在室內要看外景，窗戶也就是我們的眼睛，這一切東西，都該稱之為生命工具，難道你都能叫它做生產工具嗎？唯物論的馬克斯把人手也看做生產工具，纔成就他的唯物史觀。所謂生產工具這一名詞本來衹是經濟學上的名詞，馬克斯衹是個研究經濟學中的一家一派，用來講全部人生便錯了。

我們穿衣服，衣服即如我們的皮膚，我在用這杯子喝水，杯子就如我們的手，太古人沒有杯子便衹可手掬而飲；我們現在有此杯子，水可放杯子裡，不再放手裡，豈不是那杯子便代替了我的手嗎？同樣道理，我們坐汽車，這是我們在陸地上的腳，坐飛機，這是我們在天空中的腳，我們坐船，這是我們在水上面的腳，中國古人說「天地萬物，與我一體」。人的心不專在身軀裡，人的生命也不專在身軀裡，人的身軀也擴大了，外面許多東西，其實都是我身軀之變相，我的心與生命都借仗那些而表現其存在。所以人手並不單是生產工具，更要的乃是生命工具。天地萬物，皆可為吾生命之表現，皆可為吾生命所利用，皆可為吾生命之擴大。

由上所言，可知生命價值決不低於物質價值，而實遠超乎物質價值之上，物質雖時時變壞，而生命卻能跳出此變壞之物質繼續存在。所以生命是在一連串的物質與物質間跳過去而長存。再用杯子舉例，杯子即為我們的手，我們隨身的手不能假給別人使用，而此杯子則人人皆得使用；我們的皮膚無法剝下送人，但衣服則可借與任何人穿著，這就是人類生命之變進，人類生命的擴大，人類生命的溝通，人類生命經此變進，擴大和溝通後，更得發揚而長存。這便是所謂文化。

除了兩手以外，人身還有一件東西異於其他動物的，那就是嘴巴，馬克斯見手不見嘴，知其一而不知其二，也是很可笑的，這因馬克斯祇是一個研究經濟學的人，經濟學祇是人類文化中之一小部份，馬克斯的學說，卻又祇是經濟學中的一支派，他自然不能瞭解人類文化之大體。

我們剛才說心跳進瓷土就造成杯子，跳進棉麻就造成衣服，這一種跳，都是經過手的階梯而實行。現在我們說到嘴巴，卻使我們的心跳出身軀而跑入別人的心中去。猴子雞狗都有心，也有喜怒哀樂，可惜的是牠們沒有嘴巴表現。因此牠們的心，跳不出牠們的軀體，跑不進別個軀體的心裡去。我們知道，表現內心情感最好的途徑就是聲音，聲音能表現我心，表現得纖細入微。人有了嘴巴，內心情感得以充分表現；理智也然，一切內心活動，均賴語言表達，所謂表達，便是跳出我的軀體，鑽入別個的心裡去。人類又經嘴和手之配合併用，用手助嘴造成文字，作為各種聲音之符號。有了文字後，人心擴大，情感理智種種心能均無不躍進。從前有一個故事，說有一個仙人用小籠子裝鵝，籠子雖小，祇像能裝一隻鵝，但裝千萬隻鵝也儘不妨。今天人的心正和此相同，別人心裡之所有，儘可裝入我心裡，上下古今，愈裝進，心量卻愈擴大。

我們今天的種種衣物用具，表面看來好像都是我們這一代人自己做的，實際上卻並不如此，這是幾千年來千萬人之心累積起來而成的。我們一人之心可變成千萬人之心，而千萬人之心也可變成我一人之心。我一人造一杯，萬人皆可用，一人寫一本書，萬人皆可看，而一個人也可看一萬本書，諸位當知，雞、狗並非無智慧，無奈缺乏可用以表現之工具。它們最多祇能表現在它們那個軀殼上。人類則不然。人類用數字計算，最艱難的數學題也可解決，若使沒有數字，即最淺易的算題有時也算不清。我們可以說那些數字，便是我們的新腦子。別人發明的數目字即成為此刻計算人的腦子，愛因斯坦若無數目字供他利用，他亦無從算出他的相對論。所以實在是他幾千年以來的人的腦子，統統裝進他腦子，變成他的大腦子，這腦子自然要更靈敏勝過天賦我們的自然腦。何以千萬人的腦子能變成一個人的腦子的呢？這是語言文字之功，也即是嘴的功。

我要再進一步說明，我的身體與你的身體雖然不同，而我們的生命則一。如何說呢？我再舉一說明。人與雞、狗都有雌雄之分，但人卻更有夫妻婚姻制度。這夫妻婚姻制度，是由人類生命中的藝術與慾望配合所產生，從單純的雌雄之分進到一夫一妻制，這種要求實在是人同此心，心同此理，有了一夫一妻制後就有了合理的家庭和人類一切文化。所以我們說，婚姻與家庭制度，實在不是一個人的生命表現，而是許多人生命之共同表現。諸位早遲都要結婚，那時我們所感到的新婚之情感與快樂，和對婚後之一切所想，大家卻不要認為這祇由你們自己夫妻兩人之間所產生，當知這些實在是你們的父親母親列祖列宗的生命的表現與擴張，也是整個人類大生命所表現的一部份。換言之，這是從前有不知數量人的心鑽進了你的心裡而始有此種感情與想像的。否則，貓與狗為何沒有你那樣的感情與想像呢？五十萬年以前的原心為何也沒有你那樣的感情與想像呢？所以整個人類就是一個大生命而不能有你我之分，也不能有時代地域之分。這就是我所說的生命之融合。

以上說人類生命是共同的，感情也是共同的，一切全都是共同的。至於各人間的感情雖然容有小異之處，但那卻是生命之藝術採取了多方面的表現，而並非真有什麼不同。人心能互通，生命能融合，這是一個大生命，這個大生命我們名之曰文化的生命，歷史的生命。馬克斯祇知道生產工具與唯物史觀，他不知文化生命與歷史生命。

我們要憑藉此個人的生命來投入全人類的文化生命歷史生命中，我們應該善自利用我們的個人生命來完成此任務！馬克斯知有手不知有嘴，又要用物來決定心，而不知道應該是用心來控制物，實在是一個大錯誤。

大約二十一年前，本人有一日和一位朋友登山，借住在山頂一所寺廟裡，我借著一縷油燈的黯淡之光和廟裡的方丈促膝長談。我問他這寺廟是否是他親手創建，他說是的；我問他怎麼能夠建築這麼大的一所寺廟，他就告訴我一段故事的經過。他說他厭倦家庭塵俗後，就悄然出家，跑到這山頂上來夜深獨坐，敲打木魚，山下人半夜醒來聽到山上清晰木魚聲，覺得驚異，於是白天便上山來尋找，攜帶飲食來慰問，但是他仍然不言不睬，照舊夜夜敲木魚，大家越覺得奇怪，於是一傳十，十傳百，山下所有的村民和遠處的村民都攜物來慰問，並且給他蓋草棚避風雨。但是他仍然坐山頭敲木魚，村民益為敬崇，於是互相審議，籌款給他蓋起這所大廟。所以這所大廟是這方丈費了幾年心血敲木魚而來的。我從那次談話以後，每看到一座巍峨的寺院，都會立刻想到其間必定有人費了幾許心血氣魄！後來再想想覺得世界上每一件事每一件物實在也都是經過人費了幾許心血而成。我此後才懂得人的心人的生命可以跳離自己軀體而存在而表現。

我們表明白了這一番生命的大道理，就會明白整個世界就是一個大我，也就更瞭解我們的生命之廣大了。

讀書與做人

今天在這講堂裡有年青的同學，有中年人，更有老年人；真是一次很有價值、很有意義的盛會。如按年歲來排，便可分三班；所以講話就比較難。因為所講如是年青人比較喜歡的，可能年長的不大愛聽；反之亦然。現在我準備所講將以年長人為主，因為年青人將來還得做大人；但年老了，卻不能復為青年人。並且年幼的都當敬重年老的，這將好讓將來的青年人也敬重你們。至於年老的人，都抱著羨慕你們年青人的心情，自然已值得年青人驕傲了。

我今天的講題是「讀書與做人」，實在對年青人也有關。嬰孩一出世，就是一個人，但還不是我們理想中要做的一個人。我們也不能因為日漸長大成人了，就認為滿足；人仍該要自己做。所謂做人，是要做一個理想標準高的人。這須自年幼時即學做；即使已屆垂暮之年，仍當繼續勉學、努力做。所謂「學到老，做到老」，做人工夫無止境。學生在學校讀書，有畢業時期；但做人卻永不畢業——臨終一息尚存，他仍是一人，即仍該做；所以做人須至死才已。

現在講到讀書；因為祇有在書上可以告訴我們如何去做一個有理想高標準的人；諸位在學校讀書，主要就是要學做人；即如做教師的亦然。固然做教師可當是一職業；但我們千萬不要以為職業僅是為謀生，當知職業也在做人道理中。做人理當有職業，以此貢獻於社會。人生不能無職業，這是從古到今皆然的。但做一職業，並不即是做人之全體，而祇是其一部份。學生在校求學，為的是為他將來職業作準備。然而除在課堂以外；如在宿舍中，或是在運動場上，也都是在做人，亦當學。在課堂讀書求學，那祇是學做人的一部份；將來出了學校，有了職業，還得要做人。做人圈子大，職業圈子小。做人當有理想，有志願。這種理想與志願，藏在各人內心，別人不能見，祇有他自己才知道。因此，讀書先要有志；其次，當能養成習慣，離開了學校還能自己不斷讀書。讀書亦就是做人之一部份；因從讀書可懂得做人的道理，可使自己人格上進。

惟在離開了學校以後的讀書，實與在學校裡讀書有不同；在學校裡讀書，由學校課程硬性規定，要筆記、要考試，戰戰兢兢，擔心不及格，不能升級、不能畢業，好像在為老師而讀書，沒有自己的自由；至於離了學校，有了職業，此時再也沒有講堂，也沒有老師了，此時再讀書，全是自由的，各人儘可讀各人自己喜歡的書。當知：在學校中讀書，祇是為離學校求職業作準備。

這種讀書並不算真讀書。如果想做一位專門學者，這是他想以讀書為職業；當知此種讀書，亦是做人中一小圈子。我們並不希望，而且亦不大可能要人人盡成為學者。我此所講，乃指我們離開學校後，不論任何職業、任何環境而讀書，這是一種業餘讀書，這種讀書，始是屬於人生的大圈子中盡人應有之一事；必需的，但又是自由的。今問此種讀書應如何讀法？下面我想提出兩個最大的理想、最共同的目標來：

一是培養情趣。人生要過得愉快、有趣味，這需用功夫去培養。社會上甚至有很多人怕做人了，他覺得人生乏味，對人生發生厭倦，甚至於感到痛苦。譬如：我們當教師，有人覺得當教師是不得已，祇是為謀生，祇是枯燥沉悶，挨著過日子。但當知：這非教師做不得，祇是他失了人生的情趣了。今試問：要如何才能扭轉這心理，使他覺得人生還是有意義有價值？這便得先培養他對人生的情趣；而這一種培養人生情趣的工夫，莫好如讀書。

二是提高境界。所謂境界者，例如這講堂，在調景嶺村中，所處地勢，既高又寬敞，背山面海；如此刻晴空萬里，海面歸帆遙駛，或海鷗三五，飛翔碧波之上；如開窗遠眺，便覺眼前呈露的，乃是一片優美境界，令人心曠神怡；即或朗日已匿，陰雨晦冥，大霧迷濛，亦仍別有一番好景。若說是風景好，當知亦從境界中得來；若換一境界，此種風景也便不可得。居住有境界，人生亦有境界；此兩種境界並不同。並非住高樓美屋的便一定有高的、好的人生境界，住陋室茅舍的便沒有。也許住高樓華屋，居住境界好，但他的人生境界並不好。或許住陋室茅舍，他的居住環境不好，而他的人生境界卻儘好。要知人生境界別有存在。這一層，或許對青年人講，一時不會領會，要待年紀大了、經驗多、讀書多才能體會到此。我們不是總喜歡過舒服快樂的日子嗎？當知人生有了好的高的境界，他做人自會多情趣，覺得快活舒適。若我們希望能到此境界，便該好好學做人；要學做人，便得要讀書。

為什麼讀書便能學得做一個高境界的人呢？因為在書中可碰到很多人，這些人的人生境界高、情味深，好做你的榜樣。目前在香港固然有三百幾十萬人之多，然而我們大家的做人境界卻不一定能高，人生情味也不一定能深。我們都是普通人；但在書中遇見的人可不同；他們是由千百萬人中選出，又經得起長時間的考驗而保留以至於今日，像孔子，距今已有二千六百年，試問中國能有幾個孔子呢？又如耶穌，也快達二千年；他如釋迦牟尼、摩罕默德等人。為什麼我們敬仰崇拜他們呢？便是由於他們的做人。當然，歷史上有不少人物，他們都因做人有獨到處，所以為後世人所記憶，而流傳下來了。世間決沒有中了一張馬票，成為百萬富翁而能流傳後世的。即使做大總統或皇帝，亦沒有很多人能流傳讓人記憶，令人嚮往。中國歷代不是有很多皇帝嗎？但其中大多數，全不為人所記憶，祇是歷史上有他一名字而已。那裡有讀書專來記人姓名的呢？做皇帝亦尚無價值，其餘可知。中馬票固是不足道；一心想去外國留學、得學位，那又價值何在、意義何在呀？當知論做人，應別有其重要之所在。假如我們誠心想做一人，「培養情趣、提高境界」，祇此八個字，便可一生受用不盡；祇要我們肯讀書，能遵循此八個字來讀，便可獲得一種新情趣，進入一個新境界。各位如能在各自業餘每天不斷讀書，持之以恆，那麼長則十年二十年，短或三年五年，便能培養出人生情趣，提高了人生境界。那即是人生之最大幸福與最高享受了。

說到此，我們當再進一層來談一談讀書的選擇。究竟當讀那些書好？我認為：業餘讀書，大致當分下列數類：

一是修養類的書。所謂修養，猶如我們栽種一盆花，需要時常修剪枝葉，又得施肥澆水；如果偶有三五天不當心照顧，便決不會開出好花來，甚至根本不開花，或竟至枯死了。栽花尚然，何況做人！當然更須加倍修養。

中國有關人生修養的幾部書是人人必讀的。首先是《論語》。切不可以為我從前讀過了，現在毋須再讀。正如天天吃飯一樣，不能說今天吃了，明天便不吃；好書也該時時讀。再次是《孟子》。孔孟這兩部書，最簡單，但也最寶貴。如能把此兩書經常放在身邊，一天讀一二條，不過化上三五分鐘，但可得益無窮。此時的讀書，是各人自願的，不必硬求記得，也不為應考試，亦不是為著要做學問專家或是寫博士論文，這是極輕鬆自由的，祇如孔子所言「默而識之」便得。祇這樣一天天讀下，不要以為沒有甚麼用；如像諸位每天吃下許多食品，不必也不能時時去計算在裡面含有多少維他命，多少卡路里，祇吃了便有益；讀書也是一樣。這祇是我們一種私生活，同時卻是一種高尚享受。

孟子曾說過：「君子有三樂，而王天下不與存焉。」連做皇帝王天下都不算樂事；那麼，看電影、中馬票，又算得什麼？但究竟孟子所說的那三件樂事是甚麼？我們不妨翻讀一下《孟子》，把他的話仔細想一想，那實在是有意義的。人生欲望是永遠不會滿足的；有人以為月入二百元能加至二百五十元就會有快樂；那知等到你如願以償，你始覺得仍然不快樂——即使王天下，也一樣會不快樂。我們試讀歷史，便知很多帝王比普通人活得更不快樂。做人確會有不快樂；但我們不能就此便罷，我們仍想尋求快樂。人生的真快樂，我勸諸位能從書本中去找；祇化三兩塊錢到書店中去，便可買到《論語》、《孟子》；即使一天讀一條，久之也有無上享受。

還有一部《老子》，全書祇五千字。一部《莊子》，篇幅較巨，文字較深，讀來比較難；但我說的是業餘讀書，儘可不必求全懂。要知：即是一大學者，他讀書也會有不懂的；何況我們是業餘讀書，等於放眼看窗外風景，或坐在巴士輪渡中欣賞四周景物，隨你高興看甚麼都好，不一定要全把外景看盡了，而且是誰也看不盡。還有一部佛教禪宗的《六祖壇經》，是用語體文寫的，內中故事極生動，道理極深邃，化幾小時就可一口氣讀完，但也可時常精讀。其次，還有朱子的《近思錄》與陽明先生的《傳習錄》。這兩部書，篇幅均不多，而且均可一條條分開讀。愛讀幾條便幾條。我常勸國人能常讀上述七部書。中國傳統所講修養精義，已盡在其內。而且此七書不論你做何職業，生活如何忙，都可讀。今天在座年幼的同學們，祇盼你們記住這幾部書名，亦可準備將來長大了讀。如果大家都能每天抽出些時間來，有恆地去讀這七部書，準可叫我們脫胎換骨，走上新人生的大道去。

其次便是欣賞類的書。風景可以欣賞，電影也可以欣賞，甚至品茶喝咖啡，都可有一種欣賞；我們對人生本身也需要欣賞，而且需要能從高處去欣賞。最有效的莫如讀文學作品，尤要在讀詩。這並非要求大家都做一個文學家；祇要能欣賞。諺語有云：「熟讀唐詩三百首，不會做詩也會吟。」詩中境界，包羅萬象；不論是自然部分，不論是人生部分。中國詩裡可謂無所不包；一年四季，天時節令，一切氣候景物，乃至飛潛動植，一枝柳、一瓣花，甚至一條村狗或一隻令人討厭的老鼠，都進入詩境，經過詩人筆下暈染，都顯出一番甚深情意，趣味無窮；進入人生所遇喜怒哀樂，全在詩家作品中。當我們讀詩時，便可培養我們欣賞自然、欣賞人生，把詩中境界成為我們心靈欣賞的境界。如能將我們的人生投放沉浸在詩中，那真趣味無窮。

如陶淵明詩：「犬吠深巷中，雞鳴桑樹顛。」這十個字，豈非我們在窮鄉僻壤隨時隨地可遇到！但我們卻忽略了其中情趣；經陶詩一描寫，卻把一幅富有風味的鄉村閒逸景象活在我們眼前了。我們能讀陶詩，儘在農村中過活，卻可把我們帶進人生最高境界中去，使你如在詩境中過活，那不好嗎？

又如王維詩：「雨中山果落，燈下草蟲鳴。」諸位此刻住山中，或許也會接觸到這種光景：下雨了，宅旁果樹上，一個個熟透了的果子掉下來，可以聽到「撲」「撲」的聲音；草堆裡小青蟲經著雨潛進窗戶來了，在燈下唧唧地鳴叫著。這是一個蕭瑟幽靜的山中雨夜；但這詩中有人。上面所引陶詩，背後也有人。祇是一在山中，一在村中；一在白天，一在晚上。諸位多讀詩，不論在任何境遇中，都可喚起一種文學境界，使你像生活在詩中，這不好嗎？

縱使我們也有不能親歷其境的，但也可以移情神遊，於詩中得到一番另外境界，如唐詩：「松下問童子，言師采藥去；祇在此山中，雲深不知處。」那不是一幅活的人生畫像嗎？那不是畫的人，卻是畫的人生。那一幅人生畫像，活映在我們眼前，讓我們去欣賞。在我想，欣賞一首詩，應比欣賞一張電影片有味；因其更可使我們長日神遊，無盡玩味。不僅詩如此，即中國散文亦然。諸位縱使祇讀一本《唐詩三百首》、祇讀一本《古文觀止》也好；當知我們學文學，並不為自己要做文學家。因此，不懂詩韻平仄，仍可讀詩。讀散文更自由。學文學乃為自己人生享受之用，在享受中仍有提高自己人生之收穫，那真是人生一秘訣。

第三是博聞類。這類書也沒有硬性規定；祇求自己愛讀，史傳也好，遊記也好，科學也好，哲學也好，性之所近，自會樂讀不倦，增加學識，廣博見聞，年代一久，自不尋常。

第四是新知類。我們生在這時代，應該隨時在這時代中求新知。這類知識，可從現代出版的期刊雜誌上，乃至報章上找到。這一類更不必詳說了。

第五是消遣類。其實廣義說來，上面所提，均可作為消遣；因為這根本就是業餘讀書，也可說即是業餘消遣。但就狹義說之，如小說、劇本、傳奇等，這些書便屬這一類。如諸位讀《水滸傳》、《三國演義》、《紅樓夢》，可作是消遣。

上面已大致分類說了業餘所當讀的書；但諸位或說生活忙迫，能在甚麼時讀呢？其實人生忙，也是應該的；衹在能利用空閒，如歐陽修的三上，即：枕上、廁上和馬上。上牀了，可有十分一刻鐘睡不著；上洗手間，也可順便帶本書看看；今人不騎騾馬，但在舟車上讀書，實比在馬上更舒適。古人又說三餘：冬者歲之餘，夜者日之餘，陰者晴之餘。現在我們生活和古人不同；但每人必有很多零碎時間，如：清晨早餐前，傍晚天黑前，又如臨睡前；一天便有三段零碎時間了。恰如一塊布，裁一套衣服以後，餘下的零頭，大可派作別的用場。另外，還有週末禮拜天、乃及節日和假期；尤其是做教師的還有寒暑假。這些都可充分利用，作為業餘讀書時間的。假如每日能節約一小時，十年便可有三千六百個小時。又如一個人自三十歲就業算起，到七十歲，便可節餘一萬四千四百個小時，這不是一筆了不得的大數目嗎？現在並不是叫你去吃苦做學問；衹是以讀書為娛樂和消遣，亦像打麻雀、看電影，那會說沒有時間的！如果我們讀書也如打麻雀、看電影般有興趣，有習慣，在任何環境任何情況下都可讀書。這樣，便有高的享受，有好的娛樂；豈非人生一大佳事！讀書祇要有恆心，自能培養出興趣，自能養成為習慣，從此可以提高人生境界。這是任何數量的金錢所買不到的。

今日香港社會讀書空氣實在太不夠，中年以上的人，有了職業，便不再想到要進修，也不再想到業餘還可再讀書。我希望諸位能看重此事，也不妨大家合作，有書不妨交換讀，有意見可以互相傾談。如此，更易培養出興趣，祇消一年時間，習慣也可養成。我希望中年以上有職業的人能如此，在校的青年們他日離了學校亦當能如此，那真是無上大佳事。循此以往，自然人生境界都會高；人生情味都會厚；人人如此，社會也自成為一好社會。我今天所講，並不是一番空泛的理論，祇是我個人的實際經驗。今天貢獻給各位，願與大家都分享這一份人生的無上寶貴樂趣。

中國文化與人文修養

人文修養即是講究做人的道理和方法，懂得如何做人才是最高的知識，學如何做人才是最大的學問。學做人是人最切身的問題，任何一個社會，一個民族，都有其教人做人的道理，生長在這社會裡的人，都得接受這社會教我們做人的道理。

世界上最偉大的人如孔子、耶穌、釋迦，他們都教人如何做人。尤其是中國文化的中心思想即為教人如何做人，但孔孟與耶穌、釋迦不同，因耶穌、釋迦乃教主，而孔孟則不然。

如我們要立志做一科學家、史學家、文學家或教育家，我們首先不能忘記我們是人，必須站在人的立場去獲得知識來為人類服務，若脫離了人的立場，則所有一切均成泡影，全無意義。要瞭解中國的文學，必須瞭解中國做人的道理，因中國文學的最高理想，要將自己最高的人格溶化在自己的作品中，要使作家與其作品合而為一。故不瞭解作家，即不易瞭解其作品之最高最深之境界，若祇求瞭解一篇篇的作品，而不去瞭解作家的人格，那麼我們不能洞曉其作品所涵真實的意義，如或有某作家的作品不需通過瞭解作家本身的人格，而便能予以全部把握，則那些作品在中國人眼裡至多是第二流的。

如屈原與其作品是溶合為一的，若不瞭解屈原其人，便不能瞭解其作品，這種作品才是第一流。至於如宋玉，其作品雖美，可是我們祇瞭解其作品即可，並不必去瞭解宋玉之為人，故其作品最多祇是第二流。又如陶潛、杜甫、歐陽修、蘇軾，直至近代如曾國藩等人，其詩文都是基於其人格而成，其人格均能表現在其作品中，我們若不瞭解他們的人格，就無法瞭解他們的作品，這才是第一流作品。如《水滸傳》、《紅樓夢》等書之作家究竟是誰，知與不知，並不影響到我們欣賞這些作品上，所以它們祇算是第二流的。中國人常把小說戲曲都列為第二流的文學，就為這個原因。

歷史是人事的記載，史實以人物為中心，所以不瞭解人，即不易瞭解歷史。尤其中國文化，特重人文精神，如廿四史等書皆以人物為中心，其體裁特別重在列傳。因人可以支配歷史，而歷史並不能支配人。我們讀歷史，必須懂得歷史裡的人物，能品評其人格之忠佞賢奸，邪正誠偽。若不瞭解人物，則無法瞭解到歷史。即如岳武穆、文天祥、史可法等，我們當知並不是因他們為國而死，才成為這樣的人，而是因為他們是這樣的人，才會碰到這樣一個死的機遇。人之生死，祇是一個機遇，機遇仍在人之選擇。他們之死，才顯示出他們的忠直誠正。這是一個主動的表現，他們可以不死，因為機遇可由人自己作選擇。故中國人講歷史，主要在人物精神，所以學歷史必須知道做人的道理。中國人講教育，常言身教勝於言教，所以我們與其說孔子是一位教育思想家，不如說他是一位教育家。從這裡可以看出身教和言教的分別。身教是以身作則，用人格來教人格。教育家的一切思想言論，祇是他人格之表現，他的主要價值不在其思想言論，而更要在其背後的人格。中國之品論文學，不重其文章而重在作者與作品之合一。講歷史不重其事業，而重在其人格與事業之合一。我們不瞭解一人，亦不能瞭解其教育精神與目的。如孔子、孟子及宋明諸大儒，他們全是以自身人格來發揚他們的教育精神與目的的。所以不瞭解中國的做人道理，就不能瞭解中國的史學、文學、教育、人生、和全部文化精神。這是我們中華民族文化中特殊的地方，所以說教人做人的道理是我們文化的中心思想，這叫做人文修養。

在《易經》上說：「觀於人文以化成天下。」今天所用「文化」「人文」兩名詞，雖從英文譯來，然而這觀念中國自古已有，不過與西方有些不同。何謂人文？曰物相雜謂之文，所以文就是一種花樣，如黑白相雜便成了花樣，若祇是純白或純黑，則無所謂花樣。中國人講有天文、地文、人文，如男女相雜亦就是花樣。因男女相雜才化合成夫婦，為父母，有子女，這就是物相雜，即是一種人文。老一輩人與晚一輩人相雜化合，即可產生新的，今之天下即是經化合而成的天下。大而言之，時空相雜遂形成今日的社會，用中國話說，即一經一緯，而織成了人群相處的文采即謂之人文，人文也可說即是世網。說到空間，人易懂，如這是臺北，那是臺南。但說到時間，便不易把握，如何時才有此日月潭，此小學和文史年會。雖然今天是在這日月潭的國民小學來舉行文史年會，可是這三個形成的時間是不同的。猶如同長在一個園林中的樹，也是歷史不同，年代不同。在這種各個不同的情形下織成了一個世網。人群社會中之形形色色，因於時間不同，空間不同，複雜多樣，我們稱之謂文化，這是包括著很多東西的。這即是人文，因複雜而化合。經於複雜之交織化合而又成了新物。

什麼是修養？如修剪花朵枝葉，培養泥土等。一顆花種，生出花苗後，須要慢慢培養修剪，才能長出一朵合意的花來，做人亦如此。天地生人，單獨的人沒有意義，沒有價值。於是男女老幼，民眾政府交織形成了世網。若把今天這個年會擴大來講，便可以把整個世界都牽上，換一面講，若非整個世界的化合，亦無此年會。人一定要進入社會才成人，因此必要在人群中做人，若脫離了社會便不成為人了。故人定要二人以上相雜，才能做人。中國提出「仁」字即二人，所謂人相偶。中國人講做人道理，最基本的是要人參加進社會，在人文中修養他自己，成為一人文化成的人。西方講人文乃是針對宗教而言，因宗教最大目標重在死後人可接近上帝因而得救，於是反過來主張人文主義，其所講重要精神並不與中國相同。中國講做人的道理，一定要把人與人配合起來才能做人，如果你死了，但在社會上還有因你之化合而所成的新的你保存。所以中國人注重的是後世，不是天國。要言之，脫離了社會的人，不算是一個人。

請問跑進社會以後如何做人呢？當然，如做老師，做公務員等，不能一些花樣都不做而單獨說要做個人。所以要做人，便須做社會上的人，進而做歷史上的人。天地所生之人衹是一「自然人」，入了社會以後做的人，才是社會的人，歷史的人，才是文化人，即是人文修養之人。

但是要怎樣做社會的人？歷史的人呢？我國文化主要精神就是要教人如何做人。我們今天講講做人的道理，並非說別人要做個什麼樣的人，我要做個什麼樣的人，這不能分開講，現在所講，衹是全人類做人的道理，衹是講人如何做人，便該在人以外更沒有條件，這一切是無條件的。與教育程度的高低，人的貧富貴賤等都無關。而衹是就全人類中每一人如何來做一個人講的。衹要他是一個人，就應該在社會上做一個人，也就可在社會上做一個人，不須任何條件的。有知識的要做一個人，無知識的也要做一個人，富貴的要做一個人，貧窮的也要做一個人，不管男女老幼，富貴貧賤，衹要是生而為人，就要做一個人。而且人格是要一貫下來的。從幼到老，從生到死，因此不能說待我到某階段了，纔來講做人。我們要講做人，是要每一個人都要做的，通貫古今，在每一個地區和環境下都要做，不受時空限制。而這一個理想又是人人須做而又永遠做不到十全的。就因為永遠做不到十全，所以要人不斷地去做。這就是《中庸》所說：「極高明而道中庸，致廣大而盡精微。」

試問我們做人應從何處開始呢？孔子曰：「弟子入則孝，出則弟，謹而信，泛愛眾而親仁，行有餘力，則以學文。」弟子就是青年人。孔子這番話就是要我們在一切條件下做人，從頭一開始便講究做人。人總有父母，總有社會，做人惟一的條件，便是要在你以外再有人，其他便無條件了。但是為何要這樣去做呢？就藉孔子那句話中「泛愛眾而親仁」的「親愛」二字來看，你若有一個親人、愛人，你心裡一定喜悅。你能以親愛之心待人，你自己一定很高興，人家以親愛待你，你也會很高興，所以親愛是人心之所欲。難道天下有不要人親愛的人嗎？孝弟祇是親愛的別名而已。這既然是人心之所欲，人為何不去做呢？苟非人人心之所欲，又如何能勉強人人去做呢？故中國人教做人，開始祇要能「從心所欲」，做到家，仍還是「從心所欲」，再沒有更易的工夫，更高的境界了。故孔子曰：「七十而從心所欲……。」孔子一生修養到最高境界即為此從心所欲。然而「從心所欲」是一件最容易而又最困難，最淺近而又最高深的事，同時也最普遍，而又最個別的事。

但一個人每為要「從心所欲」而走上不能「從心所欲」的路，到處碰壁，不開心。這是因為不知「從心所欲」的方法所致。什麼是「從心所欲」的方法呢？孔子曰：「吾道一以貫之。」曾子釋之曰：「夫子之道，忠恕而已矣。」朱子注：「盡己之心之為忠，推己及人之為恕。」盡自己的心，如要睡則盡心的睡，要吃則盡心的吃，祇有自己的心能替自己做主，自己才能把握住自己，自己的心才是自己的主人。我們進入社會，到了一個複雜的世網中，我們應該「不怨天，不尤人，下學而上達，知我者天乎」，你不要在一切外在的條件上怨天尤人，你要從最根本處做起，從你初生做小孩時的那一顆心的根本處做起，才可上達到最高的境界，這時則祇有天知了。所以學做人，須從自己的心上做。孔子是「七十而從心所欲不踰矩」，要「從心所欲」而「不踰矩」才是，若「踰矩」則不能「從心所欲」了。這個「矩」還是在我們心裡，做事違背自己的良心還是不能有矩。因「規矩」在人心中，故「心之矩」即「天之則」。照宋儒講這是天理的流行，用宗教語言來講，這是上帝所給的心的法則，即是上帝的法則。這法則給了我們就是「心矩」，就是「天德」。下學而上達，是要從根本處學起而直上達天德。宋人稱之為「天理」，與「天理」相反的是人欲。「天理」的內容祇是人心所欲而不踰矩，「人欲」亦是人心所欲而踰矩了。人心之欲，想這又想那，但必須有一矩。所欲祇在「矩」中，就是天理了，故人欲和天理並不是相違背的，而且是一體的，祇要不踰矩就行。

人總有一死，若想長生不死，這固然是「踰矩之欲」；但若如讀書過火，吃飯過火，休息過火，尋樂過火，亦都是踰矩，結果因過火而生了病，終生愁死，反而早死，都是違背天理所致。

所以要「從心所欲不踰矩」。矩在心中，是「人同此心，心同此理」的。人皆可以為堯舜，滿街都是聖人，能做到矩在心中時，也就是天人合一之時了。

今試問如何認識此心矩呢?這也很淺近，祇自己心下覺得快樂即合心矩了，若心下不快樂則總有毛病。凡一切事皆不能過份，不用求快樂，祇要求合理，合理則自然快樂，才能理得心安。這不是講思想，也不是講人生哲學，祇是學做人的道理，這道理祇在於躬踐實行，祇在學。

孟子曰：「魚我所欲也。熊掌亦我所欲也。二者不可得兼，舍魚而取熊掌者也。生亦我所欲也。義亦我所欲也。二者不可得兼，舍生而取義者也。生亦我所欲，所欲有甚於生者，故不為苟得也。死亦我所惡，所惡有甚於死者，故患有所不辟也。……」岳飛、文天祥都死了，其所欲之義則至今尚存。人的生命是總要丟掉的，但須要選擇一丟不掉的東西。眼前有很多路，但得你自己挑一條去走。故人須要立志，用自己的心去選擇一下。取捨之間尤見志。人之求學相同，但「志」不一定相同。在一取一捨之間，建立起自己的志，然後再從志去學。孔子曰：「吾十有五而志於學……。」這「志于學」就是孔子立志去學做人的道理，這是中國文化精神的中心，希望諸位能立志求學，做一個中國理想的標準人。

當仁不讓

甘氏新任總統，出身膺受有關世界全人類當前禍福所繫的艱鉅重任，彼平素之抱負與學養，可在此書中略約窺見，甘氏已站立在歷史時代之中心，正挺身接受時代之考驗，故凡關心甘氏之為人及其事業前途者，披讀此書，必感有一種異樣興趣，可以循誦終卷不疲……。有意要瞭解西方民主政治制度的人，此書不可不讀……。青年人讀此書，可得無上鼓舞、無上激勵。

從前孟子說過：「徒善不足以為政，徒法不能以自行。」這是說我們有了一套好的理想，儻使不能展布出一套制度來，那項理想，便不能在政治上實現。但若我們僅有了那一套制度，而沒有人來主宰斡旋運用行使，制度是死的，也無法由制度本身來推進。在政治上，制度與人物互相為用的精義，遠在兩千幾百年前，孟子早已如此般揭示過。

孟子這番話，乃從歷史經驗來。周公制禮作樂，開西周一代之治平，良法美意，維持著幾百年，下逮孔子時代，卻全不是那麼會事了，所以孔子說：「人而不仁如禮何，人而不仁如樂何。」孔子所特地提出的這一個仁字指人之德性言。此種德性，至少要有良心，有勇氣，纔當得孔子之所謂仁。人若昧了良心，缺了勇氣，縱有好制度，也將無奈之何。上舉孟子的話，即從孔子意見引伸而來。後來中國儒家，遂有有治人無治法之說。這可謂是中國人之傳統意見，一向重視人勝過其重視法，即是說，制度雖重要，而人物更重要。這一項傳統意見，實有長時期的歷史經驗作它的根據。

直到最近一百年來，中國人看到近代西方的民主政治，認為他們的制度，遠勝了我們的，認為我們祇要學習到他們那一套制度，一切問題也都解決了。但流弊所及，過分重視了制度，而忽略了制度背後的人物，忽略了作為人物骨幹的德性，忽略了作為一個人物所必需具備的良心與勇氣。中國儒家一向重視對於人的德性方面之教育之傳統意見被棄置。人的德性逐步墮落，儘在制度上求改變，甚至鬧革命，似乎民主政治急切也不見有速效，人心思變，一轉身遂到極權政治的路上去。從辛亥革命以來，這五十年，種種擾攘動亂，不能不說，太重視了制度，而忽略了人物與德性這一偏見，也是一項主要的因素。

這裡牽涉到知識問題。牽涉到我們對西方政治的瞭解問題，牽涉到東西雙方歷史記載的異同問題上。西方歷史記載，主要以事為主，以人為副，人物的活動，祗附帶於事變之演進中，此種歷史體裁，略當於中國史書中之記事本末體。至如西方之傳記體，並非歷史正宗，又多以一個特出人物作主體，作中心，而擴大及於一時代，及其牽連相關之一群人。因此中國人讀西方史，容易注重在其事變上，而忽略了在此事變背後之人物；又容易注重某幾個特殊人物而忽略了其他一般人物之重要性。至於中國歷史記載，傳統上最主要的方式，總求將歷史上每一事變儘量分寫在有關此一事變之一切人身上，不論此人物之是成是敗，而人物在歷史上之重要性，則躍然如見。此即中國史書中之紀傳體，被認為中國之正史。此種史體，卻是最富民主精神。歷史由於人造，但歷史乃由人之群體所造，特在此群體中，某些傑出人物，所佔分量尤重大，然亦非少數傑出人物，能違離群眾，而創出此一時代之歷史。中國此種歷史記載之內在精神，正合於上舉孔孟儒家傳統之精義，而惜乎亦為近代中國智識分子所忽略了。

我最近讀到美國新總統甘迺迪所著榮獲普立茲傳記文學獎一本書的中譯本《當仁不讓》，我認為此書卻極合我們中國人當前所需要，值得來推介給國人。甘氏此書，記載了美國歷史上八個人物，都是參加美國參議院的。論其在歷史上之表現，好像都僅是一枝一節，其姓名有些並不為我們中國人所知，即在美國，也並不即是第一流的大人物，說不上旋乾轉坤，震鑠寰宇，也不就是精金美玉，無瑕可摘。然而我們從甘氏此書之八位人物，他們的志節操守，意氣事業，細細讀來，卻可瞭解美國的民主政治之透進一層的內涵與意義。使我們瞭解到我們要學步西方政治，不僅是一項理論上，一番制度上，一部憲法上，一套程序上，而在此理論制度法則規程之外，更要者還在其人物上，還在其人物之德性上，還在運使此項制度與法規之人的良心與勇氣上，孟子所謂徒善不足以為政，徒法不足以自行，這是一項普遍公理，東方西方，都無可自外。

甘氏此書，固不重在討論政治，但有意要瞭解西方民主政治制度的人，此書不可不讀；固不是一部正式的史學書，但要瞭解東西歷史文化異同的人，此書也不可不讀。甘氏此書，祇是一部人物傳記，而且是偏在一個門類中的少數幾位並不是第一流傑出與成功的大人物，然而人物之德性與事業，則可以不限時地，不論大小與成敗，而有其共通合一之意義與價值的。因此即在我們東方社會，縱使對政治無興趣，對歷史無研究的人，對此書仍當一讀。尤其是青年人，讀此書可得無上鼓舞，無上激勵，與得無上的啟示與振作。

甘氏此書描寫人物，有其極成功的兩點。第一點，他能對每一人之某項活動之對於歷史與時代之關係重大處扣緊落筆，使讀者能了然明白到此一人之所以成為時代人物與歷史人物之所在。第二點，他能設身處地，把此一人在當時之某項活動中在其內心深處所藏有之種種刺激與顧慮，壓迫與憤懣，清析剖示，曲折傳達，使讀者能明白到此一人之所以卓然成為一時代人物而在歷史上有其不朽價值者，在其人之內在的德性上，必具備有如是之基礎，與如是之磨練，甘氏書之主要價值正在此，而其筆力生動亦足以達，使讀者能在無意中受其激動與感召。

甘氏新任總統，尤其是美國史上最年輕的一位總統，而出身膺受有關世界全人類當前禍福所繫的艱鉅重任，彼平素之抱負與學養，亦可在此書中略約窺見。歷史以人物為中心，而人物必受歷史之考驗，此刻之甘氏，正已站在歷史時代中心，正在挺身接受此時代之考驗，故凡關心甘氏之為人，及其事業前途者，披讀此書，當必感有一種異樣興趣，可以循誦終卷不疲。這亦許是譯此書者之一番用意吧！

回念五四

歷史上的事件，應該即就歷史本身之演進來認識，來批判。五四運動到今已有三十二年的時間了，讓我們從此三十二年的歷史演進來回頭認識三十二年前的五四運動，再來加以一些批判吧！

我們一提起五四運動，便要聯想到當時所謂的新文化運動。本來從鴉片戰爭五口通商以來一百多年的中國史，古老的舊文化開始和歐洲文化相接觸，直從曾、左、胡、李，中經孫中山、康有為、張之洞、梁啟超乃及嚴又陵一輩人，可說他們全都有意無意或激或隨地在主張來一個新文化運動的，然而新文化運動的正式口號，正式旗幟，直要到五四前後纔成熟，纔確立。我們應知五四前後的那一番新文化運動，並非平地突起，而實有它幾十年來的醞釀與淵源的。衹是任何一種文化運動，不能和它已往的傳統相隔絕，文化本身，即是一種傳統性歷史性的，若完全否定了傳統，擯棄了歷史，即無異否定、擯棄了文化之自身。最可惜的，是在新文化運動以前那一段醞釀時期，並沒有對自己以往傳統有一個較清楚的認識。新文化運動的口號要重新估定一切價值，正為在先幾十年沒準備，沒基礎，在倉促的短期間，何從來重新估定一切價值呢？於是重新估定轉變成一概抹殺。讓我舉兩個例：吳稚暉主張把線裝書丟毛廁裡。胡適之說中國文化除卻太監、姨太太、女子裹小腳、抽鴉片、打麻雀之類以外無他物。這些話，在當時本未經審慎考慮，亦並沒有堅強的理據。然而這三十年來，卻不能說這些話在社會上沒有發生相當的影響。中國傳統文化既是一切要不得，則中國的出路，自然衹有全盤西化。西化無疑是新文化運動一個題中應有之義，然而說要全盤西化，這談何容易？不幸而西方文化自身發生了分裂，於是中國出路，更見徬徨無主。陳獨秀是當時新文化運動一員大將，他開始走歸共產主義的路，到晚年，又主張實施共產主義不能不兼顧民主政治。這依然徘徊在美蘇歧路上，依然是兩眼向外，沒有一個顧到自身的心魂。照理，新文化運動，該是要求一個自己文化之再生，並不是要先扼殺自己，再把別人的精靈來借屍還魂。今天的中共，若平心把此三十年來的歷史回頭細看，不能不說他們仍在依照著五四前後新文化運動的大體目標而前進。至少可以這樣說，若使沒有當時一番新文化運動，共產主義在中國，斷不致蔓延得這樣快。今天的中國問題，歸根說來，還是一個思想問題，換言之，還是一個文化問題。若使中國已往傳統，真個一切要不得，若使線裝書真個該丟毛廁裡，若果中國的出路，真個祇有全盤西化，則專心一意追隨馬、恩、列、史，比較還不失為一條較近情的路。因為中國既是一窮國，如何能模倣英美？禁止讀英文，大家來學習俄文，至多也不過是五十步與百步，你不能說中國人祇該學英文，不該學俄文呀！至於中國文字之該廢棄，則早在新文化運動時已有人竭力提倡過。我祇惋惜自鴉片戰爭以來，以至辛亥革命的一段期間，沒有替新文化運動好好做一番準備，而新文化運動卻已為今天的中共盡了陳勝、吳廣的驅除工作了。我們若要正本清源，還該重新提出五四前後新文化運動時的舊口號，來重新估定其一切價值。對已往舊傳統，還得有個再認識。再認識為的要我們此後文化之再生，在文化再生中，少不了要容許西化，卻不能說要全盤西化，更不是一面倒。若此下不能有一個自己的文化再生，則仍祇有倒向外面。要倒向外面，則祇有一面倒。所以說，當日的新文化運動不啻為今天的中共打先鋒，這是一個歷史事實，不容我們來否認。

然而五四運動畢竟和新文化運動有別。五四運動主要是一種民族復興意識之強烈的表現，新文化運動則是一種自我文化之譴責與輕蔑。照理，民族復興，必與文化新生相依隨，相扶翼。文化是民族之靈魂，民族是文化之骨骼。二者同根同源，無可劃分。對自己傳統文化極度譴責輕蔑，這是民族精神之衰象，決不能與要求民族復興的強烈意識同時並壯。中國近百年史，所以祇成為一段悲苦紛亂的歷史，正為在民族復興意識強烈要求的主潮浮層，有此一種對自己傳統文化極度輕蔑，極度厭棄的逆流來作領導。遠從太平天國起，其底潮顯然是要求民族復興，而其浮層則是天父天兄，把西方耶教淺俗化，來推翻自己全部傳統文教。這一番失敗教訓，直到今天，仍未為國人所認識。今天中共政權，所大聲疾呼的第一件事，便是要一面倒，要向馬恩列史表示信仰。不信仰馬、恩、列、史，便算不得中國人。毛澤東之所以為毛澤東，就在其對馬、恩、列、史之信仰。馬、列是上帝，史達林是天兄，毛澤東依然是一個天弟。你要信仰天弟，自然不得不先信仰天父天兄。你要希望中國民族抬頭，也不得不先盡忠效死讓共產主義祖國蘇維埃民族先抬頭。蘇維埃抬頭，纔始是中國民族之抬頭。馬、恩、列、史得人崇拜，纔始輪到毛澤東連帶得崇拜。太平天國是耶教之淺俗化。今天的中共，卻把馬、恩、列、史神聖化。在中國大革命潮流奔放直前的今天，第一要務先要輕蔑中國，輕蔑中國傳統，把近百年來中國史上要求民族復興的強烈意識無情扼死。卻不知正因為在中國社會潛深底層，有此一股要求民族復興的強烈意識之伏流，纔肯跟著來推翻一切，打倒一切。等一切推翻了，打倒了，擺在我面前的，已不是我自己，而是一別人，而且不是一像樣子的別人，還是我自己的醜態在替別人當小丑，當下作。洪秀全由此失敗，領導新文化運動的巨子們也由此失敗。除非這一百年來中國民族復興意識的強烈要求忽然消散，否則高抬著馬、恩、列、史的神像來領導這一百年來要求民族復興大流的仍不免要失敗。這又是一個歷史事實！

我對中國近百年史，不能不悲觀，而對中國不遠之將來，則依然將樂觀，正為此一百年來的中國，雖然歷盡艱辛，而此一番強烈要求民族復興的深在的底潮之奔放直前始終沒有停息，而且似乎愈來愈有勁了。一切失敗，全在領導者，不在支撐者。領導者儘管眼光向外，支撐者永遠精力內在。太平天國的支撐者是一輩下層民眾，五四運動乃及新文化運動的支撐者，是一輩青年學生，今天的中共革命，是民眾與青年合流了。中國正在黑暗與腐化中，上層的，中年以上的，捲進黑暗與腐化，與為一體。打倒黑暗與腐化，即是打倒了他們自己。所以推翻與打倒，祇有寄託在下層與青年。然而下層與青年須得領導，其本身祇是一響應者，支撐者。祇要領導勢力不能與此支撐勢力走歸一路，支撐者可以轉身支撐別一個。領導者失卻支撐，勢必失敗。中國近百年史裡的下層民眾與青年知識份子，便是代表此一股民族復興意識的強烈要求之潛伏的主潮，然而他們各有其自身之弱點。中國下層民眾，絕大多數是散漫的農民，不易動，青年學生易於集合，又富血氣，然而又太易動了。而且農民趨於守舊，青年知識份子偏於喜新，二者又不易合。共產主義是外來貨，祇有外來貨可以救中國，已成為近代中國智識界之共同信仰，共產主義號召的是下層民眾，是勞苦階級，於是青年智識份子與散漫的農民在此一點上接觸了，結合了，那得不產生絕大的力量？然而他們的內心是純潔的，是真為著中國民族復興而始效死努力的。而共產主義者的信條，則國際超越了民族。更不幸的，是共產主義者之祖國，卻明明是民族超越了國際。今天中共的勝利，與其說是他們思想之勝利，政治之勝利，無寧說是他們軍事之勝利。軍事勝利，則正為其能動員了中國北方純樸天真的、數以千百萬計的北方農民，爭先效死來奮鬥，來衝鋒，當知並不是為馬、恩、列、史，亦不是為爭取個別自身的經濟權益，他們內心深處，實有一番一百年來民族復興的強烈要求之真力量。然而他們的領導者——中共卻決不承認。一旦軍事勝利有把握了，他們立刻宣佈，這是受了史達林指導。中國北方農民高興地在唱中國出了一個毛澤東，但他們的領導者中共，現在明白告訴他們，在毛澤東之上，還有一個親愛的太陽與親愛的、鋼的史達林。當共產軍隊開入北平城，宣示他們得意的勝利時，在最前列的還是大砲和坦克，他們已忘了北方農民為他們拚死打游擊時真實的貢獻。他們的內心深處，依然兩眼向外，一心西化。他們的怯弱淺薄處，尚不在其信仰馬克斯，而在其信仰馬克斯之後，必然應該信仰列寧，更在其信仰列寧之後必然應該信仰史達林。更在其認為必然應該信仰史達林而受其指導，始是中國惟一的出路。這不能不說是他們的怯弱與淺薄，其根源則全在自我輕蔑與自我取消。因此他們最近又宣佈了要訓練三百萬國防軍，而這些國防軍是要全體改穿蘇俄軍服的。北方農民軍隊並不是穿了蘇俄軍服而始獲得他們的勝利，但他們的領導者，內心怯弱，認為今天勝利了，他們將要像樣的幹一番，如是則不得不叫中國軍隊開始穿著蘇俄軍服。最先是中共份子散入農村，學他們的扭秧歌腰鼓舞，今天勝利來臨，要像樣子幹了，便開始在農村遍設中蘇友好協會，恨不得叫全國農民全來學俄文與俄語。扭秧歌與及腰鼓舞據說已在沒落了。同樣道理，在中共份子用種種動聽的宣傳來鼓動青年們加入他們隊伍時，並不坦白宣傳馬、恩、列、史，但到把握到勝利之後，卻翻過臉來要他們嚴正地學習馬、恩、列、史的理論和思想。試問當時全國青年擁護中共的，是不是早知在擁護馬、恩、列、史呢？這是當前的歷史事實，在中共自身，不應該不明白。他們高呼一面倒，並不是倒向農民，並不是倒向青年，並不是倒向一百年來這一股推動中國歷史前進的要求民族復興的強烈意識之潛藏在中國人心底裡的洶湧大伏流，而依然是倒向西方，倒向民族意識之自我取消與自我輕薄。依然是隨著那條浮層的逆流而前進。農民與青年代表的是五四精神，他們的指導者中共所代表的是新文化運動的精神，這並不是一回事。有時合，有時仍得分。這是三十年來的歷史事實，我們仍盼擔當指導中國前進的中共份子，應該澈底認識這一段歷史。除非中國近代史從此變質，除非這一股要求民族復興的潛深大流從此乾涸，否則中國史仍將走它自己要走的路。就中國歷史之根深蒂固而言，中國民族終有一日大踏步走上這條路。在這上，是依然不許我們抱有絲毫悲觀餘地的。

青年節敬告流亡海外的中國青年們

青年節快到了，我因《中國學生周報》編輯人的美意，許我乘此機會向我們可愛的中國青年，尤其是可同情的，此刻流亡在海外的中國青年們，掬誠地說幾句我想說的話。

中國是一個有著四五千年長期的優良文化傳統、光榮歷史積累的國家。但同時又是在這近百年來，外面受盡屈辱和壓迫，內部不斷動亂和災禍的國家。但直到最近，這一個多災多難的中國，依然在世界上有其舉足重輕的地位，而成為各方重視的一個焦點。

這幾層，我想凡是一個中國青年，都該先知道。而所不幸的，今天我們可愛的中國青年們，若許我坦白直率地說一句，實在對於以上所述的幾個大綱目，似乎還模糊，沒有能在我們可愛的中國青年的心裡，獲得鮮明而正確的認識。

不容諱言，今天中國的青年們，對自己祖國已往的歷史傳統和文化精神是模糊了。由於模糊而輕忽而誤解了。今天流亡在海外的中國青年們，似乎無不同聲一致，反對這幾年來中共大陸政權對自己祖國歷史文化之刻意摧殘和存心曲解的。那是一可喜的現象。但試問：一旦大陸變動了，我們重回大陸，我們對自己祖國已往的歷史文化，把什麼的態度什麼的意見，來糾正此刻大陸的種種措施？來重新宣揚自己祖國歷史文化種種內涵的意義，以及種種實際的過程呢？

想到這裡，不由得我坦白地說一句，此刻流亡在海外的中國青年們，實在對我們祖國已往的歷史文化傳統，還是非常模糊。而且恕我再進一步說，此刻我們流亡在海外的中國青年們，似乎在其內心還未痛切地感覺到，我們對祖國已往歷史文化之模糊，是一件要不得的事。

我敢竭誠正告我們這一代可愛的中國青年們，尤其是此刻流亡在海外的中國青年們。一個國家的青年，無論如何，對他祖國已往歷史文化是該有所知的。不知你祖國自己的歷史與文化，你就不配算做這一國家的青年！

固然我們該原諒，何以我們這一代的可愛的中國青年們，對自己祖國已往的歷史與文化，會如此般模糊而輕忽呢？這正因近一百年來，我們祖國對外受盡了種種屈辱和壓迫，對內又受盡了種種禍亂與災難，纔使大家對祖國的文化和歷史，逐漸發生了懷疑而遂加忽視的。但我們該知道，這一百年來的屈辱和壓迫、禍亂和災難，又是從何而來的呢？我們若真想知道這些內在的因緣，我們還該向自己的歷史和文化去追求。譬如你生了病，你該檢查你的身體全部，你該反省你以往的生活。那能因為是病了，便把你身體看輕，便把你以往一切生活完全棄置忽忘了的呢？

我們這一百年來的屈辱與壓迫、痛苦和災難，使我們對祖國已往的歷史和文化輕視了，而且激情所動，有些人還加以怨恨。但我得告訴我們可愛的青年們，即看我們當身所直接知道的歷史事實吧！在全世界，這一塊中國的土地，在全世界，這一群中國的人民，不還是在世界舞臺上，乃佔踞一席位，仍扮演一角色，而且還有它舉足重輕，受人注意的一個力量一番作用嗎？

纔過去的中日戰爭的一幕，我想我們這一時代的可愛青年們，都該知道吧！對此且不詳說，讓我們來講一講目前的事實吧！自從我們大陸赤化了，一面倒向蘇維埃，不正掀起了世界的大風暴，引動了全世界人的矚目和關心嗎？我敢正告我們這一時代可愛的中國青年們，這正是我們祖國已往歷史文化的一種潛在力量在背後鼓動呀！我試問你，我們如何能挺身而起，抗禦了暴日，為世界人道和平爭勝利？我再問你，我們如何能為虎作倀，輔助了蘇聯，為世界黑暗殘忍增聲勢？從表面看，這是絕然不同的兩會事。但若我們仔細一深究，便知這是同一種力量，那便是中國的力量，也即是我們祖國四五千年長時期的歷史文化所累積的力量，還在我們這一代中國人身上，纔始發揮出這樣的作用呀！

說來也慚愧，因於我們不瞭解我們祖國已往歷史文化的真情，因而也像不再信我們自己有什麼力量和作用了。我以前時常聽人說中國那能戰勝日本呢？這是依賴了美國人的幫助呀！我此刻又時常聽人說，中共怎會有今天的模樣呢？這是接受了蘇俄的指導呀！外國人不承認中國人本身有力量、有作用，這且不說了。我敢正告我們這一時代的可愛的中國青年們，你們畢竟是中國青年呀！難道你們也不再信中國人本身可以有力量、可以有作用嗎？若你們仍然肯信中國人本身還是有力量，還是有作用，你們便該知，這一番力量，從前用之於抗日的，現在可以用之來赤化。你們更該知，共產主義傳播到中國，便會在世界舞臺上掀起這樣的大波瀾。於是你們更該知，我們將如何般來善用我們這一番力量呀！說到這裡，自然要牽涉到全部歷史和文化的問題。你們卻千萬不該說：今天中國大陸的一切，全祇是蘇維埃共產主義之宣傳和組織呀！好像一切力量和作用，全該歸罪或歸功於列寧與史達林，這你們的意見和想法，不還和毛澤東一鼻孔出氣嗎？

目前正有一問題，招惹了全世界人的興趣，大家問，毛澤東是不是也會變迭托呢？這一問題之焦點，讓我先指出，中國並不是南斯拉夫呀！中國問題該從中國求解答。有人這樣說，迭托尚且不願全部接受史達林指揮，難道毛澤東肯全部服從馬林可夫的意旨和命令嗎？我想這問題不是如此般簡單。我們要解答此問題，我們該瞭解中國人，我們該瞭解中國的國民性，我們更該瞭解當前中國大陸如何會走上赤化的全部歷史之經過與其內在涵蘊的意義。這纔算瞭解了今天的中國。於是毛澤東變了迭托便怎樣，毛澤東不變迭托又怎樣？也全可以有答案。這一切的一切，卻全該瞭解到中國的文化和歷史。

可愛的青年們！你們不自認為是中國的青年嗎？你們不也想像到將來新中國旋乾轉坤的主人翁便是你們嗎？你們不也相信，將來中國的前途，你們總該有一份的責任，也該貢獻你們一份的力量嗎？可愛的青年們！讓我竭誠先告訴你們一句話，你們該對已往祖國的歷史和文化先有所瞭解呀！

我並不絲毫存心菲薄著你們，你們對祖國已往的歷史和文化，實在是模糊的，而且是輕忽的。惟其由於輕忽與模糊，所以你們對祖國已往的歷史與文化，如有所想，多半是屬於空想的。如有所解，也容易是陷於誤解的。我總信，要做一個標準中國青年的話，總該對中國有所認識和瞭解。因此對中國已往的歷史和文化，不該長此模糊與輕忽。然而話說到這裡，卻使我對此刻流亡在海外的一輩中國青年們，抱著異樣沉重的同情。

你們是知道的，此刻困陷在祖國大陸的青年們，他們正在強力的壓迫和陰險的誘惑下，追隨著喪心病狂的那批所謂共產黨，加緊摧殘祖國的文化，狂妄改造祖國的歷史。因此，保留祖國文化，宣揚祖國歷史的一番大責任，在眼前，不得不專放在我們此刻這一輩流亡在海外的可愛的中國青年們的肩膀上。然而，讓我們放眼靜觀這現實的環境吧！

可愛的中國青年們！可同情的我們眼前這一群流亡在海外的中國青年們！我瞭解你們的責

任，我更同情你們的處境。但我敢披肝瀝膽，向你們說一句我所永遠想說的話。無論如何，你們總該對祖國已往歷史文化求有所瞭知，真有所瞭知呀！

可愛的青年們，請你們平心靜氣地體察一下我這一句的忠告吧！

在現時代怎樣做一個大學生

《大學生活》的主編人，要我在《大學生活創刊號》上寫一篇文章，而且希望我寫的題目是如何在現時代做一個大學生。我自己想，我在大學教課，已整整二十有五年，目前仍然守我的舊崗位，我這下半世生命，可說永遠與大學生們相親處，我應該義不容辭，據我所知，來寫這一篇文章。但我真要動手下筆，卻不禁使我躊躇。我自己又想，若是我減輕了四十年，讓我今天也來做一個大學生，我該如何做？我這樣設身處地般一想，卻使我不敢下筆了。

我自己是一個沒有幸福做一個大學生的人，回憶我向前四十年以來的心境：我曾如何懇切地希望知道一些大學生的生活呀？起先是我的中學同學和與我年輩相若的相識人們，絡續進入大學了。以後是我的一批批的小學生，他們也絡續地進入大學了。以後是我自己，僥倖跑進大學教書，有一大批大學生來當我的學生了。從二十歲後起，我一直對大學生生活，抱著無限熱情的注意。每逢一位大學生，有機會和他們談話，我總會詢問到他大學的教授們，以及關於課程，關於大學中的各項講演、活動，以及大學生的理想、心情，和其他的一切。我雖沒有真享受到大學生生活，但也算參預了大學生生活了。

我回想在我這四十年中，所知道的一般大學生的理想、抱負、心情、興趣，以及大學生活之一切，實在是不斷地有著巨大的變化。最先，每一青年，祇要一腳踏進大學的門，那時，是何等地自負、自信，何等地高自位置，似乎認為救國救民、立功立業，全是他們的事。那時的大學，正好像一大龍潭，群龍無首，都潛伏在那裡，一朝飛龍在天，霖雨蒼生，非異人任。但似乎那一種想像，逐漸地受到挫折而黯澹了，逐漸地，一般大學生，都轉移目光和心思，來打量他們大學畢業後的出路、職業、為私人謀生作準備。出路問題橫梗心頭，而平添了許多苦悶。那時的大學，又好像是一大工廠，工廠裡生產過賸，出貨不一定能推銷，而每一件貨品，不幸的是各帶一心靈，它們能在自愁銷場。

待我親身跑進大學裡教書，那時的大學生，心境更複雜，更苦悶了。九一八事變之後，尤其在北方，身當其衝。我當時，正在北方大學教書，那時的大學生，不僅要愁自己出路，更會愁到國家民族整個的出路。不僅在愁貨品推銷不到市場去，而且會愁到整個市場之存在與不存在。而那時的大學生，好像自己總是一件貨品般，他們前途的命運，都像不由自主，一切需看市場情勢和推銷員之宰制和擺佈。

不久之後，大學變成了流亡集團，大學生變成了流浪者，那時的大學生心情又劇變了，我們上火線呢？還是留在講堂裡？縱使留在講堂裡，也天天嗅到火藥氣，聽到砲彈聲，而且逐漸的饑餓逼來，前面縱使有遠景也無心情去注視，他們所急迫地要關心考慮的，是每天眼前的局面了。

那一些流亡集團，好容易回復安定下來，譬如千里行腳，一旦重見家園，但讓不得你稍作休息。內面是家徒四壁，什麼也沒有；外面卻人聲喧攘，好像有一大群暴客，隨時在打進你屋來。那時的大學生心情，真是變得又厭倦、又空洞、又惡劣，似乎對自己命運，乃及前途出路問題等，已然一切顧不到。

其次是我們目前的第二度流亡時期了。目前的大學生，本已是在流亡中長大，在流亡中開始受教育，而仍在流亡中走進了大學。過慣了流亡生活，他們的心情，已不知道有所謂安定，正如生下便帶著病的人，不知道健康是什麼。而且饑餓的壓迫更沉重了。有些還有一個家，有些則隻身流亡，連家都沒有。說到遠景吧！似乎在我們此刻眼前的遠景，較之十年前抗戰時期更模糊、更黯澹。世界分著兩個，國家也分著兩個。流亡的天地，更狹小，更侷促。有些尚是流亡在本國的疆土，有些則流亡在異國統治下的疆土了。

不錯，我們是希望有一批理想的大學生，來支撐、來挽救我們不遠將來的局面。然而要求有理想的大學生，也該有些理想的條件供給他。他該有一個理想的家庭，他該有一個理想的社會，他該有一個理想的國家，乃至有一個理想的世界。他也該有一段理想的中小學教育過程，又該走進一個理想的大學。目前是一切都不理想，卻單希望他們能做一個理想的大學生，那是何等的苛求呀！因此，真要我來為這一題目，教一輩青年們如何來做現時代的一個大學生，我祇有躊躇擲筆，四顧而歎，叫我從何說起呢？

然而理想總得是理想，愈是在不合理想的現實狀況下，愈該有理想。我總還是應該向我們現時代的大學生，說幾句理想的話。我先希望讀我文的大學生們，莫先怪我祇在高論空談，不顧現實！

首先我希望，當前的大學生們，應該懂得鄭重寶貴他眼前所獲得、所享受的那一份自由。孔子說：「後生可畏，焉知來者之不如今也。」我常愛向接近我的青年們來述說孔子這一節話。馬克斯也算是一個了不起的人，然而若使在馬克斯的青年時期，也同樣受著此刻在信奉馬克斯思想的那一半世界裡，受著不許青年們有自由思想的教育，則在當時，斷然不會產生出一個馬克斯。難道這世界，自有馬克斯降生，此後便不再會有另一像馬克斯的青年出現嗎？因此，教育是必然應該自由的，因教育的對象是青年，我們若要尊重青年的前途，便該尊重自由主義的教育。而大學教育纔是到達了真該盡量發揮自由主義的教育精神之階段。我敢敬告我可敬愛的當前的大學生，你們既是在自由世界裡走進了大學，你們那能不鄭重寶貴你們當前所獲得所享受的那一份自由？

如何珍重我們這一份自由？首先該珍重我們各自的前途。如何珍重我們各自的前途？至少不該專以謀求職業和解決私人衣食生活來作為進入大學惟一的目標。若是專為謀求職業和解決私人衣食生活，那麼，極權政治下的教育者，正在向你們招手，說：來吧！你該獻身大眾，為大眾服務，我們必然替你安排一職業，謀求一出路，你將來私人的衣食生活，再不用發愁了。而且還替你裝上一塊好招牌，說你在為大眾服務，這真是一塊金字招牌呀！他們惟一條件，祇要你肯出賣你自己的自由。換言之，則是出賣了你自己的前途。你今若自己限定了你自己的前途，說我祇要謀求一職業，僅圖一身溫飽便夠了，你既早把你自己前途抹殺乾淨，試問你尚要此一份自由作何用？還不如肩上那一塊金字招牌，對你像光榮些，你還可自掩己醜，這是我們當前的大學生們，所最該鄭重考慮、鄭重思索的一問題。

後生可畏，焉知來者之不如今，世界人類一切前途，全依靠在後生的青年們。若後生的青年們，將來的成就，永遠不得超過這一代，而且永遠祇能在目前這一代的已成局面下，挨進一身，插進一足，爭取一職業，來滿足他一身的溫飽，試問：那樣的社會，前途何在，希望何在呢？難道大學教育的意義與功能，是即此而止了嗎？

我說到這裡，或許大學青年們會問我，你既不主張大學生注意他們自己將來的職業和出路，那麼，你所說的大學生前途，又是什麼呢？我想這一問，纔是我所要提醒我當前可敬愛的大學生們之惟一要點了。在我想，祇有撇開一個人的必需遇到的職業和出路問題之外，纔始有他真正遠大的前途。纔始會真感到他自己當前那一份自由之可珍重。否則，若專在職業問題上用心思，當知在這上，根本並無多大自由可言，也並無多大的自由須爭取，也將不見得所謂後生之真可畏。社會上各項職業，都現成安排在那裡，祇待青年們各憑機會去投進。大學裡各門課程，各項知識和技能，也都現成安排在那裡，祇待青年們各憑匆匆的大學四年光陰去修習，到那時，各自拿著一張大學文憑去社會求職業，難道便是大學教育之使命，便是大學青年的前途嗎？

我所說的大學青年之前途，在我想，也不是憑空不顧現實的一番高論和空談。我想最應顧到的現實，莫過於大學青年之本身，最應付以理想的，莫過於大學青年將來各自的前途。祇要當前的大學青年們，在這大學四年光陰中，各自莫忘了他自己本身，各自能對他自己將來前途，有一番懇切的認識與努力。祇要當前的大學生們，各就自己那一份耳聰目明、年富力強、後生可畏的本身去努力，應該有一番理想前途的。祇要當前的大學生們，將來各有他們一番理想前途，則一切將會連帶著有前途。

昔宋儒張橫渠有言：「富貴福澤，將厚吾之生也。貧賤憂戚，庸玉汝於成也。」當前的大學生們，富貴福澤，似乎說不上。貧賤憂戚，正是當前大學生們一幅十分恰切的寫照。這或者正是天降大任，要來玉成這一輩青年的理想前途的。我衹有貢獻橫渠先生此語，來為當前大學生們祝福！

然而青年總還是青年，大學生也總還是大學生，我勉強來寫這一篇文章，我衹有為當前那一輩可敬愛的大學生們抱無限之同情，我仍衹有擲筆躊躇。我更深切地希望負責當前大學教育，乃及關心當前大學教育的各方人士，來共同為這一題目，共同為當前的大學生們貢獻他們的同情與解答吧！

關於提倡民族精神教育的一些感想

《教育與文化》週刊社擬出「民族精神教育」專號，來信要我也寫一文章，茲事體大，未敢於冗忙中輕易下筆，又承函催，不得已姑就一己感想，作一番直率的拉雜談。

竊謂提倡民族精神教育，決不是要把自己民族孤立脫出於並世各民族之外，抱殘守闕，關門自大，遺世獨立。所以要提倡民族精神教育者，乃為求把自己民族投進於並世各民族之林，釋回增美，革舊鼎新，爭取自己民族在現代世界潮流下，並駕齊驅，得一平等自由之地位。

晚近數十年來之教育精神，因於急求後一希望，過分排斥前一趨嚮，乃至認為凡屬提倡民族教育，便是抱殘守闕，關門自大，遺世而獨立。於是為要並轡前進，卻先跳下了自己的馬背。既覺步行趕不上，再自刖毀了雙足。為慚動抬不得，更求自刎以洩恨。儻有另一騎，把此殘廢之軀，弔懸在他馬屁股後，拖帶顛簸而前，他卻沾沾自喜，認為是附驥尾而行益顯。其實則別人的馬跑得愈快，那懸掛在馬屁股後的人，他的生命危殆的程度，亦將以正比例而增。

在此種心理與風氣下，來談民族精神教育，實在難言。竊謂且莫論精神，一切教育，起碼工具仰賴於文字。而我們這數十年來，對於本國文字教育，無可諱言，是每況愈下了。

從本源上下工夫，國家應積極提倡，使後起國民中才性相近的有志青年，肯埋頭從事於本國語言文字之研究，由語言學，而文字學，而文章學，分途精研，而尤貴有一貫精神，且先專注重在教育意味上，使大學校有理想的國文系，然後中學校可得理想的國文教員。中學有了理想的國文教員，小學也可有合水準的文字訓練。此是提倡民族精神教育一最先的要求。

為求應急起見，應從現在小學中學中之國文國語教員身上著眼，加意讓他們有進修之機會。不在這上面注重，衹想漢字簡化，衹求提倡白話文更能通俗，衹想如何能把文字文體變了，好讓通國人民，不費心，不化力，大家能一旦豁然貫通，竊恐古今中外，難期此神蹟之出現。

國文教育之外，繼之應注重國史教育。所謂國史教育者，決不是要通國學生，都能爛熟二十四史九通那一堆繁浩的史籍。但既做了這一國的國民，決不會不關心到他本國已往的歷史。我們儘忽略了自己的歷史教育，但全國人民，卻依舊整天滿口在談歷史呀！譬如說：中國二千年來是一個封建社會，這不是已成為一句全國流行的普通話了嗎？但我問，誰曾從二十四史九通那一堆浩繁史籍中來歸納，來證實，來確定了這一句話的呢？

又如說，中國學術思想，二千年來定於一尊，我們要追上現時代，便該打倒孔家店，這不是在學術界，在言論界，在一輩較高級的智識階層，還是不少人抱此觀點，不憚煩地，一而再，再而三的在提到此項主張嗎？但此仍是一歷史問題，試問誰曾在浩繁的史籍中，真能指實此定於一尊的說法呢？誰能確實指明那所謂孔家店的後臺老闆，和那店裡批發經售些什麼貨色呢？

學校教育不注重歷史，但禁不住全國民眾一開口便談論到歷史，難道祇有中國歷史可以不學而知的嗎？

現代的中國人，好像都認為中國史可以不學而知，因此他們想進一步，希望中國文字也可以不學而通。再進一步，則是希望可以不受中國教育，而做一個合格理想的中國人。

我們既不能禁止中國人開口便講到中國史，我們祇有對中國史提倡研究，莫使謬種流傳，來妨礙中國一切可有的進步。這一層，正本清源，依照目前情形論，也仍祇有由國家來在最高的研究所裡培養對本國史有深造的後起青年，使大學校有理想的中國歷史系，循次來改進中小學的歷史教育。

歷史知識之成為一空白，且不論，更可怕，更可惋惜的，目前的中國人，已不知道中國的疆土和地理。我兩月前，曾在九龍巴士上，清晰聽到我後面坐位上，一位年近二十歲的姑娘和一位三十左右像太太模樣的，因開一信封而爭辯。那位姑娘說：寫了蘇州，不必再添寫上海，因蘇州是一省，上海是蘇州省一市。那太太模樣的說：你錯了，祇有江蘇省，沒有蘇州省。而蘇州祇是上海市之一城。因此大家寫信，都寫上海蘇州的。繼此還有許多辯論更可笑。她們口齒清利，儀表文雅，應該是也受過教育的。那是兩位中國人，竟可說是比較代表優秀的，中上階級的中國人，而她們講話，又是江浙口音呢！

中國歷史，有人會嫌其太長了，史籍太浩繁。中國地理，我想或許會有人嫌其太廣大，太費記憶了。不知有否辦法，也像簡化中國文字一樣，把中國地理也簡化了。有人主張索性廢止中國字，改用羅馬字拼音，不知也有人可能想出廢止中國疆土，改用外國疆土的辦法呀！

一家的子女，記不得自己家裡死去的父和祖，那不說了，但不應該不知道他家庭現有的臥房在那裡，毛廁在那裡，廚房在那裡，大門在那裡呀！

本國的文字，本國的歷史，本國的地理，那一些教育，說不上民族精神教育，但說到國民教育，總該注意到這些上，我們究竟要不要國民教育呢？

我們大家說，我們中國是一個落後的民族，一切應該向外國人去學，但至少，中國文字、中國歷史、中國地理，這三項，目前尚不到定需向外國去學的階段。縱已有此趨勢，恐怕也得等一時。若使我們認為此三項科目教育之重要，至少國家應該積極提倡，在本國自設的研究所裡，加意培養這三項之繼起人才，在大學校，加意整頓這三項的課程標準，由大學影響到中學而小學，使各級學校，都有對此三項勝任愉快的教師。

目前的情形，一般中學校，都由國文教師來充教歷史，又由歷史先生來兼教地理。但大學國文系，選修人數，決不能比外文系。外文系若有一百名，中文系最多得十名，而且優秀青年多喜歡進外文系，無系可進則派進國文系。因外文系畢業，可以出國留學，有前途，國文系畢業，任其自漂自沉，自生自滅，誰也不理會。試問聰明俊秀，稍有遠志的青年，那肯自陷此冷宮。一般情勢已到如此，還有人一聽到民族精神教育那題目，準會痛心疾首，聲色俱厲，來冷嘲熱諷的。其實又何必打死老虎？我們也不如卑之毋甚高論，且談一些國民教育的好。

今天要談國民教育，已不是一件輕易的事，主要在政府當局肯決心來提倡，來培養後起人才。我們且莫認為國民教育不重要，大學教育纔重要。且莫認為大學教育不重要，留學教育纔重要。本文作者，是不幸而沒有受到大學教育的，當然更沒有享受到留學教育。但幸而是在幼年時，還受到一段在我當時的國民教育，那尚在前清時代，國家尚未注意到大學教育和留學教育的時候，但那時國民教育的師資，實在比此後強了不知多少呀！那時是前清的舊社會，不知新教育，但為國民教育卻不知不覺早安排有許多好師資。此後五十年，越講教育，越懂得注重大學教育和留學教育了，但國民教育的師資卻愈降愈低了。正因為國家的新政策和社會的新風氣，似乎對這基礎的國民教育太忽略，太輕視了。

目前再要來談國民教育，那時舊社會替我們安排的那批人全老了，死了，沒有了。我們得自己來再安排，這就非從大學校和研究所培植起。三年之病，求七年之艾，也祇有耐心此七年。

師資是第一，除卻師資，一切是空談。現有的師資，如何設法讓他們再有進修，繼起的師資，如何加意從頭來培植。尊師然後可以重道，師嚴而道尊，試問我們如何來尊嚴這些師資吧！

我們要講究民族精神教育，前一步應注重國民教育。我們要注重國民教育，應該看重中小學裡的擔任本國文字、本國史地的先生們，如何扶植現有的，如何培養新進的，如何鼓勵他們，如何誘導社會上一部分的聰明才智肯向此一途而努力，這已不是一件容易的事了。再拖一些時，在國內大學裡，將選擇不到能擔任本國文學本國歷史和本國地理出色當行的教授，大學缺了此幾門，中學小學再也無法在此上有希望。

就本文作者個人經驗講，在大學校擔任中國史，也有二十年以上的時期了。在十年以前所編撰的講義，此刻上講堂，無法講。甚至在二十年以前在中學任教時所編撰的講義，此刻在大學講堂裡，有些仍感無法講。猶憶在對日抗戰時，有一位大學同事親口對我說，像我們這四十五十的人，此後十年二十年，儘可不再讀一本書，儘可不再求一些長進，那一碗大學教授的飯，還得讓我喫。因現在的大學畢業生，在此後十年二十年間，再也趕不上我們。

其實那位教授的話，祇說準了一半。因到外國留學的，仍可把外國大學的新智識，新發現，帶回中國來，勝過老教授。祇有教中國自己東西的，即如上舉本國文字，本國史地之類，還沒有可到外國留學的，便真要像那位教授之所想了。而真可怕的，是待我們這一批打不破飯碗的人逐一老了死了，而這十年二十年內，再也沒有來繼續喫這一碗飯的人。這並不是我菲薄後生，實在是這學術界幾十年來的大趨勢如此，誰也無可否認呀！

如何扭轉這趨勢，改換這局面，此刻不再留心，此後會更難措手的。我自問我上面這些話，決不是存心頑固守舊，或是抱殘守闕，說是提倡中國舊文化，來反對新教育，新智識，新潮流。更不是因我讀了幾本中國書，希望全國聰明才智，都鑽進那一堆所謂早該扔進毛廁的線裝書裡去，來乞媚於所謂塚中之枯骨。實因為中國人急切間仍將是中國人，中國教育也無法不仍將是中國教育，而中國文字和中國史地的人才，又急切間無法也向外國留學去造就，因此，心所謂危，不得不言，至於如何著手，則在我個人，已是感到茲事體大了。若忽視了這一現實情況，而驟然來高談民族精神教育，就我私人言，更感其有無從說起之苦。因而拉雜陳其所感，以待教於關心教育之通人。

青年的責任──與青年書之一

諸位可愛的青年們，從這一期起，我將借著《中央月刊》的篇幅，連續和諸位作長期的公開通信。首先我將介紹我自己，和述說一些我要和諸位通信的心情。

我自七歲在私塾讀書，四年後，進入初等小學，高等小學，而中學。在十七歲那年，本該中學畢業；但那年秋天，辛亥革命起義，學校中途停輟。明年是中華民國的元年，我年十八歲，跑進鄉間一所私立小學去教書。那時的小學生，有大過我四五歲的，不少和我同年齡的。我自己還是一青年，既脫離了做學生的時期，但我仍是在青年群中一起生活，如是者幾近十年。

脫離了小學，去教中學，又九年。在那時，我自己已漸漸進入中年期。但當時，我教的是國文科，必須兼任一班導師，日常還要和一輩青年生活在一起。

直到民國十九年，我年三十五歲，開始進到大學去任教。在那時，我已是一中年人。但我的日常生活，仍是和青年接近，如是，直到我七十歲，纔開始脫離了大學教書生活。回念我一生，從十八歲到七十歲，超過五十年的長時期，在我的整段生命中，可謂是永遠和青年們相接觸。七十歲以後，我還時常在大學兼課，但所教全是大學畢業生，在研究所修讀碩士學位的，他們大體亦已到了中年，有的已結婚，生下子女，我和青年們接觸的機會，於是愈來愈少。

我自己在青年時，雖已靦顏為人師，但總抱著兩種心情。第一、我不願強不知以為知。如在課本上，教青年要孝父母，我自己問：為何為人子者必該孝，又該如何般孝，我自己不懂其中道理，如何隨口教人。我自該先自明白，如此，卻領導我走上了一條讀書做學問的道路。

第二、我不願做一口是心非或祇說不做的人。如在課本上，教青年要立志好學，我常先問自己，我究竟立了什麼志，我是否也好學。我不該祇在口裡說，不在身上行。如是我便常常奮勵自己，把教導青年的話回頭來教導我自己。

因此，我雖從十八歲起，便脫離了學生生活，不再有師長教導我，但一輩青年們，他們雖是我學生，同時也像我師長般。至少，我祇當和他們是同學。古人說：「教學相長。」我正是受此益處。逮我進到中年，總算自己也不斷有些長進。不僅在學問方面，同時更是在做人方面。

我進到大學，大學青年雖和中學青年有不同，但其為青年之可愛則一。青年人最可愛處，在其心地純潔，還未入社會，少習俗沾污。又未有其他牽掛，無家累、無職業，充滿身心，祇是一番活力。尤其是正值國家多難，祇有青年們，感受最敏銳。他們能有一番真誠，肯向前，肯出力，肯以天下為己任，肯先天下之憂而憂，肯後天下之樂而樂。我常和他們接近，亦能時時激起我心熱忱。使我亦追隨著他們，把我個人心情，常更多寄放在國家民族當前大問題上。我雖已在中年，而且逐漸走向老年，但我自己感覺到，祇要常能和青年們接近，常處在青年集團的氛圍中，聽其言論，感染其意氣，也會時時啟發我的豪情壯志。使我身上原所自有的一番青年氣息，不致於遽爾銷散。如入芝蘭之室，久而不聞其香。我正為自己五十多年來常和青年接近，使我心上還時時保有一些青年氣息。我雖無他長，祇此尚堪自己幸慰。

然而話雖如此，又得說回來。我日斯邁而月斯征，年歲不饒人，在我究已老去。尤其在我脫離了青年群之後，我實在更感到我易老易衰。回念以往，我常和青年們在一起，我也自懷有一番志向，一番抱負。而今老了，什麼成就也沒有。當時是高山仰止，景行行止，雖是巍峰插雲，我也常想盡力攀躋。然而此刻，則迤邐陂陀，此身實不啻仍在平地上，古人云：「少壯不努力，老大徒傷悲。」祇把我現身說法，正是一眼前好例。當時如何般指導青年，如何般自勉自勵，此刻祇落得一場空話，真是感慨萬千，不堪回首。適因《中央月刊》社編者出了一個題目，要我來連續寫一些對青年們的公開信，在他們月刊上發表，引起了我五十多年來心中無限的蘊蓄和幻想。

我雖年事已邁，歸入了老年隊伍，從此將和青年們日隔日遠。但藉此一題目，正可使我雖不能在軀體上有返老還童之望，但在心情上，精神上，仍得和我心上所真誠感到的當前可愛的青年們有一番無形的接近。這事在我未來生命中，正如打了強心針，補充新血液，不僅喚起我許多回憶，抑且將增進我無限生氣。在我自然十分高興來嘗試接受此工作。

現在我將撇開自己個人，來回憶到我這五十多年來所親身處在的這一個時代，正是我中華國家民族歷史上前所未遇的一個大時代。我常想，我中華國家民族在此一時代，正如一葉扁舟飄蕩在茫茫大海之上，四面是波濤洶湧，要求渡此險惡，到達目的地，正是一萬分艱鉅的時代。須得我國人全體，發揮無限智慧，無限精力，來同舟共濟。此刻則仍在此大海上，波濤則依然險惡，更需要我們緊密團結，掌穩羅盤，努力登上彼岸。諸位可愛的青年們，這是一個科學技術突飛猛進的時代；也是民族意識覺醒的時代，我個人以往的全部生命，雖在此一時代中過去。我自問對此時代，分毫無所貢獻，但總是在此一時代中獲得了我自己一些經驗。我此一些經驗，在今天來從頭訴說，或許將會對我當前的一批可愛青年們，增加一些警惕，供作一些參考。讓我們當前的一輩可愛的青年們，更知當所從事，來繼續努力，向前猛進，為我們國家民族打開一條真出路，到達一番新境界。若我此下幾許公開信，能在我此一想望之下獲得千萬分之一的效果，在我是何等地堪以自慰，堪以自足。

此一時代，讓我坦白直說，乃是一艱危的時代。在此時代中誕生的青年們，也都遭受了可悲的命運。五十多年來，我眼見一批批青年，在他們的內心，無不抱有一顆愛國家愛民族的至誠赤心。退百步千步講，至少每一青年們，無一不對自己有愛心，無一不為自己謀出路。而且每一青年們，無不具有一番活潑的新生力，一番發掘難盡的新智慧和新能耐。大家都在說，時代的新使命，和時代的新希望，將擔負在青年們身上。而青年們也都能勇敢地來接受此使命，努力此希望。我也可說，在中國歷史上已往各時代中，我們此一時代，比較上可算是青年最活躍的時代。在今天，我們已被視為老年人的，或是已成了歷史古人，離此世而去的，在當時，都曾以一青年而躍現到社會上層，有過不少驚人的作為和活動。我們祇稍一研究民國現代史，我們說此時代乃是一青年時代，當不為過。然而居今思昔，此一時代，固是一艱危的時代，也不能不說是一多變的時代。在此以前一批批的青年，他們在此時代中，固已各有表現，各有影響，然而總結一句，到頭仍是一無所成，還要待我們繼起努力。此一時代中前輩的青年們，祇留下了一個未打開的局面，未解決的糾紛。沒有給我們一個安定的基礎，亦未給我們一條平坦的路向。古人云：「前車之覆，後車之鑒。」此刻要待我們當前的一輩青年們，來重新踏上從前將近六十年來一批批青年們所走的艱危之路，而終於要開闢出一條康莊大道，渡過難關，重履平夷，此則成為當前一輩青年人的責任。「時代考驗青年，青年創造時代。」證諸史實，絲毫不爽。今天我們若就人事論人事，一時代的艱危，而應該由此一時代人來負責渡過，所以我們絕不該捨卻人事來責怪時代，然則我們當前一輩可愛的青年們，一面是責無旁貸，一面卻該把此一時代中已往的一批批青年們作借鏡，庶可勿蹈覆轍，另創新趨。

由我個人說來，我也是此時代中已往的幾批青年中之一員。居今思之，一無成就，一無建樹，上無以報國家與民族，內無以自慰我自己在青年時期一番志向與願望，下亦媿對後起青年。豈敢以前輩自居，自負要作青年導師，來說空話，發高論。但痛定思痛，在我此五十多年來汗顏為人師之一番生命過程中，終不能說自己更無一些經驗，可為後起青年們，即當前的青年們坦率直告。我決不敢說我自己乃是一匹識途之老馬，告訴青年們說：「來我導夫先路。」但我縱在迷途中，亦得向後來者報一聲此路不通，或說前途艱危，好為後來繼起青年有所警惕。這是我此下要和當前青年們連續通信一番真實誠懇之心情所在，當先求我可愛的青年們瞭解，則我此下說話，比較容易獲得青年之相說而解，至少希望能避免許多應可避免之誤會與反感。

我雖虛度一生，但我也是在教育崗位上牢牢駐守覆五十多年。我至少自己認為常與青年們接近，能瞭解得一些青年們的真情實況。更要是在我前半段的教師生活中，在小學中學任教，對未成熟的前期青年們，瞭解得更多。猶憶在那時，正是我們社會激起掀天揭地的大震盪之際，人人皆知的五四運動，新文化運動，接續而來，那時我正在小學教書。繼之而起的，是國民革命軍北伐，定都南京，完成統一，那時我是在中學教書。說來慚愧，那兩時期，正是我們此一時代中青年躍起，在社會上發生大活動，呈現大作為之時期。但我祇是在小學中學教書，不曾參加進這些活躍。待我進到大學教書，那時正已是渝關事變，及九一八淞滬抗戰，而下至於七七事變。在此以前，正為國家社會常在極度震撼中，一輩熱心人士，似乎有感於社會上大多數的中年老年人，不夠力量來應付此局面，遂大聲疾呼，要刺激青年人起來共同負荷此大任。但我在小學中學，深知在我四圍的青年們，有此熱忱，此是青年之可愛處，而實是無此能力，正該栽培。青年人有青年人的崗位，青年人有青年人的前途。青年們的責任，應在其將來，而不在其當前。不該捨棄目下求學好光陰，來從事種種與學校無關之活動，要他們負擔起應由中年以上人該負擔之巨大責任。在我亦祇是愛護青年，希望他們來作後備隊，莫要他們來作先鋒隊。國家民族前途遙遠，青年們眼前的責任在研究學問，充實自己，以備將來蔚為國用。任重道遠，應該在他們的將來，不該提前把大責任加在他們身上。在當時不知曾化了我多少唇舌，多少心血，來勸導青年們安心向學。然而外面的呼聲，那麼響亮，那麼激動，青年們熱血滿腔，那有不躍躍欲動之理。而且還有人看此形勢，存心利用，不止一方面，乃有多方面，想望能擁有青年，利用青年。青年們涉世未深，又加上此種種複雜，誤入歧途，從此失足。不僅於國家民族無補，抑且更加以大禍大害。最兇惡的，自然是當時的共匪。直到我在民國三十八年避難逃到香港，那時我親身教過的中學生乃至小學生，他們並未進過大學，但很有在共匪偽政權中擔任重要職位，重要工作的。至此纔暴露了他們的姓名和身份。他們在學校時，也曾對我盡了他們所應有的一份愛心和敬意。在出了校門以後，還有和我不斷來往的。他們該明白知我一向反共的意態，但他們還是對我有懸懸不捨之意，在他們或許也希望我一天有轉變；但我則對他們暗地裡的活動，竟是懵然無知，這也是一種成年人和青年人中間的隔距，為造成此一時代悲劇之一因。

逮我進入大學，接觸到的是已成熟的青年們。有些人的激情偏見，我雖知其是被利用，而非真實本心要如此。但欲加勸喻，較在中學更感困難。尤其在抗戰時期為益甚，我的日常言說，縱或在大多數中立的游移不定的青年們心上，也曾發生些少影響，然而大勢何補，我有心無力，衹自苦痛。若說青年是時代的新血，時代的柱石。我輩服務教育界，正是肩此重任，應來領導青年走上正軌，使他們終成大器，將來為國家之棟樑，來善盡他們的責任。但我不敢不老實說，我們自民國以來此一時期四十年來的教育，實也未能盡責。而我始終在此崗位上，最輕的說，也是一員素餐者之自餬其口而止，良心譴責，焉得不自知媿負。到今天，卻還要來對青年們說話，寧不靦顏。但有許多話，卻終是如鯁在喉，不得不一吐為快。

至少，在我想來，時代犧牲了青年，那亦是現代之史實。在往時，凡我所接觸到的那一批批的青年們，到底是熱血滿腔，勇往直前，不畏犧牲，本意是為著國家民族之前途，而存心要奮發有為者占其絕大多數。我直到今天，回念往昔，我仍對當時一輩青年們，抱同情，願加體諒，不忍多有所責備。然而今天的青年們，所負責任，實較以往更重大，更艱鉅。若說要來領導青年，我早已在上文坦白交代過，我自知非其選，不勝任，而《中央月刊》社編者，卻出此題目來督責於我，我所以不曾一口拒絕，也已在前文有交代。我祇願趁此機會，說我心中所蘊蓄的一些老實話，來和我當前的可愛青年們，作幾番家常式的閒談，吐露我一番對自己，對青年，對國家社會之種種歉疚。在我將盡量力戒，不說門面話，不說空洞話，不發高論，不作過激之談，不使偏鋒，不尚意氣。若使青年們對我此一番心情有諒解，或許我所欲言，對當前的青年們，終還有些少裨益。我將馨香禱祝，以期待我可愛的青年們之反應。

愛我中華——與青年書之二

我對臺灣青年們較為陌生，因我沒有在臺灣任何學校教過半年乃至幾個月的書，沒有和青年們有任何接觸。猶憶在民國三十九年冬初來臺灣，住在中正路勵志社，每日清晨，去路旁小館喫豆漿、油條，遙見對面路上一群群青年，攜著書包，結隊上學。我便想，我們正為在大陸失敗，播遷來此。若我們懲前毖後，在此生聚教訓，則此輩青年，不遠將來，皆將是社會柱石，國家棟樑，為我們反攻復國後擔負重建中國之大任。每一念此，不禁神往。

後承教育廳邀赴中南部在各中學作巡迴演講。一次在火車上，黃昏時，憑窗外眺，見不少青年在軌道旁步行。伴者告我，臺灣學生在家不見太陽，清晨日未出，即離家去學校；傍晚回家，則日已西落。此一情景，益增我之遐想。祇要教育有辦法，國家民族光明遠景，豈不如在目前。

此等回憶，距今已逾二十年。臺灣教育日益發達，學校數、學生數，不知較之往年增添了幾許倍。當時道途所見，此刻都已脫離學校，在社會各方面服務，青年轉成了中年。祇要他們每一青年時期不曾浪費，社會應獲幾許進步。固然臺灣此刻較之二十年前進步甚大，但理想亦豈僅止於此。我們總希望百尺竿頭，更進一步，則今日的青年們，豈不應更自策勵，更自奮進。

在今日的青年們，或許對當前社會，亦抱有許多不滿。當知此等不滿，正是今日青年們責任所在。正待他日投身社會，能再改進。孔子說：「焉知來者之不如今。」正待一批批青年們不斷有進步，社會亦將隨之有進步。社會所望，正在青年。苟使青年無望，則此社會更復何望。

今當設問，臺灣此二十年來，青年進步，究在何處？又當問，此刻臺灣青年，較之以往大陸青年，進步究在何處？此一問題，恐難具體作答。但關心社會，關心國家民族前途者，此一問題，不能不常置心頭。即青年本身，亦當存此問題在心。見賢思齊，見不賢而內自省，我們不該不時時有一個比較。

我願將我直覺上所感到者，提出一些比較來，和當前我所心愛的青年們作一番閒談。

以前青年種種心情，我已在上一書中約略道過。其時社會流傳有一句話，值得我此刻提起。所謂讀書不忘救國，救國不忘讀書。此似在五四運動時期由北京大學蔡子民校長所提出。但此話由當時說來，實有許多為難處。緣當時，青年們救國心切，蔡先生意，祇盼當時熱心救國的青年們，不要忘了讀書。讀書求學，使他日各得成材，則救國自有途徑，故勉青年們在救國運動中莫忘了讀書。至於說讀書莫忘救國，則勉青年應以讀書為救國準備工夫，以救國為讀書終極目標。此兩語，可謂是雙方兼顧，斟酌盡善。

但我說有為難處。因救國是一件急迫事，又是一件艱鉅事。不是說大家一躍而起，國便得救，待救得國了，再回頭來讀書。而且真個躍起救國，心情必然緊張，精力又要集中，尚患力不從心，那能在救國中還分心不忘讀書。而且既是一件急迫而又艱鉅之事，大家又得群策群力，急起直追。待成了群眾心理，各人心情不免變質。在成年、老年人，修養有素，亦難把握心情使恰到好處。以此來責望青年，救國不忘讀書，實已落為一句空話。至於讀書不忘救國，卻易使青年們在讀書時期捨棄讀書，奮發救國，兩句話終成為一句。由我私人想來，這兩句話，現在不如改為愛國不忘讀書，讀書不忘愛國，則青年們在一念之頃便可做到。在學校讀書，自可心存愛國。祇要心存愛國，便知我此刻讀書，意義深長，責任重大，自會更黽勉以赴。

猶憶我在北京大學教書，有一清華大學學生常來我家，我雖在清華兼課，此一學生並不上我課，祇為其親長介紹，時時前來。每來必在星期六彼離校回城之晚，一來必談國家大事。其人誠懇敦篤，我勸其何不多談學問，卻專談國事。彼云，校中同學競以國事相談，我聽先生一夕話，回校乃可安心讀書。若一次不來，便感此心搖搖無主，讀書不安。我因隨其所問，為之分析解答。

久之，實不耐煩，囑其以後切勿再談此事，彼此浪費時間，又永無止境。我當時聲色並厲，他亦悔悟，謂後當力戒，非關學問，將不來我處作無益閒話。時值隆冬嚴寒，彼深夜披一羊毛巾，辭我出門，我不禁深為感動。

翌晨清早，我盥漱未畢，彼忽又來，神色倉皇，我疑動問。彼謂本約再不談國事。但今晨忽又有大事，我心驚擾，不得不急來告知。我謂一夜間何遽有此。彼告我晨起見報，蔣委員長在西安蒙難，知先生祇有《天津大公報》，此時未至，故急前來。於是整一上午，彼又在我家縱談此事，此後我亦不忍再對彼堅持拒談國事之戒。

此一故事，正可說明當時國事及大學青年心情之一斑。此一青年後幸未入歧途，今仍在大陸，存亡不知。

另有一故事，在抗戰中，北大清華南開三校文學院聯合在湖南衡山開課。時有數學生決意赴延安，諸生集草地上歡送。慷慨陳辭，有聲淚俱下者。我與清華馮芝生教授，同被邀往講話。我最後發言，力勸諸生應安心讀書，國家在此辦流亡大學，正要培植諸君為將來國家大用。南京淪陷，非即是戰事結束。武漢繼陷，亦非即是戰事結束。國家調用諸君，尚非其時。諸君在此，惟有安心讀書，始為報國惟一正途。因力斥此數人決心赴延安之非。會散，馮芝生在房中與我力爭，謂我勸諸生安心力學是正理，但不該申斥赴延安諸人之非。當時曾有某教授在坐。頃某教授亦在，當亦可追憶及此。

此數人決意前往延安者，在當時是否已加入共產匪黨，我不知。然彼輩去延安後，結果可想而知。此數人在當時，亦是感情激昂，有志救國。然在己無補，在國有害。而其為害之深且烈，則為當時嚮往延安者所未能逆料。在我此時，回念當時青年，終不能不抱一番同情之心。因是親身接觸，故覺青年終是可愛。時代犧牲了青年，青年亦耽誤了時代。成此悲劇，言之痛心。

但回頭來看我們當前可愛的青年們，單就上述一點言，似與往時青年不一樣。救國狂熱不可有，愛國真心則不可無。生為中國人，死為中國鬼，不僅我們每人如此；上有祖宗，下有子孫，從頭到底，莫非是生為中國人，死為中國鬼。如此而不愛國家，不愛民族，至少是一不仁之人。人而不仁，其他更復何論。中國文化在此方面，最所注意。幼稚在家庭，則教以孝道。知孝父母，自知愛其家。少長進學校，則教以敬業樂群，敬學校所授之業，樂學校所處之群，則自知愛學校。培養其愛，即所以培養其仁。中國國家民族，緜延之久，擴展之大，以有今日，惟此是賴。豈是中國為父母者，僅能多育子女，子女生齒月繁，而不知愛國家，愛民族，則益將促使其國家民族淪於萬劫不復之地。然幼稚知愛家庭，卻不可使之群掌家務。少長知愛學校，亦不可使之群持校務。如此則愛家適以亂其家，愛校適以亂其校。往日大陸青年，其先莫不由一顆愛國真心出發，但其後則激而為一番救國狂熱，乃使狂熱漫失了真心。前車之覆，近在目睫，豈不當懸為炯戒。

就目前而論，臺灣青年，此二十年來，往日大陸青年一番狂熱，似已逐漸衰退，此是可喜之象。但為青年所不可一日或無之一顆愛國家愛民族之真心，則似亦不如往日大陸青年之顯著。此實是一項大堪警惕之現象。若我此所分析，誠屬事實，則不得不鄭重提出，使我當前可愛之青年們，各自反省，各自檢討，以求糾正。

大陸青年因於救國狂熱之激動，有一顯著風氣，即好為高論，批評國事。此風似乎初來臺灣，亦尚有之。我在十年前曾一度在美國某地，與一輩自臺出國者聚談，座上有多人肆意批評國事。余謂諸君來此，固是留學生資格，但同時不啻乃是代表著國家與民族。如此言論，其所影響，將遠勝過政府所派外交人員之努力。在國家民族所受打擊，恐非十萬大軍壓境可比。即時坐上有人明斥我言，謂我身分不同，故爾不得不如此為說。我謂諸君與我，同是國家民族一分子，身分不同何在，此一番爭論，乃在此刻仍旅居美國某一教授之家中。目下此風，似已漸歸衰退。但狂熱退而真心亦失，此層則不得不細為尋究。

如何能戒此狂熱而保此真心，其間大需修養工夫。學識上，心情上，均需有修養。修養之目標，固須教者善為提撕。然修養之工夫，則貴學者各自潛修默養，非教者所能為力。此修養二字，乃是中國文化中一項可珍貴之傳統。可愛的青年們！當知在學校求學，不僅是求知識。求知識，亦不專在口頭上，紙片上，主要能貴有知識修養。而在知識修養之上，尤貴有人格修養，心地修養。同一日光水分肥料，加在不同之根本上，會發出異樣的枝幹，異樣的葉，異樣的花，與結出異樣的果。學問知識，亦如日光水分肥料，心地與人格，則是根本。同樣的學問知識，施諸異心地異人格，亦會開出不同的花，結出不同的果來。

若使一不仁之人，沒有愛國家愛民族一顆真心，縱使獲得甚高學問，甚深知識，亦將對國家民族無所補益，抑且有所傷害。而人格修養，心地修養，又貴在青年時培植根本，奠定基礎。正為在青年時，各人心地純潔，外面又少各種牽纏。若在此時，即知有心地修養，人格修養，則可事半功倍。待到中年以後，心地上橫添許多污染，事業上橫出許多牽纏。到那時，始知有心地修養，人格修養，終不免會事倍而功半。中國《易經》上說：「蒙以養正，聖功也。」一人在童蒙時，卻反易走上一條正路。天地生人，可貴在此。青年時期可貴，亦在此。當在青年時即可有作聖功夫。即知以正養，從此一條直路，即可作聖賢，參天地。此非隨便空說，乃是千真萬確的一項大真理。

如說愛國家，愛民族，即在童蒙時，一切不知，此事卻易知。如在幼稚時期，便可知愛父母。當如何愛，容所不知，但此一顆愛心，則明明白白，自覺自知。千真萬確，絲毫不假。愛民族，愛國家，亦如此。如何般去愛，當然須許多學問知識，從外求取。但此一顆真愛之心，則由內發出，不煩向學問知識外面去求。此一顆愛心，即孔子所說之仁。孔子曰：「求仁得仁，仁遠乎哉。」仁即在我自己心上。求取學問知識，有許多條件。如諸位不進學校，即在條件上有缺，但求此一顆真心之仁，則並無條件。可以反身自得，可以當下即是。諸位如縱觀不入學校無學問無知識底人，在他們中間，卻儘有許多真心愛國家愛民族，勝過我們的。此理即見，不煩多論。

據目下統計，在臺灣，近有四千所學校，四百萬學生。若能在此四千所學校四百萬學生人人心中，各具一顆愛國家愛民族之真心，試問此項力量，此項影響，將如何般來計算。豈不是國家民族光明前途，即可在望？道在邇而求之遠，事在易而求之難。我此所提出，人人各該有一顆愛國家愛民族之真心，此事可謂甚近甚易。捨此不求，儘從遠處難處求，此是一種顛倒。亦如緣木求魚，魚非難得，緣木求之則難。攀緣愈高，得魚愈不易。此層最須細辨。

此項真理，固亦賴有先知先覺者提倡。但亦不定要有先知先覺者提倡。孟子說：「待文王而後興者，凡民也。豪傑之士，不待文王猶起。」今天在臺灣，投考學校，是青年們一件甚大甚難之事。從國民中學考入高級中學，已是一大難事。今天的高中學生們，已儘可稱得上一豪傑。從高中考大學，其事更大更難。今天的大學生，真堪稱是一豪傑而無媿。難道今天一高中學生、大學生，在他耳中，從來沒有聽過愛國家愛民族的呼聲？在他眼中，又從沒有見過愛國家愛民族的字樣？莫要是聽慣了，見慣了，亦如一日三餐，家常便飯般漠不關心。但家常便飯，一日三餐，缺了一日便會餓，缺了十日便會死。諸位可愛的青年呀！你若從不知在你該具有一顆愛國家愛民族之真心，而把國家民族，放棄在你求學問求知識之外，則你至少早已犯上了精神飢餓精神空虛之重病。成為一行尸走肉之假人，則猶可；若你把不愛國家，不愛民族之心情，來從事知識學問之追求，果使你他日學問有成，知識具備，諸位試思，此等人物，將使國家民族對之作何處理，作何安插，豈不將成為國家民族一絕大的難題。

我要請諸位原諒，或許我所言太過嚴重，在諸位則早已具此一顆愛國家愛民族之真心，在我因與當前臺灣可愛的青年們太過陌生，不甚深知。但我此一番話，亦是發於愛國家愛民族愛青年之一顆真心。我自問無他，或可用言者無罪聞者足戒之成語，來請諸位原諒。或我實是說差了，但此是我知識有病，不是我心情有過。所說知識有病，因我實不知今天臺灣青年們之真實情況。所以不認為我心情有過者，因我此一番話，實是為愛國家愛民族愛青年而發。此層若蒙原諒，我請繼此為諸位作第三書。

自覺自強——與青年書之三

可愛的青年們！我在第二書中曾勸諸位當善自保持各人真誠地愛國家愛民族的一顆心。這話似屬多餘，實非多餘。人誰不知愛國家愛民族，所謂人同此心，心同此理，古今中外，無不皆然。所以說，把此等話來勸人，似乎是多餘。但因種種關係，不免每一人對國家民族的愛心，或濃或淡，或深或淺，或存或亡，或隱或顯。而且更有對自己國家民族意存輕蔑憎厭，迹近叛離違逆的，那亦是事實，可不舉例作證。所以說，勸人善自保持各自對國家民族的那一顆誠愛的心，話似多餘，而實非多餘。

人當孩提之時，便知愛父母，愛家庭，中國古人稱此為人之良知良能。但年事漸長，智識漸開，此種良知良能，卻會漸淡漸忘，有而若無。孟子說：「大孝終身慕父母，五十而慕者，予於大舜見之。」孩童自知慕父母。待到五十還能慕父母，而且大舜那時，正是受了帝堯付託，代堯攝政，掌理著天下大權。而他還能像孩提時那般，保有一片童心，一派天真，真是了不得。所以孟子又說：「大人者，不失其赤子之心者也。」試問，人是大了，年歲是長了，智識是開廣了，不啻才能是增進了。但把原先自己那顆真誠的心卻遺失了，又換來了另一個自己。那樣的人生，從某一面講，豈不會使我們感到太變幻太空虛。至少那樣的人生，也會使人感到太脆弱、太無把握。連自己的真我，也成為渺茫不可知。諸位！莫輕忽了上引孟子的那番話。當知，我們青年時，還能保持童心，不失本真。那事乃是莫大的可貴。若我們由此以往，年事更大，智識才能更增更長，事業功名日成月就，而依然還能保持我此原始一番本來面目，一片童心，活活潑潑，像孟子所謂不失其赤子之心那樣的人，纔算得是一真人，也算得是一強人，孟子則稱之曰大人。諸位當知，此乃是一種真大與強大，卻不是假大與虛大。

人心所同有，自然而生的，那纔是人之真心。此真心也即是真我。饑渴便知要飲食，少壯便知慕異性，此亦都是本我之真。諸位當知，愛父母，愛家庭，愛國家，愛民族，亦復如是。但在父母、家庭、國家、民族的關係上，事態複雜了，牽涉既廣，變化又多，不如飲食男女般，易知易曉，易守易執。

飲食男女，乃是情感為主，不煩插進許多理論。饑便要食，渴便想飲，男大則須婚，女大則須嫁，這些事，何須再用理論作支撐。人生忠孝大節，亦是以情感為主，但有時卻會橫添進許多理論來干擾。中國古人說：「天下無不是底父母」，此乃情感話，不關理智事。人誰沒有過錯？但過錯犯在父母身上，就孝子的內心真情感來說，究與犯在別人身上有不同。中國歷史上，犯最多大過錯的應莫如舜之父母。但父母總是父母；縱說舜母非親生之母，但推父及母，也總是父母。人非父母何由生？舜雖是大聖，亦不例外。從別人看來，舜父頑而母嚚。從舜看來，是頑者是我父，嚚者是我母。舜是一大聖人，聰明正直，寧不知自己父之頑與母之嚚？但因親暱而忘了父母之頑嚚，究還是小糊塗，情有可原。若為了父母頑嚚，而竟忘了他們是我之父母，則是大糊塗，罪不可恕。所以為罪不可恕者，因其人之無情。忘了父母，則是無情之極。沒有情來專談理，那是要不得。

有一學生問孟子，若使舜父瞽瞍殺了人，皐陶為法官，執法不阿，請問當如何辦？孟子說：把瞽瞍拿下，判以應得之罪。又問：當時舜為天子，又將如何辦？舜是一聖天子，寧有強迫其臣皐陶枉法不盡職之理。但瞽瞍是舜父，又豈有坐視其父之死而不營救之理？於是孟子代舜設想，說他將會私竊其父，遠從中原逃向海濱偏僻無人處偷偷過活。天子之位，是坐不得了。若又問，那時舜的心境如何？孟子又設想說：若把天子之位來比他自己父親一條命，正如一雙破鞋來比一件寶。舜在當時，卻如丟了腳下一雙破鞋，換得了他心上一件寶，應是祇有快樂，更無別情。其實當時舜的心情，也還是祇如四五歲作小孩時般的一片天真純愛。他祇著急他父親，但究是智識長進了，不像小孩般祇懂嚷嚷哭哭，他會想出花樣，竊負其父而逃去。

上述祇是一假托。孟子前有孔子，教人應行直道。有人問：在楚國，有人出面來作證他父親偷了人家一頭羊，那不是直道嗎？孔子說：我說的直道不這樣。父為子隱，子為父隱，那纔是直道。殺人攘羊，事有大小，其為非則一。但孔子不主張為人子者來公開揭發其父之隱私，孟子則主張為子者應私下營救其父母。如此，豈不是為了父母而自身也犯了法？但法在外而情在內，正如中國人大家讀孔孟書，便說天下無不是底父母。但今天的中國人，讀孔孟書的太少了，聽人說天下無不是底父母，有些會怫然於心，有些會勃然於色，說那是封建思想，要不得。此刻大陸共匪，正要打倒中國文化，正要澈底肅清溫情主義，要子女公開出面清算父母。這是中國現社會思想上一大問題，我在此特地提出，要求當前我可愛的青年們，把此一問題認真平心來再作一檢討。

中國古人又說：「移孝作忠。」孝是愛父母，愛家庭，忠是愛國家，愛民族，同是一愛，同是此心之仁。祇因對象不同，或說忠，或說孝，其心則一。當我幼年，在前清時代，就聽有人說，「中國不亡，是無天理」。在我幼小的心靈裡，不禁起了一番反抗之心。我年事日長，仍想我們中國人縱不興，決非全不興。外國人兵強馬壯，足財多金，縱算是興，也不是一切都興。若有天理，中國人貧了弱了，卻不該不許他和其他民族並存於此天地間。我因此，常想從中國社會中國歷史上，多尋求些中國人的長處好處，好憑來向天理作抗議。要為我國家民族仍該存在於此天地間發出些正義的呼聲。我雖自認我智識貧薄，學問簡陋，呼聲微弱；但我幼小時便已坦白地直從內心認我便是一中國人，要為中國人抱不平，爭生存，縱或於理有虧，究是於情無違。我此六七十年來，常珍貴我此一番幼小心靈，認為無媿無怍；仰天之高，俯地之厚，茫茫人海，我以一中國人身分，總該有以自豪。

其實上述「中國不亡，是無天理」這八個字，也出在中國人口裡，也仍是一番感情話，其意本亦是深愛中國，祇說得帶一些憤激。正如一位慈愛的老婆婆，偶見其家孩子犯了些小差誤，卻大聲呼斥，說你這樣如何成得人？將來沿街乞討，也會活不下。甚至說他該天誅地滅。那位慈愛的老婆婆，本心也祇為是愛，罵得過分些，還是不打緊。我們此一代的智識分子，並不在當面罵孩子，卻翻過臉來罵祖宗，說是祖宗造孽，纔生下了你。這樣一來，涵義大別，影響也就不同。此層不得不嚴加分辨。

《戰國策》上也有一故事說：一人出外遊學，離家三年，回來直呼父母姓名。父母問他，他說：堯舜大聖，也祇呼名，為何父要特稱爸媽？他父母說：你遊學三年，廣見多聞，回來了，儘可逐事改變，能不能把稱呼父母姓名一項，暫時移緩呢？這一時代的中國智識分子，足迹遍全球，遊學歷諸邦，新思想，新潮流，新智識，新技能，學得也真不少，但回國來，首先第一件事，便是不該罵中國。若是單罵當前中國種種不如人，還可以；卻偏要連古帶今，把中國人一口氣罵盡。我在少年時，即常聽人說，中國人從來沒有時間觀念；又說：中國人從來不懂衛生習慣，諸如此類，不勝枚舉。其實在中國人中，也曾有過大聖大賢，有過正人君子；有過大思想家、大學問家、大文學家、大藝術家，也曾有過各項專門科學傑出人才。天文學、數學、曆學、農田水利學、醫學、藥學、營造建築學等等學問，各有發明。又曾有過大政治家、大軍事家、大財政家、大法律家、大外交家；又曾有過大教育家、大宗教家、大航海家、大遊歷家；也曾有過大俠客、大商人、大慈善家。形形色色，如上所舉，祇有漏了，沒有虛說。全部中國史，記載何限？我且不把此各項人物一一來和外國人比高下。但由我老實說，總該比現代留學回來專意罵古的一批新智識分子強了些。試問中國人為何不該存在於天地間？

《中庸》上說：「道之不行也，知者過之，愚者不及。道之不明也，賢者過之，不肖者不及。」我們現一代的賢知們，要以罵古來興今，此路則不通。固可說罵由愛起，但罵多則愛減，愛減則成輕蔑，或轉憎厭。至今風氣已成。縱觀全世界知識分子，對其國家民族抱憎厭感、輕蔑感，不能說沒有。但論其程度之深且廣，則恐當以中國為首選。我可愛的青年們，我今若出一題，令諸君作答。我如要諸君列舉古今中外，名人名著、嘉言懿行，可資仰慕，可資敬奉，不論門類，各以十條為限；我恐諸君所舉，外國的必然會超過了中國的。而且其間比數，還可相距甚遠。外國的最少當占七八分，中國的最多也衹占三兩分。以我廁身學術界三四十年來所目覩耳聞，大率早已如此。而且此一趨勢，似乎愈演愈烈。所以我敢推想，今天當前我可愛的青年們，恐亦衹是如此。循此而下，將來諸位知識愈廣，學問愈博，我會怕諸位對自己國家民族那一顆真誠底愛心，更會日削日薄。到那時，自不免有人對自己國家民族感到輕蔑憎厭。此等心情，將會不招而自至，不約而自來。到那時，亦恐將認為理自應該，也就不須否認。我可愛的青年們，諸位在不遠將來，正即是中國社會之賢知；賢知如此，愚不肖者更復何論？諸位試設想，到那時，中國國家民族前途將伊於何底。那豈不將使我們不寒而慄？我此刻將此一分心情直率相告，恐亦不當認我在作杞人之憂天，或說我衹是無知而妄說。

在我斷不自認我是在憑空武斷，說我可愛的青年們，不愛國家，不愛民族，但衹要諸位善保此一顆愛心，並求其益自發揚光大。諸位亦當自知警惕，至少要知愛國家，愛民族，開始第一步，便該懂得自愛。人不自愛，那能愛父母，愛家庭？更那能愛國家，愛民族？今問當如何般自愛？諸位當知，我們自頂至踵，生來便是一中國人。我們自生到死，畢世仍是一中國人。若果真心自愛，便該首先立志要像像樣樣地做一中國人。我們本是一中國人，要像樣做一中國人，事並不難。若使每一中國人，都能像樣做一中國人，則中國國家民族也自會像樣。愛國家，愛民族，與我們各人之自愛，道本一貫，並不是兩條路。

我在抗戰前，嘗聽一朋友說：海上大船翻了，得儘先救起你自己。此乃一譬喻，我今試為此譬喻作正解。中國今天，若真如一大船翻了，你得儘先做一中國人，纔是真救了你自己。在抗戰時，我又和另一朋友在某一集會中辯論，我說各人該努力做一中國人，他說，時代變了，我們該做世界人。我辯道：此刻世界，尚無一無國籍的世界人；要做世界人，仍該先做中國人。諸位可愛的青年們，是否你認為脫離中國籍，不做中國人，纔是自救呢？還是認為做一像樣的中國人，纔是愛己愛國愛民族之正道呢？若我們真要做一像樣的中國人，則惟有在中國傳統、中國理論上做。如改從外國傳統、外國理論，最多也祇能做一像樣的外國人，還恐不易做得像樣。

諸位當知，要做一孝子，祇有在家做，不能離家做。縱使此身離家，此心還該有家，如是始是其家一孝子。若待要轉到其他家中始能作孝子，此是謂他人父。子既非子，更不論孝。中國人說，在家作孝子，在國作忠臣，今當換忠臣作忠民；字義可換，道理則一。《孝經》上說：「孝，始於事親，中於事君，終於立身。」今亦當把事君改稱愛國，但仍是一理。孩提便知愛父母，青年便知愛國家民族，待成年學成進入社會作事，便該知立身。所謂立身，便如我上文所說做一像樣的中國人。字句換了，義理仍一。生為中國人，自該像樣做一中國人。中國人人人像樣，便是中國國家民族像樣。立身立國，事無二致。要作孝子忠民，莫如自己像樣。也沒有一個像樣人，在家不孝，在國不忠。甘讓自己不像樣，便是不自愛。在家作孝子，在國作忠民，也不過是自愛之一道。但自私自利則決不是自愛，或許是自作孽。此項道理，中國古人，我們的祖宗，講究了幾千年，我敢請我可愛的青年們，珍重記取。

話雖如此，但實際立身處世，便不免有許多事變。但事變儘複雜，總是小；道理雖簡單，卻是大。我們該執大以馭小，堅守此一番簡單的道理，來應付遭遇到的種種複雜的事變，此處卻要知識與學問，才氣與聰明。可愛的青年們，我們不該祇守得一番小忠小孝，更不該祇成得一番愚忠愚孝。但我們總不該不忠不孝，卻要完成我們的大忠大孝。一切學問，一切事業，一切智慧，一切奮鬥，萬變不離其宗。憑我此一顆真誠之愛心，來達成我此一番愛己愛國的願望。此之謂立身，如此乃是一像樣的中國人。到此境界，將見無所往而不像樣。做一中國人，同時也便是做了一世界人。堂堂正正，像像樣樣，其實則祇是還我做一人而已。其間自有許多曲折細微處，則待我們自奮自發，自覺自強。我將本此大綱大節，繼續來和諸位再作研尋。

人生出路——與青年書之四

自我和青年們接觸，從民初以來，至今六十年。我常覺得，在我可愛的青年們心上，似有一共同問題，永遠存在，始終不能有好解決。

此問題係何，我姑稱之曰人生出路問題。我所接觸之青年，自以中學生大學生為主。其實在此六十年內的中國社會，中學大學畢業，還是稀有可貴，不會沒有職業。然而一般青年們，跑出學校，得一職業，極少滿意，不能安心。於是此一出路問題，乃永遠追隨，抑且重重壓迫在各人之心上。直至中年晚年，此一問題依然存在，成為一社會普遍的心理問題，影響到社會之各方面，此實值得我們來從頭作一番深切之注意與研討。

猶憶在民國六七年間，我從一高等小學教員，轉入初等小學去當校長。其時有一高小舊學生，從上海某中學畢業，也回到他鄉裡當一初小校長。我很喜歡他，寫信要他轉來我校。信上說：你能來，不僅有益我校，並亦於君有益，盼早作決定。信去後久不得復。又續去一信，但仍無復到。時已近年假，我決意在假中親去和他面談。翌年元旦，清晨起身，盥洗用膳粗畢，即到他家去。從我鎮到他鎮，有五里左右的鄉村路，歷一小時始到。他尚未起牀。稍待，乃神色倉皇出見。我問他見我信否，他答兩信都已到。我問是否願意去我校，他卻直率答以不能去。我問為何作此決定。他道：先生此來，當已了然。先生在元旦親來我家，路途不近，我尚臥牀未起。我今生活如此，試問如何能和先生同事。不僅先生會對我不悅，我心也將極度不安，因此萬不敢去。

當時聽他說，不禁深為感動。因說：此事且不論，你最近生活心情為何如此般劇變？催問再三，他說：先生愛我如舊，我應直說。我自當小學校長後，初亦欣然。但不久卻想，年年在一小學當校長實感無味，我心情便開始轉變。我說：你試想，數年前，你是一小學生，我是你先生。你今已中學畢業，和我地位平等。我還是安心滿意當此一職業，你為何如此不安不滿？他久久無言。

我再問此下你作何打算。他說：我正想轉業。兩月前，從上海買了兩架縫洋襪機，雇人縫洋襪出售，經濟上小有補助，將來陸續添購，待有基礎，我便辭去學校，專營此業。我說：如此便成年年賣洋襪，豈不仍是無味？你能決心轉去我處，我會教你心意轉變。否則你再自考慮，我仍盼你來我處。我們便如此分別了。

幾年後，我轉去一師範學校教書。每年畢業學生，因我從小學轉入中學，必來問我出路問題。我總說：你們早有了出路，師範畢業，便是去小學教書。他們總不滿意我如此作答。我又說：你們的出路，該問自己，不該來問我。須先認識你自己，便有你的出路。若你是一鷹，我必勸你飛上高空。若你是一獅，我必勸你跑入深山。諸位當知，各人才性不同，完成你自己，便是你最理想最圓滿的出路，誰也不用羨慕誰。

待我進入大學教書，許多大學生，仍還一樣喜歡和我討論出路問題。我每舉一例告之：我有一中學同學，文學成績很好，但為考慮出路，進大學，選讀了理科，成績也不差。後在中學作一理化教師，極受學生愛戴。但他說：我性所近，還是在文科。他課餘每以吟詩填詞作消遣。深悔自己若當年修讀文科，一樣可得如今般職業，心情當更愉快、生活當更美滿。但當時衹在職業上打算，此刻始知，為了職業而迷失了自己，或說是毀損了自己，那是一大錯。

在對日抗戰時，後方生活艱苦，一般大學生，更多關心到職業出路。我也曾對他們百方解說，但總感打不開他們心上那一結。有一次我憤慨地說：若專打算生活，不如離開大學，去學汽車駕駛，數月即可得一職業。那時公路汽車之司機，真是生活痛快，氣勢囂張，為何定要在大學中叫苦悶？

如此般的經過，直到此刻，常在心頭。實在此一時代之青年，所謂出路問題，祇是一職業問題。換言之，乃是一生活問題。亦可說，乃是一經濟生活、物質生活的問題。人人儘在此上打算，乃造成了時代之苦悶與無出路。

而且各人謀得了職業，經濟物質生活所需可算解決了，但依然會不滿意，不安心。因尚有一進步問題，或說是上進問題在各人心上作祟。所謂進步與上進，仍指在各人之職業地位與其物質生活。人人在此上求進步，求上進，卻使整個社會無進步，不上進。此決非我過甚其辭，唱高調，事實如此，稍一觀察思量，便可瞭解。

我們當知，一切職業與經濟物質生活都祇在人生之外部。人生尚有內部生活，此指人之心情言，指各人自有的一份天賦才性之獲得其各自應有可能之發展言。每一人之天賦才性，能獲得其應有可能之發展，此乃人生之真進步，真上進。在此進程中，心情自會感到愉快，感到滿足。物質生活上進，祇是一次要問題。至少在當前的中國社會，受過中上教育，應不至於無職業，乃至無生活。祇要大家對其本身生活，也感到滿意安心，社會自會進步，而各人之真人生，也更會前進無疆。惟此乃是人生一條共同大出路。所以要解決人生出路問題，主要應該懂得反身向內尋求。

如此說來，似乎近玄而又近迂，但實則不然。中國古人有一則以己養養鳥的寓言故事。說有一海鳥飛蒞魯國，魯國人奉以為神，寢之以深宮廣殿，飼之以三牲太牢，娛之以鐘鼓管弦，以人主之尊之奉養來養此鳥，此鳥非僅不滿不安而感到苦悶，乃至於活不下去。此雖淺譬，可資深喻。人之生活，各有其所習所好，豈能一律？尤其是民族與民族間，各有歷史文化傳統，既難強人如己，亦難強己如人。即在同一文化傳統下，復有地域不同。強美國人過英國人生活，或強英國人過法國人生活，同樣是苦痛，更何況強中國人來過英美人生活。

每一中國人，久居英美，早餐總是麵包、黃油、牛奶、橘子水，但會時時想到油條、燒餅與豆漿。聽說最近旅美家庭，已能學得自炸油條，相告色喜，認為是日常生活上一大進步。從小見大，以美國人之奉養來奉養中國人，究竟亦不是一理想。

在臺灣，外國電影看膩了，忽有凌波、樂蒂唱黃梅調演出《梁山伯與祝英臺》，一時如瘋如迷，此一影片賣座之盛，空前無匹。梁兄哥凌波來臺，飛機場歡迎，成為最近若干年以來國人返國惟一最轟動之人物。此事豈不盡人皆知？

早餐喫到豆漿、油條是一事，電影看到凌波、樂蒂的《梁祝》又是一事。弱喪忘歸，自古所悲。久離家園，一旦重返，那將是何等底快樂？這不僅是口腹之欲，耳目之娛。在其背後，有一項極深心理，雖難描述，但亦是人所共曉。但更深一層的又苦不易曉。曉與不曉是一事，而其在各人內心深處，同有一番不對勁、不滿、不安、苦悶、無出路之無可言喻之情味，則又是另一事。

我敢大膽說一句：中國人此六十年來同所感到的人生無出路這一種苦悶心理，其最後癥結所在，正為此六十年來之中國人，作意背棄自己文化傳統而謀求各自生活之改進。當知異民族異文化中之一切生活方式，未必是我們的出路。向此邁進，到頭會撲了一個空。到如今，我們一切生活，雖在儘量求新求進，盡力向西化路上跑，但不滿、不安、苦悶、無出路的時代病，卻更深更重，恐會到達一無可救藥之階段。此非危言聳聽，其中真理，卻可拿種種實事來作證。

今天的中國社會，有少數人為苦悶尋求出路，而去玩麻雀牌，作方城之戰。但此並不是海外奇方，卻是土藥土製。固然，麻雀牌不能為近代中國社會人生苦悶覓得一出路，但玩麻雀牌，究竟比玩撲克、搞橋牌，更能適合中國人心情，更能供中國人生活作消遣。由我粗淺之見，其中亦復寓有一項文化傳統潛在力量之影響存在。玩麻雀牌，老法新法不斷在變，但萬變不離其宗，自己手裡的十三張牌和了便是勝，那即是求之在己。求之在己，正是中國文化傳統中一最高精義。橋牌可以偷雞，自己手裡牌不好也可獲勝。勝在向外取巧，不勝在向內求和。若就中國文化傳統言，橋牌權譎，不如麻雀牌平正。固然內向亦當注意到外面，外向亦當注意到內部。內向外向，祇在偏輕偏重之間，都不是可以專向一面而更不問另一面。但祇此偏輕偏重，其間便見文化相異。從中國文化中演出有麻雀牌，從西方文化中演出有橋牌。文化積累影響人心，中國人普遍喜歡玩麻雀牌更勝過玩橋牌，其中正有甚深心理作用在主使。此項心理作用，固非人人共曉，但其事則真實有據。我舉此例，不是說玩麻雀牌真好，而是為了說明一種事實。

又如中國之平劇，乃至各處地方戲，如粵劇、豫劇之類，較之西方之話劇與歌劇，雖同是一種娛樂，而雙方自有深微之相異。求其背裡，也自有文化傳統之重要因素。此待深於此道者來作深入之比較，此處不擬深論。但中國人自會喜歡中國戲，更勝過喜歡西方之話劇與歌劇，事亦易見。上述淩波演梁兄哥，便可為例作證。

然則在日常生活中之消遣，乃至娛樂，中國人自愛中國的一套。若論生活享受，即淺至於口腹之欲，如油條、豆漿之為中國人所愛好，亦是其一例。若更由此推進，在心靈深處之享受上，亦更有異於西方人處，試舉文學藝術之其他方面為例。

上自《詩經》三百首、屈原《楚辭》以下，傳統相承，源遠流長，中國人之心靈深處，人生享受，其極大部分，多寄託在文學上。文學自貴推陳出新，與時俱變。一部中國文學史，自詩騷下迄清末，變化何限？但仍自有其心靈深處之一脈相承。此刻提倡新文學，亦不當割絕了舊傳統。外貌上儘可新，但在心靈傳統上仍有舊。正如上舉平劇、粵劇、豫劇等，亦是從明代崑劇乃及更上元代戲曲等遞變而來。我們此刻，祇讀白話文，不識文言文，遂使詩騷以下，中國古人心靈相傳一套精微深密之處，我們全不能接受。中國現代之新文學，絕大部分，乃由模倣西方而來，亦正如中國之電影。若使沒有配合中國人胃口的中國味電影，如淩波梁兄哥之類，又如何測驗出中國人內心所喜好。若永遠如此，則在我們中國人的內心情味上，終是一缺憾，而苦於不自知。正如一人自少離家，作一浪子在外，在彼並不自知有一家，並不自知其生命之來歷，亦可謂並不自知在其生命中內心所蘊之一種期望與歸宿，此必終成為其在生命上之一大損害。

中國文學，自詩騷以下，如陶潛、杜甫、蘇軾，其為中國歷代人所欣賞、所崇拜之大詩人，乃至其他大文學家，在辭賦、散文、詞、曲、小說，各類中之上乘作品，都代表著中國人共同心靈之所祈嚮，由此透露出中國人生中之大興趣與大理想。稍知欣賞，亦是一安慰。能起共鳴，亦是一滿足。今皆認為是死文學，被冷藏，被擱置。在電影上來一部模古翻新之劇本，其事易。在其他文學上，能從傳統中翻新，來配合時代要求，其事難。今天的中國人，正如《莊子》書中所說，居空谷者聞人足音跫然而喜。而無奈此跫然之足音，乃久盼不至，並亦不知其有所盼。於是祇感到一片虛寂，一片苦悶。內心不得所養，不得享受，實為一最可悲之事。

今再論藝術，姑舉書法言之。書法在中國，乃是一項最高藝術，為中國所獨有。但迄今，青年們已絕少用毛筆，更不知書法之為可貴與可愛。然我東鄰日本，在中國學習去的書道，仍極盛行。小學、中學，莫不有書道一課。使用毛筆，乃為社會一普通事。書法可以怡情悅性，可以養心養德。實亦代表著心靈深處一要求。若謂今日已是工商社會，不能仍迷戀古代農業社會此等舊玩藝，則日本當前工業之突飛猛進，已與美德相鼎峙。而中國舊藝術，如書道、圍棋、茶道等，仍在日本社會盛行，不聞於其工商業發展有所妨礙。

人生固應有工作，但亦應有消遣，有娛樂，有享受。而此諸項，乃亦都有其文化傳統之背景。今天中國社會苦悶，普遍感到人生無出路，職業亦成為一種不得已。意不滿，心不安。見異則思遷，得隴則望蜀。常此忙勞，不得所寧息。而莫知其病所在，乃誤認為物質不夠條件，感官不夠刺激。內心愈空乏，愈益向外尋求，此乃是一種文化病。乃益求破棄舊文化，創造新文化。但新文化仍需由內心創出。無內心，焉能有創造？而人之內心，亦有其傳統，非可各憑己心自創自造。此一大病，今乃充分暴露在我們此一時代青年們之身上。

我敢竭誠奉告我當前可愛的青年們，人生出路，甚寬甚大。除卻職業外，尚有許多消遣、娛樂，與享受，此皆同等重要。而人生之種種消遣、娛樂，與享受，主要則在自己內在之性情上，不在外面經濟物質上。捨近求遠，尋虛忘實，人生將永無一出路。

以上所述，牽涉太廣，涵義未盡。倘吾可愛之青年們，於我此書所指陳，不認為其如河漢之無當，則將繼此更有所闡說。

從認識自己到回歸自己——與青年書之五

我在第三書中曾說，我們要愛國家、愛民族，主要該懂得自愛。人孰不自愛，但要真懂得自愛，事卻不易。首先是我們每一人，並不易真認識自己，連自己都不認識，又如何能懂得自愛。

何以說我們不易認識我們自己，此事一經點穿，即易明白。如我們易見他人的面貌，卻不易見自己的面貌。祗有攬鏡自照，始見自己面貌如何。但鏡中所照，總不親切，實不如我們看他人面貌，較易得其真相。人之面貌，又是時時在變。當我小孩時，尚在前清末年，鄉間不大流行照像，十歲初進小學，在開學典禮中攝了一團體像，後來我進中學，又回到此小學當教師，重覩此一團體像片，我祗知我應在前排最小的一群中，但我再三辨認，終找不出究竟誰是我自己。待別人指出，始依稀認識。此祗短短十年內事，故我今我，已有面目全非之感。

面貌不易認，體段更不易認。猶憶我四十歲那年有一早晨，跑進一小學，在其長廊盡頭，裝一大長方鏡，我從廊上遠遠走去，望見鏡中體影，大自驚詫，原來我已肥胖了，遠不如我自己所想像。

單據此等小節，便知認識自己之不易。連自己的面貌身段，尚屬不易自知，更何論深入向裡，自己的心，自己的性情，自己的好惡，這些，對我自己，可算是最親切沒有，但亦苦於不自知。諸位莫疑我話過了分，讓我再舉例說明。

我幼年時，能讀羅貫中《三國演義》。有一晚，隨先父到一處，賓客群集，他們問我，聽說你能看《三國志》，能講些給我們聽嗎？我即講了諸葛亮舌戰群儒一段，博得賓客們人人道好稱讚。第二天傍晚，先父又帶著我出外，街道上過一橋，先父問我，知得橋字嗎？我答知。又問：木傍換了馬旁，是何字。我答是驕字。先父問：你知得驕字意義嗎？我答知。先父拉著我手，說你昨夜講話，正像是那字，你知道嗎？我聽先父言，噤不作聲，心中大慚怍。他人有心，予忖度之。我那時又怎懂得我自己的心。我先父對我此一番教訓，直到如今，已過了六十年，快近七十年，而當時情景，牢記在我心頭，常憶不忘，恍如目前。

所以說：人苦不自知，可把別人當作一面鏡來照見自己。諸位不妨旁觀他人，苟非父母訓斥，或親尊勸導，誰能知自己有不孝。苟非師長督促，或同學戒勉，又誰能知自己有不勤。這些祇是外面行為，與人共見，是非得失，有一共同尺度，但雖經別人指點批評，我們有時仍不肯自認。每說他人衹見了我外面的事，不曾知道我內面的心。其實每一人之內心，不僅他人不易知，連自己也不易知。所謂知人知面不知心，那是從他人說。若從自己說，則不僅不自知心，就連面也不自知呀！

我試舉一簡單之例，諸位初進大學，遇到選科，便是一大不易事。究竟我之性情、心智、才能，更近那一科，將來可在那一科上更易發展，更可獲得理想成績，更可使我性情與學問，生活與事業，打成一片，使我更能得一理想美滿之人生；此事所關不細。但各人的父母師長，每不易代為選擇。連各人自己，實在也衹是一迷惘不知。因此，大部分大學青年選修學科，衹有多從外面條件上衡量，選此科或是易有出路，或是易於通過，諸如此類，衹在外面，不去從內面自己性情、心智、才能上著想，正為此等連我們自己也實不自知！

也有人，僅憑一時決斷，認為我心興趣在此，愛好在此，不顧一切，選了此門，但稍久又復自悔，認為此門學科和我心性實不相近，此等也常易見。我此所言，衹是說每一人之內心蘊藏，其性情、興趣、智慧、才能，各有一條不全相同的發展路向。循此路向，始可到達一條對自己最高可能的最圓滿的前途。而在起步上路之前，我們卻不易於認識此一路。

我在此方面，自以為嘗得其中甘苦較親切。因我沒有機會進大學，從十八歲起，即已抗顏為人師，更無人來作我師，在我傍指點領導。正如駕一葉舟，浮沉茫茫學海中，四無邊際，亦無方針。何處可以進港，何處可以到岸，何處是我歸宿，我實茫然不知。但既無人為我作指導，亦無人對我有拘束。我祇是一路摸黑，在摸黑中漸逢光明。所謂光明，祇是我心自感到一點喜悅處。因有喜悅，自易邁進。因有邁進，更感喜悅。如此循循不已，我不敢認為我自己對學問上有成就，我祇感得在此茫茫學海中，覓得了我自己，回歸到我自己，而使我有一安身立命之處。

諸位又當知，人生大過於學業。我們祇能說，在此人生中包括了學業，卻不能說在此學業中包括了人生。人生是一大圈，學業是一小圈。大圈可包小圈，小圈不能包大圈。我們祇能說，我們的學業，乃為著我們的人生。卻不可說，我們的人生，乃為著我們的學業。但說到人生，更是茫茫。我們如何能在此茫茫人生大海中來覓得我自己，那事更不易。

諸位將會說：我此時此處的此身此心，豈不便是我自己，我自己已明白現在，何須更覓。但諸位若真細讀我上面所言，則知此時此處之此身此心，實在是不易認知。而且更要者，並不在此時此處，乃應在此時此處之外。我之此身此心，究由何而來，又當從何而往，那會感到更不易捉摸。我們此刻之所討論，並不重在此人生之現實，乃重在此人生之前途，乃是要討論每一人生前途所可能獲有之發展。若要連帶著此前途發展來認識現實，諸位便自知此事認識不易。

我們此刻，考慮到前途發展，因於自己當前現實之不易知，乃亦把一切衡量估計，全放到外在的條件上去。但人生前途，主要還在各人自己，尤其在各人自己之內面，即性情、心智、才能之種種蘄響與種種可能上。若抹殺於此，而專向外面條件尋討，必將有種種病痛，此在我第四書中已曾提到。

如一人在深夜，彳亍街頭，若儘向燈火輝煌處去，說不定是一大賭窟，一大遊樂場，要之多是些恣情縱慾之所在。雖為人群所麕集，轉瞬仍必樂散燈盡，各自回家去。人的家則都在燈火闇淡處。凡屬燈火輝煌處，則必吸著燈火闇淡處之精血來培養。若沒有許多闇淡處，何來此一處輝煌。學業如是，人生亦如是。必從闇淡處出發，必向闇淡處歸宿。輝煌處祇是一公共集合場所，闇淡處始是各人安身立命養精蓄銳之地。

人生所不易知者，正在此闇淡處。正為其不易知，故貌若闇淡，但卻是人生根腳，人生主宰，人生出發在此，歸宿在此，那能不珍重愛惜此一闇淡。人生所不易知，而最所必欲求有知者正在此。不僅個人為然，即大群人生亦復如此。大群人生之背後，各有一民族人生作為其深厚淵源，日積月化以至於今，斷非一朝一夕之事。即如吾中華民族膚色黃，歐西民族膚色白，非洲民族膚色黑，皆係造化長久功深。急切間，誰也創不出，誰也換不掉。膚色如此，面貌體段，混身樣子，莫不皆然。進而論其內裡，即上文所謂性情、心智、才能，亦復各有歧異。即如興趣、嗜欲、愛好；依然一民族有一民族之特徵，亦即是一民族有一民族之出路，此之謂民族生命。我們祇是隸屬於各民族中之一分子，每一人之短暫生命，則各有其所隸屬之民族長久生命為淵源，作種子。

因此，我們每一人之生命，實祇是代表著其所隸屬之民族生命之一貌相。任何一植物、動物，知得它種類，便可知得對它栽培飼育的方法，而亦約略可以預見其發展之前途。動植物如此，人類何獨不然。祇是動植物生命較易瞭解，人類生命，難於驟曉。但其間則實有一共通之理。

上面我說過，要愛國家民族，該先懂得自愛。此刻我將反過來說，要懂自愛，先該懂得愛自己的國家民族。正因我們各自短暫的小生命，都自這個悠長的大生命中來。我之在民族生命中，正如山中千年老松幹上茁了一嫩芽，萌了一新葉。它是一大我，我祇是此大我生命中一小我。如彼始是獨立成一我，我則祇附依在它身上而像似有了一個我。若我一旦離去此大我，則會微小到不成一個我。

諸位莫嫌我語涉玄虛，我試再舉些淺顯實例。如言繪畫，不論人物、山水、草木、花鳥、蟲魚，中國畫自有中國畫那一套，中國畫也自有中國畫之傳統，在這裡面，便表現出中國民族之藝術生命，或說是愛美生命之一面。在其背後，則有中國民族之性情、心智、才能、興趣、嗜欲、愛好，種種特出點作根柢，由此而創造出此一套畫風與畫統。諸位或想，見了山水，自會畫山水，見了人物，自會畫人物，見了草木、花鳥、蟲魚，自會畫草木、花鳥、蟲魚，這話也不錯。但為何中國人畫出的中國畫，偏不像西洋畫，此中卻寓有更高更深的一番真理存在。

固然，中國人也可學畫西洋畫，西洋人也可學畫中國畫，但講究文化，則皆知有中西之別。講究藝術，也自有中西之別。此層同樣無可否認。零碎例子，破壞不了大整體的大分別。

所謂藝術，也不專是繪畫一項，其他如書法，如陶瓷，如各種器用玩具之製造，如彫塑，如建築，如園亭布置，如音樂，如舞蹈，如戲劇，推而言之，色色樣樣，卻莫非一民族有一民族之特徵。由此而形成而發見一民族之生命精神。即我所謂此民族之內在深處性情、心智、才能、與趣、嗜欲、愛好，不期然而然的創造出各民族藝術之特有風格與特有氣味。在內則相互間有其相通，在外則相互間有其相異。豈不可以證實了如我上述，我們每一人之藝術生命，其實衹是代表著各自民族的大群生命中之一番藝術生命而演出。

藝術有創造，同時有欣賞。創造是此民族中少數特出人之事，而欣賞則雖亦有深有淺，要之是大眾共有可能之事。以一中國人來欣賞中國藝術，較之以一西方人來欣賞中國藝術，特殊的例不論，論其普通的，則在此方面，一般中國人的欣賞能力，必然會超過西方人。但若以中國人來欣賞西方藝術，一般而論，其欣賞能力也必遠遜於西方人。如中國人觀平劇，必然會喜愛過看西方歌劇，而西方人則反是。何以故，因在其各自之背後，各有一番共同生命之來源，即是說，每一人之內在深處，其性情、心智、才能，其興趣、嗜欲、愛好，必然會沉浸在其所隸屬之各自民族之大生命中而無可勉強。

今從藝術人生轉而討論文學人生，亦復如此。更由此推衍到人生之各方面，即如說政治人生，各民族自有各民族之一套。雖說應該有其大同，但亦不能抹殺應該有其小異。在其小異處，或許更重要過大同處。此處乃有一民族生命作背景。如國父孫中山先生斷不會一一依仿華盛頓，若一一依仿華盛頓，則決不能成為一孫中山，而且亦決不能成為一華盛頓。邯鄲學步，東施效顰，非驢非馬，此非民族生命之更新，乃是民族生命之轉衰。其勢將會使隸屬於此大生命中之各個小生命，各喪失其內在活力，內在精神，而人生乃日陷於苦悶墮退中。

試再進而論及信仰人生。人生應有所娛樂，於是乎有藝術人生；人生亦必有所幹濟，於是乎有政治人生；人生又必有所安頓與寄放，於是乎有信仰人生。世界各民族間種種宗教信仰，亦可謂是大同小異。其大同處，則必把人生安頓寄放在他世靈界，決不安頓放在現世俗界。但其中小節相異，卻甚難融和，甚難混一。中國人自有中國人的一套信仰。異民族宗教傳入，最著者如佛教，中國古人卻把祂來和自己的一套融和混一了。所以仍能不損害到中國民族生命之大傳統。

上述藝術政治宗教等，祇是此一大生命中之一枝節。我們則各自從此大生命中孕育而來。我們若能回頭認識此一大生命，自能認識到自己，回歸到自己，而使自己生命有不斷向前之一條大出路；若把此生命大源壅塞了，迷惘了，會使我們各自生命，前不知其所由來，後不知其所將往，那實是生命上一大苦事。

上面說過，人苦不自知，貴能以人作鏡，別人知道我，有時或許會比我自己知道得更清楚，更準確。但以人作鏡之外，更須能以史作鏡，以古作鏡。中國歷史上許多古人，他們之間，都已融成了一條大生命，這是我們此刻各自小生命之一個真泉源。此一泉源，極深邃，但亦極真確。祇要真能瞭解到中國古人，自能瞭解中國今人之內在深處。使人認識自己，而能回歸自己，使自己這一小生命，亦能匯入此大生命中而得到其滿足。

每一民族，文化愈深厚，認識愈不易。但我們且莫急劇要求瞭解，我們該先懂得珍重寶惜此一大生命，在我之珍重寶惜中，自易有認識。所以我上面說，我們若要自愛，便須懂得愛國家，愛民族。我此一番見解，卻並不從功利觀點上出發，亦不是從道德立場上出發，我乃是從人類生命之內在真實處出發。此一分辨，切盼我可敬愛的青年們深切參究，深切體會。

秦漢史

錢穆　著

你知道秦始皇如何統治龐大的帝國？焚書坑儒的真相又為何？漢帝國對外擴張遇到什麼樣的問題？重農抑商背後的事實是什麼？賓四先生以嚴謹的史學研究方法，就學術、政治及社會各層面，深入淺出地對秦漢史加以探討。不但一解秦漢史學的疑惑，更能提高讀者的眼界。

古史地理論叢

錢穆　著

本書彙集考論古代歷史、地理長短散文共二十二篇，其主要意義有二：一則以古代歷史上之異地同名來探究古代各部族遷徙之跡，從而論究其各地經濟、政治、人文進化先後之序；二為泛論中國歷史上南北兩地域經濟、政治、人文演進之古今變遷，指示出一些大綱領。要之為治歷史必通地理提示出許多顯明之事例。

中國歷史研究法

錢穆　著

本書根據賓四先生於民國五十年在香港講演之內容，記載修整而成。內容分通史、政治史、社會史、經濟史、學術史、歷史人物、歷史地理、文化史等八部分。此下三十年，賓四先生個人有關史學諸著作，大體意見悉本於此，故本書實可謂賓四先生史學見解之本源所在，亦可視為其對中國史學大綱要義之簡要敘述。

中國歷代政治得失

錢穆　著

本書提要鉤玄，專就漢、唐、宋、明、清五代治法方面，有關政府組織、百官職權、考試監察、財經賦稅、兵役義務，種種大經大法，敘述其因革演變，指陳其利害得失，要言不煩，將歷史上許多專門知識，簡化為現代國民之普通常識，實為現代知識分子所必讀。

中國歷史精神

錢穆　著

中國的歷史源遠流長，其間治亂興替，波譎雲詭，常令治史的人望洋興嘆，無從下手，讀史的人望而卻步，把握不住重點。本書作者錢穆先生，以其淵博的史學涵養，敏銳的剖析能力，將這個難題解開了，使人得窺中國歷史文化的堂奧。

黃帝

錢穆　著

司馬遷《史記》敘述中國古代史，遠始黃帝，惟百家言黃帝，何者可定為真古史，司馬遷亦難判別。然古人言黃帝亦異於神話，蓋為各種傳說之總彙，本書即以此態度寫黃帝，以黃帝為始，彙集許多故事，接言堯、舜、禹、湯、文、武、周公，一脈相傳，透過古史傳說，勾勒其不凡的生命風貌。讀者不必據此為信史，然誠可以此推考中國古史真相，一探古代聖哲之精神。

論語新解

錢穆　著

自西漢獨尊儒術以來，《論語》便是中國歷代學者必讀之作，諸儒為之注釋不絕，習《論語》者亦必兼讀其注。然而，學者往往囿於門戶之見而刻意立異，眾說多歧，未歸一是，致使讀者如入大海，汗漫而不知所歸。

賓四先生因此為之新解。「新解」之新，乃方法、觀念、語言之新，非欲破棄舊注以為新。一則備采眾說，折衷於是，以廣開讀者之思路，見《論語》義理之無窮；二則兼顧文言頗析之平易，與白話語譯之通暢，以求擺脫俗套，收今古相濟之效。讀者藉由本書之助，庶幾能得《論語》之真義。

孔子傳

錢穆　著

儒學影響中華文化至深，討論孔子生平言論行事之著作，實繁有徒，說法龐雜，本書為錢穆先生以《論語》為中心底本、綜合司馬遷後以下各家考訂所得，也是深入剖析孔子生平、言論、行事後，重為孔子所作的傳記。

作者從孔子的先祖談起，及至孔子的早年、中年、晚年。詳列一生行跡，並針對古今雜說，從文化脈絡推論考辨，以務實的治學態度辨明真偽，力求貼近真實的孔子。

朱子學提綱

錢穆　著

本書為《朱子新學案》一書之首部。中國宋元明三代之理學，朱子為其重要一中心。儻論全部中國學術思想史，則孔子為上古一中心，朱子乃為近古一中心。《朱子新學案》乃就朱子學全部內容來發揮理學之意義與價值，但過屬專門，學者宜先讀《宋元學案》等書，乃可入門。此編則從全部中國學術思想之演變來闡述朱子學，範圍較廣，但易領略，故宜先讀此編，再讀《朱子新學案》全部，乃易有得。

中國學術思想史論叢

錢穆 著

本套書凡三編，共分八冊，彙集了賓四先生六十年來，討論中國歷代學術思想，而未收入各專書之單篇散論。上編（一～二冊）自上古迄先秦，中編（三～四冊）自兩漢迄隋唐五代，下編（五～八冊）自兩宋迄晚清。先生治學主通不主專，是以能於歷代諸子百家中，梳理其學術流變，闡發其思想精微。三編一貫而下，中國歷代學術思想之脈絡自然呈現。

中華文化十二講

錢穆 著

本書乃賓四先生初定居臺灣期間，在各軍事基地之演講辭，共十二篇，大體討論中國文化問題。賓四先生認為中國文化有其特殊之成就、意義與價值，縱使一時受人輕鄙，但就人類生命全體之前途而言，中國文化必有其再見光輝與發揚之一日。或許賓四先生頌讚或有過分處，批評他人或有偏激處，要之讀此一集，即可見中國文化影響之悠久偉大。

八十憶雙親、師友雜憶（合刊）

錢穆 著

本書為《八十憶雙親》、《師友雜憶》二書之合編，皆為錢賓四先生對自己生平所作的記敘。《八十憶雙親》為先生八旬所誌，概述其成長的家族環境、父親的影響和母親的護恃。後著《師友雜憶》，繼述其生平經歷，以饗並世。不僅補前書之不足，歷數了先生的求學進程、於各地的工作經驗、做學問的契機、撰著寫就的過程以及師友間的往事等，使讀者對賓四先生有更完整、更深刻的認識；亦可藉由先生的回憶，了解其時代背景，追仰前世風範。

國家圖書館出版品預行編目資料

歷史與文化論叢／錢穆著.－－三版一刷.－－臺北市：東大，2023
面；　公分.－－（錢穆作品精萃）

ISBN 978-957-19-3315-3（平裝）
1. 言論集

078　　111002634

錢穆作品精萃

歷史與文化論叢

作　　者　錢　穆
發 行 人　劉仲傑
出 版 者　東大圖書股份有限公司
地　　址　臺北市復興北路 386 號 (復北門市)
　　　　　臺北市重慶南路一段 61 號 (重南門市)
電　　話　(02)25006600
網　　址　三民網路書店 https://www.sanmin.com.tw

出版日期　初版一刷 1979 年 8 月
　　　　　二版一刷 2004 年 3 月
　　　　　三版一刷 2023 年 1 月
書籍編號　E600020
I S B N　978-957-19-3315-3

東大圖書公司